CARLO GUASTALLA
CIRO MASSIMO NADDEO
con la collaborazione di PAOLO TORRESAN

domani

3

CORSO DI LINGUA
E CULTURA ITALIANA

redazione: **Euridice Orlandino** e **Chiara Sandri**

progetto grafico e impaginazione: **Lucia Cesarone** e **Andrea Caponecchia**
progetto copertina: **Lucia Cesarone** e **Sergio Segoloni**
in copertina: prototipo per il Simposio di Minoa (Marsala), Fondazione Arnaldo Pomodoro [Arnaldo Pomodoro]
illustrazioni interne: **Luca Usai**
fumetto: **Giampiero Wallnofer**
direzione audio: **Vanni Cassori**
realizzazione DVD: **Merodesign**

ringraziamenti:
desideriamo ringraziare tutti gli insegnanti che hanno sperimentato i materiali ed in particolare:
Patrizia Bichi [Institut für Musik, Hochschule Osnabrück, Germania]
Clelia Capua, Francesca Branca, Nicca Vignotto, Dora Gatti [Scuola Studiolingua, Amsterdam, Paesi Bassi]
Katia D'Angelo [University of California Rome Study Center, Italia]
Manuela Derosas [L'arca delle lingue. Associazione per le diffusione delle lingueculture romanze, Marsiglia, Francia]
Fabrizio Ruggeri, Maximilian Magrini Kunze [Universidad Complutense de Madrid, Spagna]
Paolo Torresan [Santa Monica College, California, USA]
Giuliana Trama [Sapienza Università di Roma, Italia]

vogliamo ringraziare anche tutti quelli che hanno prestato la loro voce per i brani audio ed in particolare:
Ciro Mazzotta, Giovanna Lombardi, Ivano Bini, Teresa Fallai, Katia D'Angelo, Luigi Fiorentino, Marcello Allegrini.

dediche:
 A chi sta per arrivare. *Carlo*
 A mia madre e a mio padre. *Massimo*

LEGENDA

🎵 brani di ascolto per le attività di classe

DVD esercizi   brani audio per l'autoapprendimento

DVD   altri multimedia (fumetto animato, ecc.)

Alma Edizioni
viale dei Cadorna, 44
50129 Firenze
tel +39 055 476644
fax +39 055 473531
alma@almaedizioni.it
www.almaedizioni.it

© 2012 Alma Edizioni
Printed in Italy
ISBN 978-88-6182-271-9

L'Editore è a disposizione degli aventi diritto per eventuali mancanze o inesattezze.
I diritti di traduzione, di memorizzazione elettronica, di riproduzione e di adattamento totale o parziale, con qualsiasi mezzo (compresi i microfilm e le copie fotostatiche), sono riservati per tutti i Paesi.

indice

comunicazione	grammatica	lessico	testi scritti e *orali*	cultura

unità 0 | l'agente segreto — pagina 9

comunicazione	grammatica	lessico	testi scritti e *orali*	cultura
• Esprimere la propria capacità / incapacità	• Ripasso generale • *Riuscire a* + infinito • *Essere capace di* + infinito • *Sapere* + infinito	• Espressioni per indicare capacità o incapacità	• *Audioracconto* • Descrizione di eventi	

unità 1 | una disavventura — pagina 15

comunicazione	grammatica	lessico	testi scritti e *orali*	cultura
• Indicare il tempo di qualcosa • Raccontare un fatto	• Ripresa dei pronomi diretti e indiretti • Il trapassato prossimo	• Le espressioni di tempo *entro un'ora, in questo momento, tra un'ora, venti minuti fa*	• *Telefonate a servizi pubblici* • *Telefonata di richiesta soccorso* • Articolo di cronaca	• I numeri telefonici di urgenza • Sicilia e Sardegna

unità 2 | gentile Direttore — pagina 23

comunicazione	grammatica	lessico	testi scritti e *orali*	cultura
• Raccontare un inconveniente o una disavventura • Scrivere una lettera ad un giornale	• Imperfetto, passato prossimo e trapassato prossimo • Usi delle particelle *ci* e *ne* • I verbi pronominali con *ci* e *ne*	• Le espressioni verbali *parlarne, pensarci, riderci sopra, aprire bene le orecchie, entrarci*	• Lettera ad un giornale	

unità 3 | non lo sapevo! — pagina 27

comunicazione	grammatica	lessico	testi scritti e *orali*	cultura
• Trovare uno slogan • Raccontare un aneddoto	• I nomi in *-ismo* e gli aggettivi in *-ista* • I verbi *sapere* e *conoscere* al passato	• Le espressioni fisse *come è andata, entro un'ora, era la prima volta, nel senso che, neanche, senza dire niente a nessuno, tranne*, ecc.	• Pubblicità di regioni • *Racconti delle vacanze*	• Le regioni italiane • Salento e Cilento • Naturismo ed ecologismo

▶ Storia a fumetti Episodio 1 — pagina 34

modulo 1 | Geografia

unità 4 | un mondo di consumi — pagina 38

comunicazione	grammatica	lessico	testi scritti e *orali*	cultura
• Esprimere un'opinione • Esprimere accordo e disaccordo	• Il congiuntivo presente	• Ambiente, ecologia, consumi	• Intervista sul consumismo • *Interviste per strada*	• La raccolta differenziata

unità 5 | non si fa! — pagina 43

comunicazione	grammatica	lessico	testi scritti e *orali*	cultura
• Parlare delle proprie abitudini • Dire cosa è meglio, è più importante, ecc. • Comportarsi in modo adeguato all'occasione • Esprimere sentimenti, speranze, stati d'animo o volontà	• Il congiuntivo presente • La forma impersonale • Il pronome combinato *ci si*	• Espressioni e verbi che introducono il congiuntivo	• Test sulle abitudini alimentari • *Dialogo tra marito e moglie*	• Gli italiani a tavola

unità 6 | gli italiani e il calcio — pagina 48

comunicazione	grammatica	lessico	testi scritti e *orali*	cultura
• Parlare dello sport • Esprimere il proprio punto di vista	• Congiuntivo o indicativo • Congiuntivo o infinito • La congiunzione *che* e la preposizione *di*	• Espressioni e verbi che introducono il congiuntivo o l'indicativo	• Articolo sul calcio in Italia	• Il calcio in Italia • Gli sport più popolari in Italia

▶ Storia a fumetti Episodio 2 — pagina 53
▶ Attività video — pagina 56

modulo 2 | Società

▸ indice

comunicazione	grammatica	lessico	testi scritti e *orali*	cultura

modulo 3 | Lingua

unità 7 | nessuno è perfetto
pagina 58

comunicazione	grammatica	lessico	testi scritti e *orali*	cultura
• Parlare degli errori più frequenti in italiano • Usare le parole straniere in italiano	• Gli interrogativi • Il pronome relativo *chi*	• Le parole straniere in italiano	• Scritte sui muri • Articolo sulla lingua italiana	• I graffiti • Le parole straniere nell'italiano • Gli errori più comuni degli italiani

unità 8 | apriti cielo!
pagina 63

comunicazione	grammatica	lessico	testi scritti e *orali*	cultura
• Usare i titoli e gli appellativi • Dare del tu o del Lei	• Gli esclamativi • La forma passiva • La forma passiva con *essere* e *venire*	• Le espressioni esclamative *apriti cielo!*, *non sia mai!*, *che tristezza!*, *che imbarazzo* • I modi di dire *l'abito non fa il monaco*, *ridere sotto i baffi*, *chi s'è visto s'è visto*, *le apparenze ingannano*, ecc.	• *Intervista a Pier Paolo Pasolini* • Blog sulle abitudini linguistiche italiane	• Pier Paolo Pasolini • Storia della lingua italiana • I titoli onorifici in Italia

▸ Storia a fumetti Episodio 3 — pagina 71
▸ Attività video — pagina 74

modulo 4 | Arti

unità 9 | musica maestro!
pagina 76

comunicazione	grammatica	lessico	testi scritti e *orali*	cultura
• Riconoscere gli strumenti musicali	• Il gerundio semplice e composto • La funzione causale, modale, ipotetica e temporale del gerundio	• Le espressioni *difendere a spada tratta* e *passarne di tutti i colori* • I suffissi degli aggettivi *-ale*, *-bile*, *-ico*, *-oso*, *-ario*, *-ese*	• *Intervista a Mario Brunello* • Articolo sul melodramma	• Gli strumenti • L'opera lirica

unità 10 | Italia di moda
pagina 84

comunicazione	grammatica	lessico	testi scritti e *orali*	cultura
• Riconoscere i marchi italiani • Fare un'intervista formale • Esprimere un'opinione nel passato	• I pronomi relativi *che*, *cui*, *quale* • Il congiuntivo imperfetto • Concordanze del congiuntivo con principale al presente o al passato	• Le espressioni verbali *aprire la strada*, *essere di moda*, *raccogliere l'eredità*, *dovere qualcosa*	• *Alcune pubblicità* • Biografia di Salvatore Ferragamo • Intervista	• I marchi italiani nel mondo • Salvatore Ferragamo

unità 11 | in cucina
pagina 91

comunicazione	grammatica	lessico	testi scritti e *orali*	cultura
• Esprimere un'opinione riferita al passato • Riassumere un testo • Riportare un'opinione espressa nel passato	• Il congiuntivo passato • Concordanze del congiuntivo con principale al presente (contemporaneità e anteriorità)	• Gli utensili della cucina • Usare perifrasi per descrivere oggetti che non si conoscono con espressioni come *per esempio*, *tipo*, *cioè*, *quindi*, ecc.	• *Intervista a una cuoca* • Trame di film	• Film italiani sul cibo

▸ Storia a fumetti Episodio 4 — pagina 99
▸ Attività video — pagina 102

▸ indice

comunicazione	grammatica	lessico	testi scritti e *orali*	cultura

unità 12 | il Vaticano — pagina 104

modulo 5 | Società

comunicazione	grammatica	lessico	testi scritti e *orali*	cultura
• Riflettere sul proprio rapporto con la religione • Proporre una equivalenza tra due argomenti o fatti • Esprimere una conseguenza • Esprimere ipotesi reali o possibili nel presente • Iniziare, sviluppare e concludere un discorso	• Le strutture *così come* e *talmente... che* • Il periodo ipotetico 1° e 2° tipo	• Lessico legato alla Chiesa e alla società civile • Le espressioni verbali *dare importanza, averne abbastanza, non poterci fare nulla, perdere delle battaglie, raccogliere pareri*, ecc.	• Articolo sulla Chiesa in Italia	• La Chiesa in Italia • L'oratorio

unità 13 | l'Italia com'era — pagina 110

comunicazione	grammatica	lessico	testi scritti e *orali*	cultura
• Leggere un testo letterario • Parlare dei giochi che si facevano da bambini • Riferire il discorso di qualcuno a una terza persona	• Il discorso indiretto con principale nel presente o passato • La struttura *tanto più... quanto più* • L'espressione *non è che*	• Giochi d'infanzia	• *Racconti dell'infanzia* • Testo letterario di Stefano Benni	• Il bar in Italia • Giochi d'infanzia • Stefano Benni • Luoghi di aggregazione

▸ Storia a fumetti Episodio 5 — pagina 116
▸ Attività video — pagina 118

unità 14 | donne d'Italia — pagina 120

modulo 6 | Storia

comunicazione	grammatica	lessico	testi scritti e *orali*	cultura
• Descrivere la vita di un personaggio storico • Parlare della propria esperienza scolastica	• *Il cui* • *Senza* + infinito • Il participio passato	• Parole composte	• Biografia di Maria Montessori	• Maria Montessori • Donne della storia d'Italia • Educazione

unità 15 | una tragedia italiana — pagina 124

comunicazione	grammatica	lessico	testi scritti e *orali*	cultura
• Argomentare un'opinione • Valutare e commentare punti di vista altrui • Scrivere un breve testo su un fatto storico • Parlare della propria e delle altre culture	• Domanda reale o retorica • Congiuntivo o indicativo con i connettivi • L'espressione di tempo *è un'ora che...*	• I numerali collettivi: *decine, centinaia, migliaia*, ecc. • I contrari	• Articolo d'opinione • *Monologo di Giuliano Ferrara*	• Il naufragio della Costa Concordia • Stereotipi culturali

unità 16 | Giuseppe Garibaldi — pagina 130

comunicazione	grammatica	lessico	testi scritti e *orali*	cultura
• Ricostruire le fasi di un evento storico • Fare una ricerca • Prendere appunti • Esporre e valutare un elaborato	• L'infinito passato • Il participio presente • I modi impliciti • Coordinazione e subordinazione		• Interviste su Giuseppe Garibaldi • Testo storico • *Ricostruzione storica della spedizione dei Mille*	• Giuseppe e Anita Garibaldi • Storia dell'Unità d'Italia

▸ Storia a fumetti Episodio 6 — pagina 136
▸ Attività video — pagina 139

○ Appendici — pagina 140
○ Esercizi unità 0 — pagina 148
○ Esercizi, test e bilancio modulo 1 — pagina 149
○ Esercizi, test e bilancio modulo 2 — pagina 161
○ Esercizi, test e bilancio modulo 3 — pagina 172
○ Esercizi, test e bilancio modulo 4 — pagina 182
○ Esercizi, test e bilancio modulo 5 — pagina 195
○ Esercizi, test e bilancio modulo 6 — pagina 208
○ Grammatica — pagina 223

▸ Domani e l'approccio globale

Domani rappresenta la sintesi compiuta della visione didattica che ha caratterizzato fino ad oggi ALMA Edizioni. Si propone infatti come il punto d'arrivo di anni di produzione editoriale, sperimentazione e ricerca, nel corso dei quali ALMA Edizioni ha sviluppato e brevettato l'**approccio globale**, l'innovativo metodo alla base di **Domani** i cui principi sono enunciati nel manifesto stampato nella terza di copertina di questo volume.

▸ Com'è Domani?

▸ Ogni livello è organizzato in moduli culturalmente connotati e classificati in base a differenti aree tematiche: **geografia**, **arti**, **società**, **storia**, **lingua**.

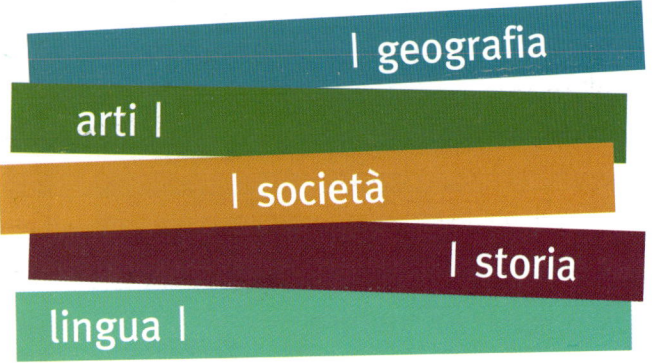

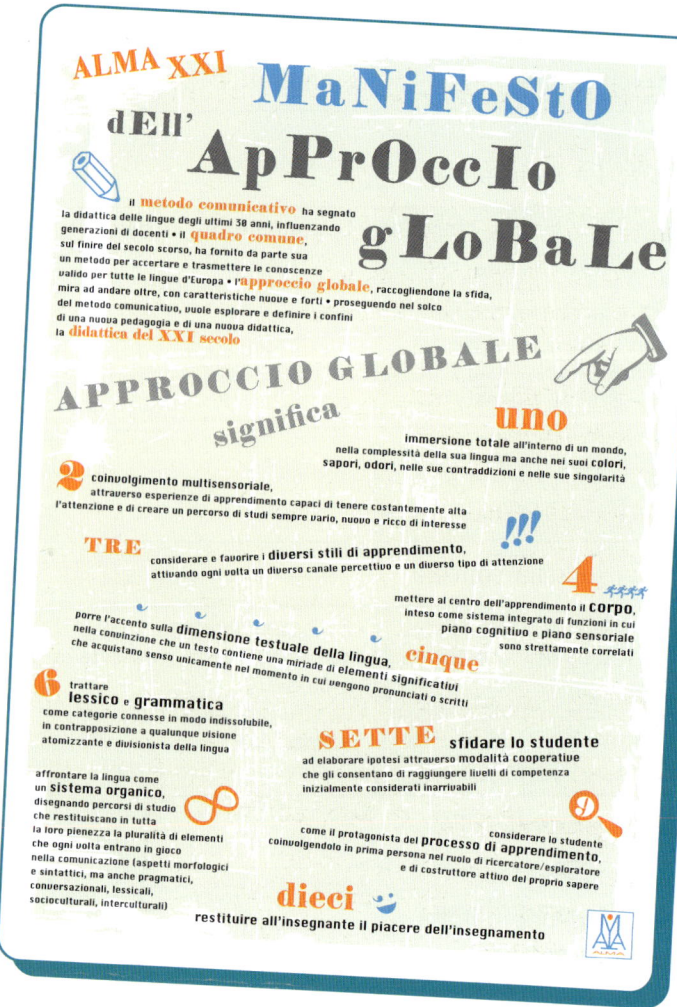

▸ A loro volta i moduli sono divisi in agili unità che propongono un percorso di apprendimento che mette in grado lo studente di sviluppare le diverse competenze in modo efficace e adeguato ai bisogni comunicativi reali.

▸ Dal punto di vista metodologico, la particolarità di **Domani** consiste principalmente nella dimensione attiva e vitale in cui viene immerso lo studente, fatta di input suggestivi e coinvolgenti, compiti non banali, attività creative, autenticità delle situazioni, contesti credibili e non pretestuosi che si sviluppano per fili conduttori immediatamente ricollocabili (personaggi, situazioni e storie ricorrenti).

▸ Da qui la scelta di privilegiare un **approccio globale** alla lingua, centrato su una testualità che oltre agli aspetti morfosintattici affronta – in modo sempre consono al livello di studio – quelli pragmatici, conversazionali, lessicali e socioculturali.

▶ **Domani 3**

Domani è indirizzato a studenti adulti e adolescenti ed è organizzato in tre livelli:
▶ **Domani 1** (A1) ▶ **Domani 2** (A2) ▶ **Domani 3** (B1)

Il livello B1 di **Domani** si compone di:

▶ un **libro dello studente**
  provvisto di **eserciziario** con
  - 16 unità organizzate in 6 moduli
  - gli esercizi
  - i test di valutazione e di autovalutazione
  - una storia a fumetti
  - le attività video
  - la grammatica

▶ **multimedia** con
  - i brani di ascolto per le attività di classe
  - i brani audio per l'autoapprendimento
  - il radiodramma della storia a fumetti
  - i glossari
  - le chiavi degli esercizi

▶ una **guida per l'insegnante** con
  - le indicazioni metodologiche
  - le istruzioni per svolgere le lezioni
  - le chiavi delle attività
  - le trascrizioni dei brani audio

Domani ha un'impostazione innovativa, caratterizzata da un approccio globale e un coinvolgimento multisensoriale che permette un'immersione totale nella lingua, nella cultura e nella società italiana.

▶ **ascoltare e leggere**
I brani di ascolto e i testi scritti appartengono a vari generi testuali e sono proposti attraverso percorsi di comprensione che fanno leva sulla motivazione. Le attività di analisi della lingua orale pongono particolare attenzione all'**analisi conversazionale e pragmatica**. Le attività di analisi della lingua scritta riservano particolare attenzione all'**analisi lessicale** secondo i principi del *lexical approach*.

▶ **parlare e scrivere** Gli spunti di conversazione e le attività di produzione scritta danno la possibilità allo studente di esprimersi fin dall'inizio in italiano, in un'ampia varietà di contesti socio-culturali.

▶ **sintesi riassuntiva** Alla fine di ogni unità è prevista un'attività di sintesi che coinvolge lo studente in prima persona nella riflessione sulle funzioni comunicative e i contenuti linguistico-grammaticali trattati.

▶ **giochi** I giochi consentono allo studente di lavorare con i compagni (in coppie, in piccoli gruppi, in squadre) in un'atmosfera ludica e rilassata.

▶ **testualità** Tutte le attività didattiche seguono un approccio fortemente testuale. Pertanto ogni riflessione analitica è sempre strettamente legata ad un testo (scritto o orale).

▶ **attività analitiche** Le attività di analisi portano lo studente a riflettere sulla grammatica in modo induttivo.

sette

Domani è ricco di materiali e strumenti multimediali utili sia all'insegnante per organizzare il lavoro in classe sia allo studente per proseguire lo studio a casa.

▶ **storia a fumetti** Creata allo scopo di dare allo studente la possibilità di scoprire il piacere di leggere un fumetto in italiano, la storia HABEMUS PAPAM percorre tutto il volume. Alla fine di ogni modulo infatti, secondo una progressione delle strutture comunicative affrontate, viene presentato un episodio della storia in un crescendo di suspense che coinvolge lo studente e lo porta a contatto con la realtà della lingua viva, fuori dai canoni consueti dell'apprendimento.

Nel DVD è disponibile il **radiodramma** della storia, che offre allo studente ed all'insegnante la possibilità di scegliere diverse modalità di uso del fumetto.

▶ **esercizi** Ogni unità è corredata di una sezione di esercizi per consolidare e sistematizzare le strutture grammaticali affrontate.

▶ **attività video** Alla fine di ogni modulo sono disponibili delle attività video che offrono numerosi spunti di approfondimento per entrare in contatto con la dimensione sociale e culturale italiana.

▶ **autovalutazione** La sezione di autovalutazione delle competenze e delle strategie di apprendimento coinvolge direttamente lo studente portandolo a riflettere su di sé, sui propri bisogni e sulle proprie potenzialità.

▶ Alla fine del volume una **grammatica** riassuntiva permette allo studente di avere un quadro d'insieme chiaro ed esauriente sui temi affrontati.

vai sul sito **www.almaedizioni.it** e scarica gratuitamente video, canzoni, test, glossari, attività extra, esercizi interattivi e moltissimi altri materiali.

comunicazione
Esprimere la propria capacità / incapacità
▶ *So disegnare, Non sono bravo in matematica*

grammatica
Ripasso generale
Riuscire a + infinito
Essere capace di + infinito
Sapere + infinito

unità 0 | l'agente segreto

1 Ascoltare | L'agente segreto

1a *Ascolta e esegui i compiti.*

1. Jan Blanie   MELA

2.
   a. ☐   b. ☑   c. ☐

3. ☐ buongiorno   ☐ buonasera   ☐ arrivederci
   ☑ tanti auguri   ☐ buon anno   ☐ complimenti

4.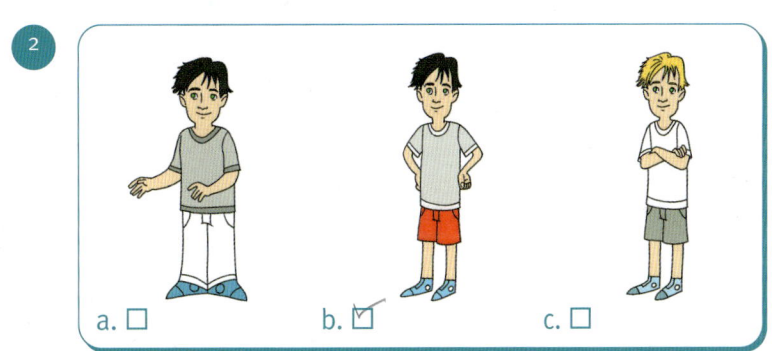
   a. ☐   b. ☐   c. ☐

EFFE

nove

unità 0 | l'agente segreto

5 Peccato. Ho un esame domani e sto lavorando fino a mezzanotte.

6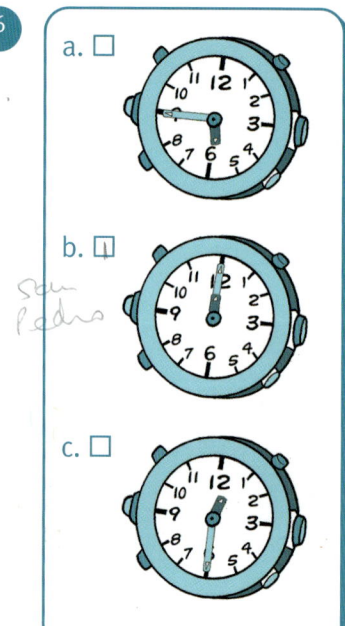
a. ☐
b. ☑
c. ☐

7

unità **0 | l'agente segreto**

8

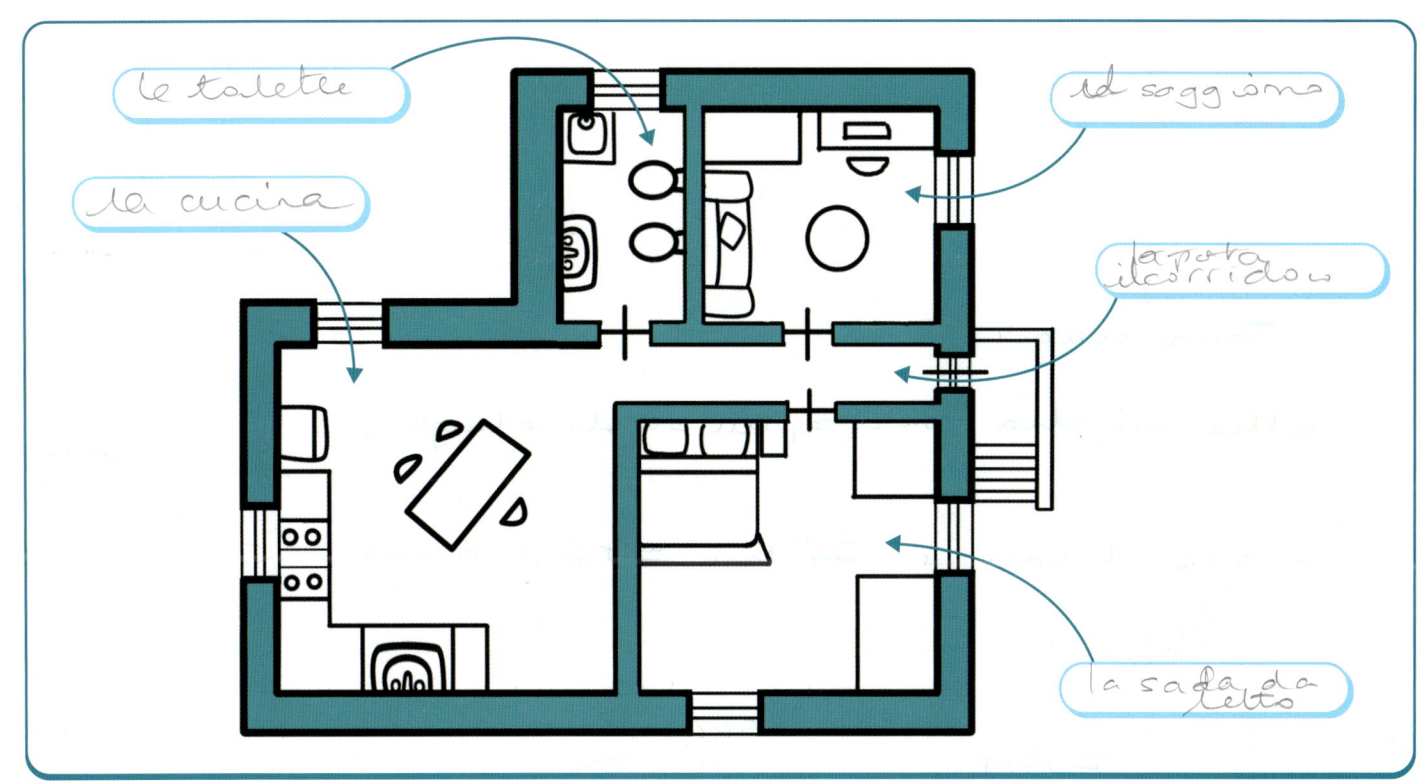

- le toilette
- la cucina
- il soggiorno
- la porta / il corridoio
- la sala da letto

9 2.45 — 9.15

10 la pizzeria
una pizza quattro stagioni
Piazza S...

11
left shoulder

12 Documenti.
2
2 men in the car,
gets out of the car
& leaves
passport everywhere.
What's she doing here?
2 men get out of the
Don't give the to her.
Throw the in a
Italia fonta nearby.

undici

unità 0 | l'agente segreto

1b *In gruppi di tre, completate la storia con le informazioni che avete scritto al punto **a**. Alla fine, leggete il vostro testo alla classe, che voterà la storia migliore.*

Il protagonista di questa storia si chiama ALEM. Il primo giorno di scuola, a sei anni, la maestra gli chiede di scrivere il suo nome, ma lui sbaglia e scrive ___ALEM___.
ALEM è un bambino ___di sei anni, con i capelli scuri e gli occhi verdi___.
A quindici anni è invitato alla festa di ZERO, il suo migliore amico. Quando arriva lo saluta così: "___Tanti auguri___".
A vent'anni frequenta l'università. È qui che s'innamora per la prima volta. Lei si chiama EFFE, è una ragazza ___bellissima, alta, con i capelli biondi e lunghi, e porta le scarpe tacchi a spillo___.
Quando lo vede, lei gli dice: "Ciao ALEM, come stai? Ti va di uscire con me stasera?" Ma lui deve studiare, il giorno dopo ha un esame importante. Non sa cosa rispondere, alla fine dice: "___Ho un esame domani e devo lavorare fino a mezzanotte___".
Dopo l'università trova lavoro come giornalista. Un giorno, nel suo ufficio incontra ZERO, il suo vecchio amico, che gli consegna dei documenti top secret e gli ordina di andare a un appuntamento in piazza San Pietro a mezzanotte. Quando esce, ALEM è seguito da una misteriosa macchina nera, ma ALEM riesce a scappare e ad arrivare a casa, in via ___Masaccio___.
Appena entra ALEM controlla bene tutte le stanze. Qualcuno potrebbe essere nascosto! Per fortuna la sua casa è piccola: c'è un corridoio, ___un piccolo soggiorno, una camera da letto, una cucina, il bagno___.
Non c'è nessuno. La casa è sicura. Allora si sdraia sul divano del soggiorno e ascolta i messaggi sulla segreteria telefonica. C'è un messaggio di EFFE, il grande amore della sua vita, che dice di volergli parlare urgentemente. È strano, pensa ALEM, lui e lei non si vedono da tanti anni.
ALEM guarda l'orologio. Sono le ore ___nove quaranta-cinque___.
All'improvviso ha fame. Così va in pizzeria, per ordinare da bere e da mangiare. Dice: "___un vino rosso e una pizza quattro stagioni___".
Più tardi arriva in piazza San Pietro, dove incontra EFFE, che gli chiede i documenti. Ma di nuovo compare la macchina nera. All'interno ci sono due uomini che sparano e feriscono EFFE alla ___spalla sinistra___.
ALEM ed EFFE cercano di scappare, ma hanno un incidente. I due uomini li raggiungono e li minacciano con le pistole. Vogliono i documenti. EFFE grida di non darglieli. ALEM non sa che fare, tutto sembra perduto, ma all'improvviso ha un'idea: _____
_____
_____

2 Analisi lessicale | Sapere, essere capace, riuscire

2a *Completa il dialogo con le preposizioni della lista. Attenzione, uno spazio non va riempito.*

(a) (di)

"ALEM, vieni qui, Sai ___ scrivere il tuo nome?"
Tu sei capace ___di___ leggere, ma ancora non riesci ___a___ scrivere bene. Fai molti errori.
Perciò ordini le lettere al contrario e invece del tuo nome, scrivi il nome di un frutto.

unità 0 | l'agente segreto

Sono bravo a, sono negato per

Per dire cosa so o non so fare, posso usare varie espressioni.

+++ **Sono bravo a** sciare / **Sono bravo in** matematica
[a + infinito; in + nome]
++ **So / Sono capace di** disegnare
+ **Riesco a** parlare in pubblico
− **Sono negato per** lo sport

2b *Completa la regola con le preposizioni, dove necessario.*

- sapere ____ + infinito
- riuscire _a_ + infinito
- essere capace _di_ + infinito

3 Gioco | So giocare a tennis?

3a *La classe si divide in due squadre. Ogni squadra ha 5 minuti di tempo per preparare una frase per ogni componente della squadra avversaria. La frase deve indicare un'azione che la persona sa o non sa fare, usando per ogni frase uno dei diversi gradi di competenza, come nel riquadro qui a fianco.*

3b *La prima squadra chiama uno studente della seconda squadra e gli consegna un foglietto con la frase riferita a lui. Lo studente deve mimare la frase senza parlare. La sua squadra ha un minuto di tempo e 2 tentativi per indovinarla. Poi il turno passa all'altra squadra. Vince la squadra che alla fine ottiene più punti.*

4 Gioco | Ripassiamo la grammatica

4a *Unisci gli argomenti grammaticali agli esempi corrispondenti, come nell'esempio.*

argomento grammaticale	esempio
1. L'accordo del participio passato con i pronomi diretti	a. Secondo me la zuppa di pesce è *più* caratteristica *degli* spaghetti.
2. Il superlativo relativo e assoluto	b. All'appuntamento non è arrivato *nessuno*.
3. I comparativi	c. Domani *avremo* una bella giornata.
4. Il passato prossimo e l'imperfetto	d. La carne *comprala* dal signor Mario.
5. L'espressione *ce l'ho*	e. Ieri *era* domenica ma io *ho lavorato* tutto il giorno.
6. La particella *ne*	f. Le chiavi *ce le hai*?
7. La costruzione *stare per*	g. C'è anche Mirella, non *l'hai vista*?
8. Il passato prossimo con il verbo *essere*	h. Il cantante ricorda il momento *in cui* è nato lo straordinario successo della sua canzone.
9. I pronomi combinati	i. *La mano / Le mani*
10. Il condizionale presente	l. Venezia è una città *famosissima* in tutto il mondo.
11. I nomi irregolari	m. Ma cosa *si deve* fare in caso di malattia?
12. Il *si* impersonale	n. *Glielo* prendo subito.
13. L'imperativo con i pronomi	o. Ha organizzato tutto *magnificamente*.
14. Il futuro	p. Io *vorrei* vederlo lo stesso.
15. Gli avverbi in *-mente*	q. *Ne* prendo solo due.
16. Gli indefiniti	r. Ieri *siamo andati* al cinema con i bambini.
17. Il pronome relativo *cui*	s. Il negozio *sta per* chiudere.

1. g
2. l
3. a
4. e
5. f
6. q
7. s
8. r
9. n
10. p
11. i
12. m
13. d
14. c
15. o
16. b
17. h

tredici

unità 0 | l'agente segreto

4b Quali sono gli argomenti grammaticali più difficili per te? Parlane con un compagno e cercate di aiutarvi.

4c La classe si divide in due squadre. Ogni squadra cerca di risolvere i dubbi di tutti i suoi partecipanti e prepara una serie di domande grammaticali per l'altra squadra. Le domande devono avere come oggetto uno degli argomenti della lista del punto **a**.

4d Le due squadre si mettono una di fronte all'altra e a turno si fanno le domande preparate al punto **c**. La squadra che risponde ha un minuto per confrontarsi e dare la risposta. Ogni risposta corretta vale un punto.

Esempio

unità 0 | l'agente segreto

Segna con una ☒ le cose che hai studiato. Poi verifica con l'indice a pag. 9. Attenzione: ci sono due cose in più. I contenuti "intrusi" della lista saranno presentati nel modulo uno.

comunicazione
☐ Scrivere una lettera ad un giornale
☐ Esprimere la propria capacità / incapacità

grammatica
☐ Ripasso generale
☐ I verbi *sapere* e *conoscere* al passato
☐ *Riuscire a* + infinito
☐ *Essere capace di* + infinito
☐ *Sapere* + infinito

modulo uno | geografia

unità 1 — una disavventura

unità 2 — gentile Direttore

unità 3 — non lo sapevo!

comunicazione

Indicare il tempo di qualcosa ▶ *Entro un'ora, tra venti minuti*

Raccontare un fatto ▶ *Dopo oltre un'ora di attesa ha richiamato la centrale ma ha avuto una sorpresa...*

Raccontare un inconveniente o una disavventura ▶ *Subito dopo l'accaduto ero arrabbiatissimo*

Scrivere una lettera ad un giornale ▶ *Gentile Direttore...*

Trovare uno slogan ▶ *Turismo in Toscana: Voglio vivere così*

Raccontare un aneddoto ▶ *Era la prima volta che andavamo con i bambini*

grammatica

Le espressioni di tempo *entro un'ora, in questo momento, tra un'ora, venti minuti fa*

Ripresa dei pronomi diretti e indiretti

Il trapassato prossimo

Imperfetto, passato prossimo e trapassato prossimo

Usi delle particelle *ci* e *ne*

I verbi pronominali con *ci* e *ne*

I nomi in *-ismo* e gli aggettivi in *-ista*

Le espressioni fisse *come è andata, entro un'ora, era la prima volta, neanche, nel senso che, senza dire niente a nessuno, tranne, tutta una serie di, tutti quanti*

I verbi *sapere* e *conoscere* al passato

unità 1 | una disavventura

comunicazione
Indicare il tempo di qualcosa ▶ *Entro un'ora, tra venti minuti*

Raccontare un fatto ▶ *Dopo oltre un'ora di attesa ha richiamato la centrale ma ha avuto una sorpresa...*

grammatica
Le espressioni di tempo *entro un'ora, in questo momento, tra un'ora, venti minuti fa*

Ripresa dei pronomi diretti e indiretti

Il trapassato prossimo

1 Introduzione

Ascolta l'inizio delle sei telefonate e indica, per ogni telefonata, chi risponde.

🎧 3

n°___
banca Unicredit

n°___
carabinieri

n°___
l'idraulico

n°___
pronto soccorso

n°___
soccorso stradale

n°___
servizio clienti Alitalia

modulo uno | geografia

I numeri telefonici di emergenza

112 per tutte le emergenze. Risponde la centrale operativa dei Carabinieri.

113 per tutte le emergenze. Risponde la centrale operativa della Polizia (in Italia la Polizia e i Carabinieri hanno la stessa funzione). È stato il primo numero di emergenza in Italia e per questo l'espressione "chiamare il 113" significa "chiamare il soccorso".

114 per l'emergenza infanzia. È chiamato anche "telefono azzurro", e si usa per segnalare abusi o situazioni di emergenza nei confronti di bambini.

115 per chiamare i vigili del fuoco in caso di incendio, alluvioni e per qualsiasi situazione in cui i vigili del fuoco possono portare soccorso.

118 per chiamare un'ambulanza.

2 Parlare | Pronto?

Lavora con un compagno. Scegliete una telefonata e preparate la continuazione del dialogo telefonico. Non scrivete. Alla fine fate ascoltare la vostra telefonata a tutta la classe.

- • Pronto.
- ■ Buongiorno, è l'idraulico Di Salvo?
- • Sì, dica.
- ■ Salve, sono Urbani, lei è già venuto qui una volta. Eh... mi si è rotto un tubo in bagno e si è allagata casa. Ora ho chiuso l'acqua ma non so cosa fare...

- ■ Carabinieri!
- • Buongiorno, senta, ho subito un furto. Qualcuno mi ha rubato il portafogli mentre facevo il bagno.
- ■ Ma dov'era il portafogli?
- • Sull'asciugamano, in spiaggia.
- ■ Dove?
- • Stavo all'Isuledda.
- ■ Venga qui che facciamo la denuncia.

- ■ Risponde Banca Unicredit, se volete conoscere il vostro saldo, premete il tasto uno, se volete parlare con un operatore, premete il tasto due.
- • BEEP
- ■ Pronto.
- • Pronto, buongiorno, ho fatto un bonifico on line ma forse ho sbagliato qualcosa.
- ■ Sì, mi può dire il numero del suo conto corrente?
- • Sì certo...

- • Servizio clienti Alitalia.
- ■ Buongiorno, posso parlare con Lei?
- • Mi dica.
- ■ Senta, io sono atterrato un'ora fa, ho preso la mia valigia, ma ora che sono arrivato a casa mi sono accorto che ho preso quella sbagliata.
- • Ah.
- ■ Sì, è lo stesso modello della mia, non me ne sono accorto.

- • 118.
- ■ È il pronto soccorso?
- • Sì, dica.
- ■ Ho bisogno di un'ambulanza per mia moglie che si sente male.
- • Sì, mi dia l'indirizzo.

- ■ Pronto, soccorso stradale ACI, sono Matteo, come posso aiutarla?
- • Senta, ho fuso il motore della macchina. Sono bloccato. Qui non c'è nessuno, è un miracolo che c'è la linea per il cellulare.
- ■ Sì. Dove si trova?
- • A San Teodoro, vicino San Teodoro, conosce?

3 Ascoltare | Una disavventura

 4

3a *Ascolta due volte il dialogo e poi discuti con un compagno per rispondere alle domande qui sotto.*

▶ Chi sono le persone che parlano?

▶ Cosa è successo?

unità 1 | una disavventura

3b *Ascolta ancora e inserisci in ogni mappa uno dei tre luoghi qui sotto. Poi confrontati con lo stesso compagno di prima.*

1. vicino San Teodoro in Sardegna
2. vicino San Teodoro in Sicilia
3. non esiste

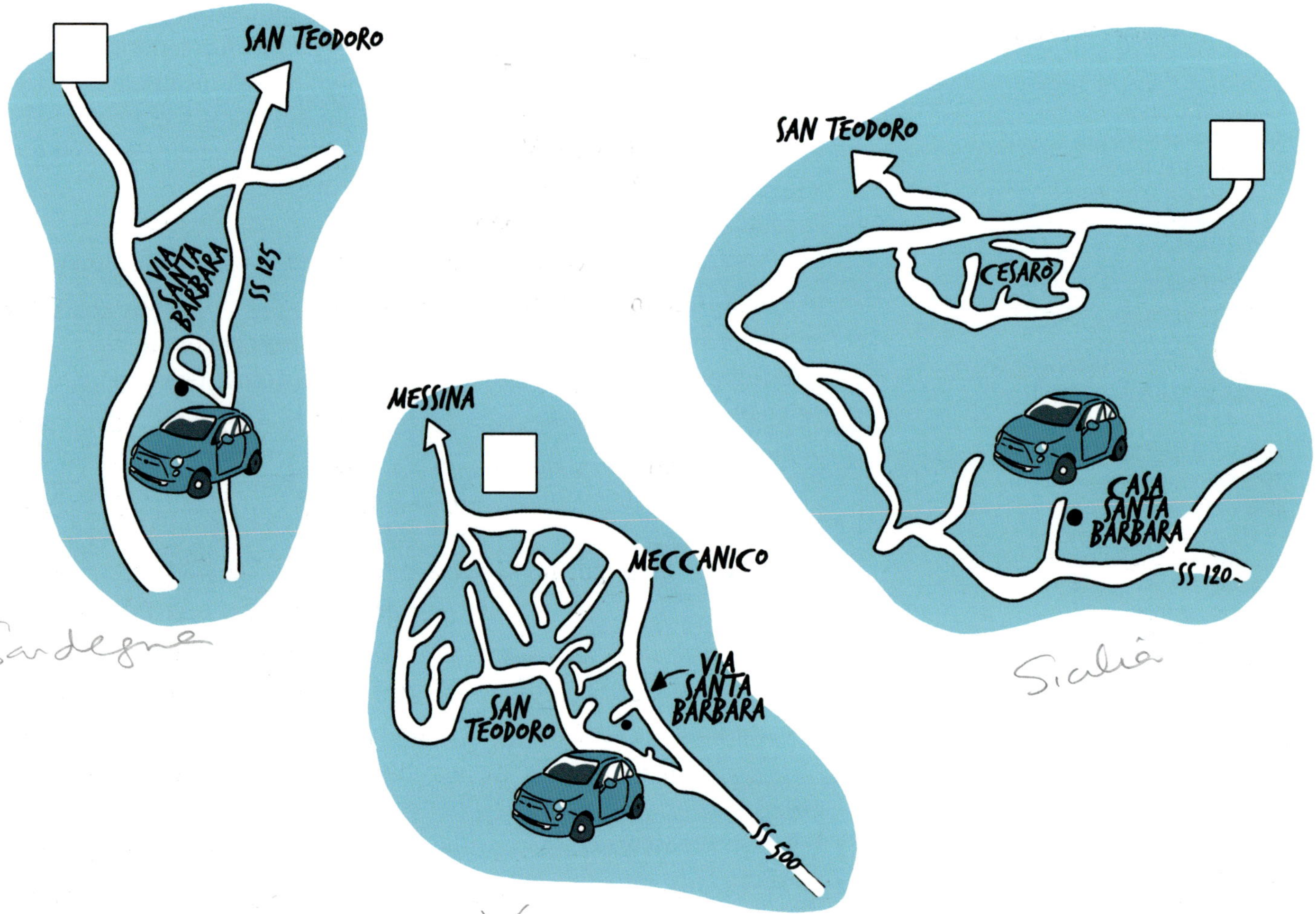

3c *Cambia compagno, confronta le mappe e ricostruisci con lui cosa è successo. Se necessario ascolta ancora la telefonata.*

4 Esercizio | Quando?

4a *Collega le parole di sinistra con quelle di destra e ricostruisci le quattro espressioni di tempo.*

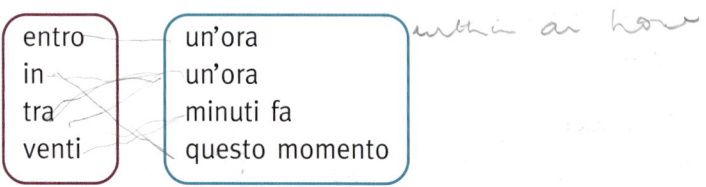

entro	un'ora
in	un'ora
tra	minuti fa
venti	questo momento

Sicilia e Sardegna

La **Sicilia** è l'isola più grande del mar Mediterraneo. È una terra ricca di storia e di cultura. Nel Settecento era l'ultima tappa del Grand Tour, il viaggio che i giovani aristocratici europei facevano in Europa per perfezionare la loro educazione e la loro formazione spirituale. La sua forma ricorda quella di un triangolo. Palermo è la sua città più importante.

La **Sardegna** è la seconda isola italiana per grandezza dopo la Sicilia. È ricca di bellezze naturali e meta turistica molto frequentata d'estate. Le sue spiagge e il suo mare sono considerati i più belli del Mediterraneo. Cagliari è la sua città più importante.

4b
Completa le due parti del dialogo. Inserisci sulle righe _____ le quattro espressioni di tempo ricostruite al punto **a** e sulle righe ⬭ i pronomi della lista. Poi ascolta e verifica.

c' | io | io | l' | La | Le | Le | Lei | mi | mi

operatore ACI — Ah, salve, ho provato a chiamar**La** ma il suo telefono era spento.

Andrea Ortu — Sì, guardi, **l'** ho spento perché era quasi scarico. Ma dov'è il carro attrezzi? Sono 45 minuti che aspetto qui.

operatore ACI — Eh, guardi, allora, l'autista **mi** ha chiamato quasi _venti minuti fa_. Ha detto che a Via Santa Barbara non **c'** era nessuna Cinquecento ferma. Ma, scusi, **Lei** è proprio lì?

Andrea Ortu — Certo che sono lì, dove vuole che sia? Tra l'altro ho lasciato le luci accese per farmi vedere dal carro attrezzi. Mi si è quasi scaricata la batteria.

operatore ACI — Aspetti, aspetti che controllo sul computer, eh. Allora... allora vediamo un attimo. Allora, guardi, _in questo momento_ il carro attrezzi è fermo all'incrocio tra via di Santa Barbara e la Statale 125.

---

operatore ACI — Allora, guardi, senta, allora facciamo così. Allora, Lei resti lì, _entro un'ora_ **Le** mando un altro carro attrezzi. Ok?

Andrea Ortu — Entro un'ora? Come entro un'ora? Devo aspettare un'altra ora qui?

operatore ACI — Senta, guardi, **io** non so che dir**Le**. Lei **mi** dice "San Teodoro"! Allora, ecco, eh... allora, un attimo solo, aspetti un a... allora... Sì, sì sì, località... Casa Santa Barbara.

Andrea Ortu — Casa Santa Barbara.

operatore ACI — Sì, allora, una frazione di... fra le altre cose una frazione di Cesarò, Messina, neanche di San Teodoro. È a 7 km da San Teodoro!

Andrea Ortu — Va be', ma che ne so **io**, scusi?!

operatore ACI — Sì, va be'. Guardi, allora, guardi, sì, _tra un'ora_ si faccia trovare all'incrocio tra... con la Statale 120 eh. Arrivederci.

Andrea Ortu — Va bene, arrivederci. Grazie.

5 Analisi della conversazione | Allora...

5a
Nella seconda parte del dialogo del punto **4c** quattro espressioni della lista qui sotto sono usate (anche più di una volta) per prendere tempo o per indicare all'interlocutore di aspettare. Quali sono?

- ☒ 1. allora
- ☒ 2. guardi
- ☒ 3. senta
- ☐ 4. come...?
- ☒ 5. ecco
- ☐ 6. neanche
- ☒ 7. va be'
- ☐ 8. scusi

unità 1 | una disavventura

5b *Ora osserva le altre quattro espressioni del punto a: che funzione hanno? Scrivi il loro numero accanto alla definizione giusta, come nell'esempio.*

a. [6] Aggiunge una negazione a un'altra negazione precedente.

b. [ ] Chiede maggiore attenzione da parte dell'altra persona, che gli ha dato la colpa ingiustamente. *Scusi*

c. [ ] Introduce la richiesta di un chiarimento su una cosa che l'altro ha detto prima. *Come*

d. [ ] Vuole dire che la cosa che ha appena detto l'altro non è così importante. *Va bé*

neanche
ecco
va bé
come

6 Leggere | Soccorso stradale

6a *Rimetti i paragrafi dell'articolo nel giusto ordine come negli esempi e scegli i verbi corretti.*

Chiama il soccorso stradale dalla Sicilia ma il carro attrezzi va in Sardegna

19 luglio

a. Almeno fino a domenica scorsa, quando, di ritorno da una cena a casa di amici a Catania, a pochi chilometri dall'arrivo il motore della macchina dei due coniugi ha ceduto, lasciandoli appiedati su una strada buia e senza segnaletica. Solo un cartello che diceva *Casa Santa Barbara*, il nome della località dove si era fermata la macchina.

b. Dopo oltre un'ora di attesa Ortu (richiamava / **ha richiamato**) la centrale dell'Automobile Club ma (aveva / **ha avuto**) l'amara sorpresa: il suo carro attrezzi (era / **è stato**) in Sardegna e lo (aspettava / **ha aspettato**) lì.

c. Gli operatori si sono messi subito al lavoro per portare soccorso allo sfortunato automobilista, che ha atteso un'altra ora prima di vedere arrivare il carro attrezzi che aveva richiesto molto tempo prima.

d. Ma l'avventura per il povero Ortu e per sua moglie non (era / **è stata**) finita. Ormai le luci dell'alba (cominciavano / **hanno cominciato**) a schiarire il cielo, quando, a poco meno di un chilometro dalla destinazione, il carro attrezzi (bucava / **ha bucato**) una ruota e i due, rassegnati alla sfortuna di quella assurda nottata, (scendevano / **sono scesi**) ad aiutare l'autista a mettere la ruota di scorta.

e. Neanche l'operatore della centrale dell'ACI ha avuto dubbi (forse anche in virtù del cognome dell'automobilista, tipicamente sardo) e ha mandato il carro attrezzi in una quasi omonima *Via Santa Barbara*, nei pressi di San Teodoro in Sardegna.

f. Ortu (chiamava / **ha chiamato**) subito il soccorso dell'Automobile Club e (comunicava / **ha comunicato**) la sua posizione, dimenticando però di specificare che il San Teodoro di cui parlava (si trovava / **si è trovato**) in Sicilia!

g. Tutta colpa dell'omonimia tra due paesi che, oltre ad avere lo stesso nome (San Teodoro), si trovano tutti e due su un'isola (uno in Sardegna, l'altro in Sicilia) e sono nelle vicinanze di una località che si chiama Santa Barbara. Una serie di coincidenze che hanno causato un colossale fraintendimento. Protagonista di questa storia è Andrea Ortu, in vacanza con la moglie nel parco dei Nebrodi, in Sicilia, in un piccolo paese chiamato San Teodoro. Natura, pace, tranquillità.

1. [A] 2. [G] 3. [F] 4. [E] 5. [B] 6. [C] 7. [D]

modulo uno | **geografia**

6b La classe si divide in gruppi di almeno tre studenti. Ogni gruppo confronta il lavoro svolto e cerca di risolvere più dubbi possibile, sull'ordine dei paragrafi e sulla coniugazione dei verbi. Alla fine ogni gruppo deve selezionare un dubbio che non è stato chiarito.

6c Lavora con tutta la classe e cerca di risolvere i dubbi degli altri gruppi.

7 Analisi grammaticale | Il trapassato prossimo

7a Guarda questa frase e indica sulla linea del tempo dove deve andare il verbo *aveva richiesto*.

> Gli operatori si sono messi subito al lavoro per portare soccorso allo sfortunato automobilista, che **ha atteso** un'altra ora prima di vedere arrivare il carro attrezzi che *aveva richiesto* molto tempo prima.

pluperfect

prima di "ha atteso" ———————————————— dopo "ha atteso"

| aveva richiesto | ha atteso | |

7b *Aveva richiesto* è un verbo al trapassato prossimo. Cerca nel testo del punto **6** l'altro verbo in questo tempo. Poi scegli la risposta alla domanda.

> ▸ Quando si usa il trapassato prossimo?
> ☐ 1. Per indicare un'azione compiuta **prima** di un'altra azione avvenuta nel passato.
> ☐ 2. Per indicare un'azione **contemporanea** ad un'altra azione avvenuta nel passato.
> ☒ 3. Per indicare un'azione compiuta **dopo** un'altra azione avvenuta nel passato.

7c Come si forma il trapassato prossimo?

☐ 1. Presente
☐ 2. Passato prossimo } di *essere/avere* + participio passato del verbo.
☐ 3. Imperfetto

IERI HO FATTO L'ESAME DEL SANGUE.

E COME È ANDATO?

NON HO ANCORA RISULTATI, MA PENSO MALE: NON AVEVO STUDIATO PER NIENTE!

ventuno

unità 1 | una disavventura

8 Gioco | Il gioco dell'oca — duck
Snakes & Ladders

Il tabellone per il gioco è a pag. 140.

Si gioca o in coppia uno contro l'altro oppure in due squadre, l'una contro l'altra. A turno i giocatori lanciano una moneta: se esce testa avanzano di una casella, se esce croce avanzano di due caselle. Arrivati su una casella, scelgono una delle due frasi e provano a completarla oralmente con i verbi tra parentesi nel tempo passato adeguato (passato prossimo, imperfetto o trapassato prossimo). Attenzione: una frase già ricostruita non può essere scelta dall'avversario. A volte i giocatori non devono completare una frase ma eseguire un compito. Vince chi arriva per primo al traguardo.

9 Esercizio | Io non so che dirle

9a *Ascolta e trova la sillaba principale in ogni enunciato, come negli esempi.*

operatore ACI	| Senta, | guardi, | io non so che dirle. | Lei mi dice "San Teodoro"! | Allora, | ecco, eh... allora, | un attimo solo, | aspetti un a... | allora... | Sì, | sì, | sì, | località... Casa Santa Barbara. |
Andrea Ortu	Casa Santa Barbara, sì. |
operatore ACI	Sì, | allora, | una frazione di... | fra le altre cose una frazione di Cesarò, | Messina, | neanche di San Teodoro. | È a sette chilometri da San Teodoro! |
Andrea Ortu	Va be', | ma che ne so io, | scusi?! |
operatore ACI	Sì, va be'. | Guardi, | allora, | guardi, | sì, | tra un'ora si faccia trovare all'incrocio tra... | con la Statale 120 eh. | Arrivederci. |
Andrea Ortu	Va bene, | arrivederci. | Grazie. |

9b *Lavora con un compagno. Confrontatevi e recitate in coppia il dialogo.*

9c *Ascoltate di nuovo il dialogo e confrontate con il lavoro svolto. Cercate di essere più fedeli possibile all'originale. Provate ancora a recitare il dialogo finché non siete soddisfatti. Alla fine recitatelo davanti alla classe.*

---

unità 1 | una disavventura

Cosa hai studiato di **grammatica** in questa unità? Ricostruisci le tre voci con le parole a destra, poi confronta l'indice a pag. 16.

grammatica

_____

_____

_____

(dei pronomi) (di tempo) (espressioni) (diretti e indiretti) (Il) (Le) (prossimo) (Ripresa) (trapassato)

unità 2 | gentile Direttore

comunicazione
Raccontare un inconveniente o una disavventura
▶ *Subito dopo l'accaduto ero arrabbiatissimo*
Scrivere una lettera ad un giornale ▶ *Gentile Direttore...*

grammatica
Imperfetto, passato prossimo e trapassato prossimo
Usi delle particelle *ci* e *ne*
I verbi pronominali con *ci* e *ne*

1 Scrivere | Lettera al giornale

Andrea Ortu, quattro mesi dopo la sua avventura, decide di scrivere una lettera al giornale che ha pubblicato l'articolo. Completa la lettera come preferisci, ma devi utilizzare i paragrafi della lista di sinistra (dove vuoi).

- È assurdo! ③
- La ringrazio fin d'ora per l'attenzione. ④ *Yours faithfully*
- *charged for* Mi hanno addebitato non solo il mio carro attrezzi (che ho aspettato per tre ore e a cui ho cambiato una gomma bucata!!) ma anche il viaggio di andata e ritorno Olbia-San Teodoro-Olbia dell'altro ① carro attrezzi che avevano mandato a cercarmi in Sardegna!
- Devo confessarle che dopo l'accaduto *incident* ero arrabbiatissimo. ②

28 novembre

Gentile Direttore,

Le

Andrea Ortu

unità **2** | gentile Direttore

2 Leggere | Lettera al giornale

Leggi la lettera e inserisci al posto giusto la parola qui sotto. Poi confrontati con un compagno.

28 novembre

Gentile Direttore,
forse si ricorda la mia disavventura. Il suo giornale ne ha parlato a suo tempo in un articoletto del 19 luglio scorso.
Ero rimasto bloccato in piena campagna a San Teodoro in Sicilia in attesa di un carro attrezzi mentre l'ACI mandava il soccorso a San Teodoro in Sardegna!
Devo confessarle che subito dopo l'accaduto ero arrabbiatissimo, ci pensavo sempre, ma poi, col passare dei giorni ho cominciato anche a riderci sopra.
Poi, ieri, è arrivata la doccia fredda!
Ho ricevuto la raccomandata dell'ACI con il conto da pagare per quella notte, e, apra bene le orecchie, mi hanno addebitato non solo il mio carro attrezzi (che ho aspettato per quasi tre ore e a cui ho cambiato una gomma bucata!!) ma anche il viaggio di andata e ritorno Olbia – San Teodoro – Olbia dell'altro carro attrezzi che avevano mandato a cercarmi in Sardegna! Ora mi chiedo: che c'entro io?
Lo ha mandato l'ACI laggiù il carro attrezzi, non io!
È assurdo! Le annuncio che non ho nessuna intenzione di pagare per un loro errore. Di soldi ne ho spesi abbastanza!
Ho già parlato con un avvocato.
La ringrazio fin d'ora per l'attenzione.

Andrea Ortu

3 Analisi grammaticale | Le particelle *ci* e *ne*

3a *Ricostruisci le espressioni verbali usate nel testo unendo all'infinito dei verbi il pronome corretto, come nell'esempio. Attenzione: in un caso non devi aggiungere il pronome.*

~~si~~   ci   ci   ne

1. parlare + ne = parlarne
2. pensare + ci = pensarci
3. ridere + ci sopra = ridercisopra
4. aprire + — bene le orecchie =
5. entrare + ci = entrarci

I verbi pronominali

Alcuni verbi, in combinazione con un pronome, hanno un proprio significato.

Generalmente questi verbi si formano:

con il pronome **ci** (invariabile)
▸ *entrarci, pensarci*

con il pronome **ne** (invariabile)
▸ *parlarne, poterne*

con il pronome **riflessivo**
▸ *pentirsi, vergognarsi*

modulo uno | geografia

3b Abbina ognuna delle espressioni verbali del punto **a** al significato corretto, come nell'esempio.

- [4] a. Ascoltare con molta attenzione.
- [5] b. Essere in relazione con qualcosa o qualcuno.
- [1] c. Parlare di un argomento già conosciuto.
- [2] d. Riflettere su qualcosa.
- [3] e. Ricordare con leggerezza un momento difficile del passato.

3c Completa la regola sugli usi e le combinazioni di *ci* e *ne* con due frasi di esempio estratte dal testo del punto **2**.

Gli usi di *ci* e *ne*

ne
1. può essere usato per indicare una parte di una quantità
   esempio ✎ Ho comprato la pizza, *ne* vuoi un pezzo? (ne = di pizza)
2. può riferirsi ad un argomento già conosciuto
   esempio ✎ frase 1: _Ne ha parlato il suo giornale_ (ne = della disavventura)

ci
1. può riferirsi ad un luogo
   esempio ✎ Io sono di Firenze, ma non *ci* vado da molti anni. (ci = a Firenze)
2. è usato in molte espressioni verbali
   esempio ✎ *ci* sono, *ci* vuole, *ce* l'ho, *c'*entro, ecc.
3. può riferirsi ad un argomento già conosciuto
   esempio ✎ frase 2: _Ci penso sempre_ (ci = alla disavventura)

4 Esercizio | I verbi pronominali

Lavora con un compagno. Completate ogni fumetto con uno dei verbi del riquadro "I verbi pronominali", come nell'esempio.

5 Parlare | La tua disavventura

Racconta ad un compagno un inconveniente o una disavventura che ti è successa.

6 Scrivere | Il Direttore risponde

Sei il direttore del giornale. Scrivi la risposta per Andrea Ortu, da pubblicare sul numero di domani.

unità 2 | gentile Direttore

Segna con una ☒ i tempi verbali che hai studiato in questa unità. Poi confronta l'indice a pag. 23.

grammatica
☐ L'imperfetto
☐ Il passato prossimo
☐ Il futuro semplice
☐ Il trapassato prossimo

comunicazione

Trovare uno slogan ▶ *Turismo in Toscana: Voglio vivere così*

Raccontare un aneddoto ▶ *Era la prima volta che andavamo con i bambini*

grammatica

I nomi in *-ismo* e gli aggettivi in *-ista*

Le espressioni fisse *come è andata, entro un'ora, era la prima volta, neanche, nel senso che, senza dire niente a nessuno, tranne, tutta una serie di, tutti quanti*

I verbi *sapere* e *conoscere* al passato

unità 3 | non lo sapevo!

1 Introduzione

1a Completa le pubblicità delle regioni con lo slogan giusto, come nell'esempio.

- voglio vivere così ✗
- duemila anni di vacanze ✓
- naturalmente tuo
- quasi un continente
- godetevi un'opera d'arte

1b Hai visitato, o vorresti visitare, una di queste cinque regioni? Parlane con un compagno.

unità 3 | non lo sapevo!

2 Ascoltare | Come è andata?

 7

2a Ascolta il dialogo e rispondi alla domanda.

▸ Di quale delle regioni del punto **1** parlano Massimo e Lucia e quando ci sono stati?

2b Quali parole assoceresti al racconto di Massimo? Quali al racconto di Lucia? Quali a entrambi? Quali a nessuno? Ascolta di nuovo. Poi confrontati con un compagno.

- autostrada
- cucina vegetariana
- lago
- libro
- cavallo
- amica della moglie
- Abruzzo
- treno
- grigliata
- yoga
- montagna
- fidanzato
- ospedale
- Ferragosto
- siti archeologici
- campeggio
- bambini
- Cilento
- mare

Salento e cilento

Il **Salento** si trova in Puglia, tra il mar Ionio e il mar Adriatico, nel "tacco dello stivale". È una terra ricca di tradizioni popolari (famosa in tutto il mondo è la danza della "pizzica" o "taranta") che negli ultimi decenni ha conosciuto un grande sviluppo. È considerata la "nuova Toscana", e molti stranieri (soprattutto inglesi e tedeschi), l'hanno scelta per trascorrervi le vacanze o addirittura per viverci.

Il **Cilento** è una zona della Campania caratterizzata da mare e montagna, dichiarata dall'UNESCO Patrimonio dell'Umanità. Dopo il film "Benvenuti al sud" (2011), che l'ha fatto conoscere al grande pubblico, il Cilento ha avuto un boom del turismo.

Naturista, ecologista

All'inizio del dialogo Massimo fa un errore: usa l'aggettivo **naturista** per indicare un'associazione che propone attività a contatto con la natura. In realtà **naturista** in italiano è usato soprattutto nel senso di **nudista**, cioè qualcuno che pratica il **nudismo** (l'esporsi in pubblico senza vestiti, di solito in spiagge riservate). Per questo Massimo si corregge usando l'espressione **ecologista**.

Gli aggettivi in *-ista* derivano generalmente dai nomi in *-ismo*. Questi nomi indicano di solito idee astratte, mentre gli aggettivi in *-ista* indicano la persona o le persone che seguono o riflettono quelle idee.

comun**ismo** → comun**ista**
social**ismo** → social**ista**
ego**ismo** → ego**ista**

Il suffisso *-ista* è usato anche nei nomi di alcuni mestieri: *giornalista*, *dentista*, *musicista*, ecc.

2C *Nei disegni ci sono alcuni errori. Riascolta il dialogo e trovali.*

unità 3 | non lo sapevo!

3 Analisi lessicale | Tutti quanti

3a *Riordina le parole di destra e inseriscile nei dialoghi a sinistra, ricostruendo le espressioni. Poi ascolta e verifica.*

1
Chiara — Allora? Ho saputo che sei stato in campeggio…
Massimo — Eh sì, siamo stati nel Cilento.
Chiara — ~~Era la prima volta~~? ~~Come è andata~~ Come è andata?

2
Massimo — …la cosa interessante è che ti offre… diciamo… il posto, il mangiare, quindi tu non devi cucinare, e tutta una serie di attività. Per esempio quest'anno c'era lo yoga, c'era un corso di yoga che si faceva la mattina e la sera, attività per i bambini, balli tradizionali, insomma tante…
Chiara — Bello!
Lucia — Li conoscevi già?
Massimo — No, era la prima volta. Ci siamo andati perché la… un'amica di mia moglie c'era stata l'anno scorso, quindi lei li conosceva, ce li ha consigliati.

3
Massimo — Tutto veramente bellissimo, tranne…
Chiara — Tranne?
Massimo — Tranne una cosa che non mi è piaciuta, ma non solo a me, un po' a tutti, che era l'alimentazione. Perché era un'alimentazione vegetariana, io lo sapevo, lo sapevamo, avevamo anche preparato i bambini.
Chiara — Avete fatto scorta…
Massimo — Sì, lo sapevo, però era un'alimentazione vegetariana estrema! ~~Nel senso~~ Nel senso che non c'era niente di derivazione animale.

4
Massimo — …infatti a Ferragosto, dopo dieci giorni che eravamo lì, siamo andati a fare una gita con delle persone che abbiamo conosciuto sul posto e… in un posto… in un sito archeologico, tornando… era l'ora di pranzo, abbiamo visto tutti un cartello: GRIGLIATA DI CARNE.
Lucia — E vi siete fermati tutti!
Massimo — Ci siamo subito tutti quanti precipitati!
Chiara — Subito d'accordo!
Massimo — Sì, ci siamo fermati lì e abbiamo fatto una mangiata incredibile di carne! Poi siamo ritornati da…
Chiara — Sereni… e tranquilli!
Massimo — … la sera sì, tornati lì, ~~a nessuno senza dire~~. Senza dire niente a nessuno.

Parole da riordinare (riquadri a destra):
- che / nel / senso
- andata / come / è
- a / dire / nessuno / niente / senza
- quanti / tutti
- la / era / volta / prima
- attività / di / serie / tutta / una
- che / cosa / tranne / una

30 — trenta

modulo uno | geografia

3b *Inserisci accanto ai sinonimi giusti le espressioni che hai ricostruito, come nell'esempio. Attenzione: una espressione non ha sinonimi.*

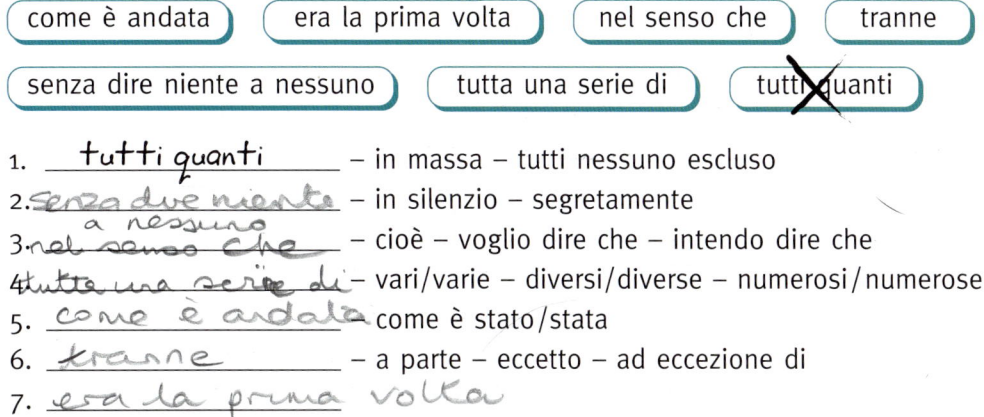

1. _tutti quanti_ – in massa – tutti nessuno escluso
2. _senza dire niente a nessuno_ – in silenzio – segretamente
3. _nel senso che_ – cioè – voglio dire che – intendo dire che
4. _tutta una serie di_ – vari/varie – diversi/diverse – numerosi/numerose
5. _come è andata_ – come è stato/stata
6. _tranne_ – a parte – eccetto – ad eccezione di
7. _era la prima volta_

4 Gioco | Tris

Gioca in coppia con un compagno. Dichiara quale casella vuoi occupare. Poi leggi la domanda o la risposta e forma una frase (una risposta o una domanda) usando una delle espressioni della lista. L'altro studente verifica: se la frase è corretta puoi occupare la casella, altrimenti resta libera (attenzione, sono possibili più soluzioni). Poi il turno passa al compagno. Vince chi occupa per primo tre caselle in orizzontale o in verticale. La stessa espressione si può usare più volte.

trentuno

unità 3 | non lo sapevo!

5 Parlare | Un viaggio

Racconta un viaggio o una vacanza particolarmente importante per te: ricordi, sensazioni, emozioni, episodi curiosi.

6 Analisi grammaticale | *Sapere* e *conoscere* al passato

6a *Sottolinea*, nei dialoghi del punto **3**, i verbi sapere e conoscere al passato prossimo e all'imperfetto.

6b Hai notato? Sapere e conoscere al passato prossimo e all'imperfetto hanno significati diversi. Aiutandoti con il testo dei dialoghi del punto **3**, scegli il significato giusto per ogni verbo.

	passato prossimo	imperfetto
sapere	ho saputo	sapevo
	☐ ho incontrato qualcuno per la prima volta	☐ ho incontrato qualcuno per la prima volta
	☑ qualcuno mi ha dato una notizia nuova, mi ha informato di qualcosa	☐ qualcuno mi ha dato una notizia nuova, mi ha informato di qualcosa
	☐ avevo già contatti con quella persona (non era uno sconosciuto per me)	☐ avevo già contatti con quella persona (non era uno sconosciuto per me)
	☑ avevo già quella informazione (non era una novità per me)	☑ avevo già quella informazione (non era una novità per me)
conoscere	ho conosciuto	conoscevo
	☑ ho incontrato qualcuno per la prima volta	☒ ho incontrato qualcuno per la prima volta
	☐ qualcuno mi ha dato una notizia nuova, mi ha informato di qualcosa	☒ qualcuno mi ha dato una notizia nuova, mi ha informato di qualcosa
	☐ avevo già contatti con quella persona (non era uno sconosciuto per me)	☑ avevo già contatti con quella persona (non era uno sconosciuto per me)
	☐ avevo già quella informazione (non era una novità per me)	☐ avevo già quella informazione (non era una novità per me)

modulo uno | geografia

17.03.2014

6c Completa la vignetta con i verbi **sapere** e **conoscere** al passato prossimo o all'imperfetto.

(IO) _ho saputo_ CHE GIACOMO SI È SPOSATO CON UNA RAGAZZA CHE _ha conosciuto_ ALLA SUA FESTA DI COMPLEANNO. TU LO _sapevi_?

SÌ, VERAMENTE LA _conoscevo_ BENISSIMO, ERA LA MIA FIDANZATA!

7 Scrivere | Il cavallo

Immagina di essere il cavallo che ha rincorso Lucia. Scrivi una lettera in cui dichiari a Lucia perché l'hai rincorsa. Devi usare almeno cinque parole del riquadro qui sotto.

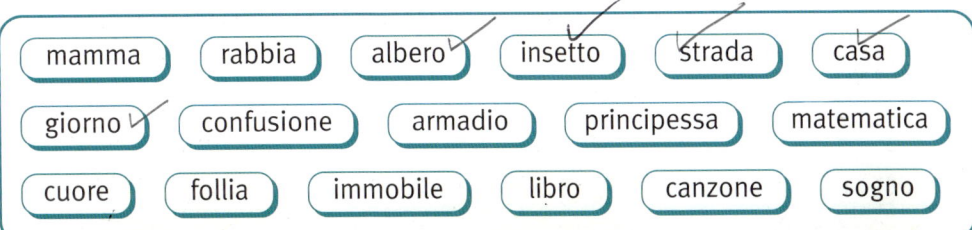

mamma · rabbia · albero · insetto · strada · casa · giorno · confusione · armadio · principessa · matematica · cuore · follia · immobile · libro · canzone · sogno

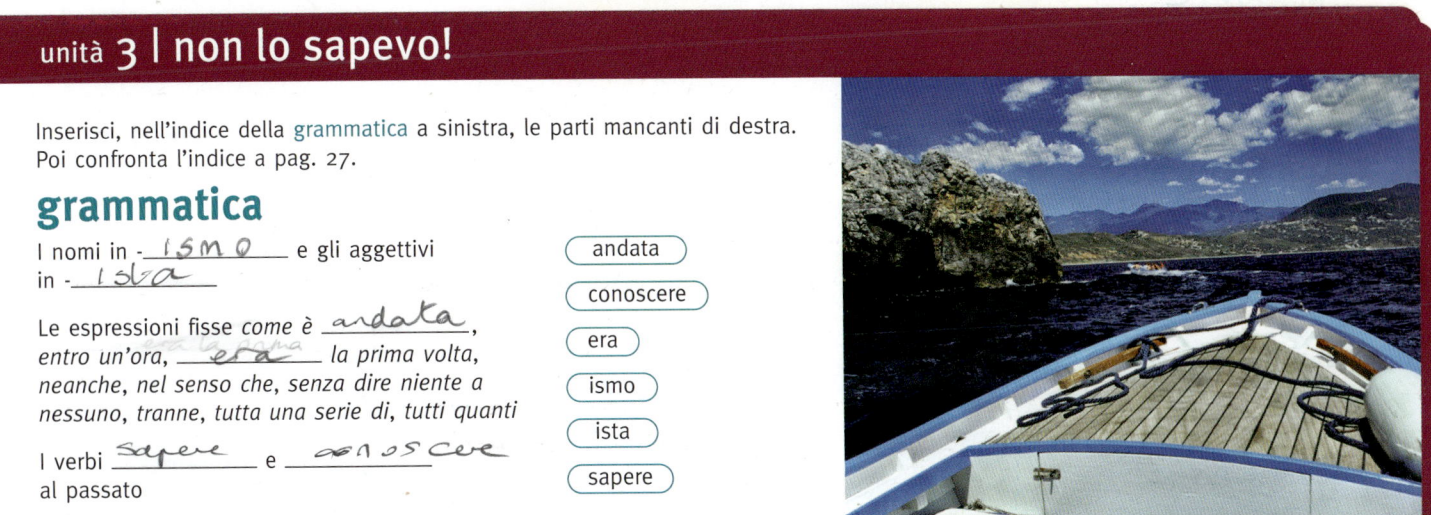

unità 3 | non lo sapevo!

Inserisci, nell'indice della grammatica a sinistra, le parti mancanti di destra. Poi confronta l'indice a pag. 27.

grammatica

I nomi in -_ismo_ e gli aggettivi in -_ista_

Le espressioni fisse come è _andata_, entro un'ora, _era_ la prima volta, neanche, nel senso che, senza dire niente a nessuno, tranne, tutta una serie di, tutti quanti

I verbi _sapere_ e _conoscere_ al passato

(andata) (conoscere) (era) (ismo) (ista) (sapere)

trentatré   33

modulo due | società

unità 4 — un mondo di consumi

unità 5 — non si fa!

unità 6 — gli italiani e il calcio

comunicazione

Esprimere un'opinione ▸ *Credo che le idee di Pasolini siano più che mai attuali!*

Esprimere accordo e disaccordo ▸ *Questa è una bella idea*

Parlare delle proprie abitudini ▸ *Faccio un'abbondante colazione*

Dire cosa è meglio, è più importante, ecc. ▸ *È meglio che sia di stagione!*

Comportarsi in modo adeguato all'occasione ▸ *Non si arriva mezz'ora prima!*

Esprimere sentimenti, speranze, stati d'animo o volontà ▸ *Si sente un odore di pesce terribile! Speriamo non venga da casa loro!*

Parlare dello sport ▸ *Il calcio è il gioco ideale per una nazione come l'Italia*

Esprimere il proprio punto di vista ▸ *A mio giudizio, per me, a quanto pare, ritengo che, sembra che, ecc.*

grammatica

Il congiuntivo presente

La forma impersonale

Il pronome combinato *ci si*

Congiuntivo o indicativo

La congiunzione *che* e la preposizione *di*

Congiuntivo o infinito

unità **4** | **un mondo di consumi**

comunicazione
Esprimere un'opinione
▶ *Credo che le idee di Pasolini siano più che mai attuali!*

Esprimere accordo e disaccordo ▶ *Questa è una bella idea*

grammatica
Il congiuntivo presente

1 Introduzione

1a Abbina ogni parola ad un'immagine. Poi confrontati con un compagno.
Attenzione: c'è una parola in più!

1. ambiente 2. aspirapolvere 3. benessere 4. comprare 5. consumismo
6. smartphone 7. oggetti 8. provocazione 9. rifiuti

1b Continua a lavorare con lo stesso compagno. Le parole del punto **a** sono contenute in un testo. Secondo te di cosa parlerà?

modulo due | società

2 Leggere | Il consumismo

2a Leggi il testo e completalo con le parole del punto **1**.

RIBELLARSI AL CONSUMISMO E VIVERE FELICI

Intervista a Simone Perotti, professore di Economia all'Università Bocconi

Tutti noi oggi siamo dei consumatori. Come tali, comprare non ci soddisfa mai perché subito desideriamo qualcos'altro. Dobbiamo uscire da queste logiche, eliminando dai nostri ambienti gli oggetti inutili e facendo un utilizzo più intelligente delle risorse.

- Già negli anni Settanta Pier Paolo Pasolini metteva in evidenza le modificazioni della vita quotidiana con una condanna appassionata ai costumi consumistici di quel periodo. La sua denuncia è ancora attuale?
- Credo che le idee di Pasolini siano più che mai attuali! In questa epoca il soddisfacimento dei bisogni, che è l'anima, la radice del _consumismo_, è contraddistinto dalle logiche del marketing. Il bisogno cioè deve essere soddisfatto solo in parte, in modo che il consumatore, immediatamente dopo l'acquisto, riprenda a desiderare qualcos'altro, ovvero quella quota di soddisfacimento che non ha avuto. Questo è il motivo per cui ci sono i prodotti che vengono messi sul mercato e poi dopo 6 mesi sono sostituiti dalla versione 1.2, 1.3, 1.4: il computer, il tablet, lo _smartphone_ sono esempi molto tipici. Questo è il modo drogato con cui questa società è andata avanti nello sviluppo di questo mercato e di questa cultura mercantile che invece dovrebbe essere cambiata. Oggi più che mai penso che tutti debbano ridurre i propri bisogni, renderli più essenziali e consumare meno, producendo meno _rifiuti_, impattando meno sull' _ambiente_ e diventando fatalmente anche più felici.

- L'"igiene comportamentale" di cui Lei parla in un suo recente articolo, implicherebbe dunque consumi più sostenibili, anche dal punto di vista ambientale e sociale?
- Ho il sospetto che la nostra esistenza sia accompagnata da un sacco di _oggetti_ che non ci rendono felici. Ci siamo resi un po' schiavi lavorando tantissimo per guadagnare i soldi che servivano per comprarli, ma fatalmente non li usiamo mai, stanno lì in casa nostra a occupare spazio e anche quando li utilizziamo non ci rendono felici. Questa constatazione non è solo una _provocazione_, basta guardarsi intorno, ognuno nel proprio ambiente, per verificarlo. Se vogliamo davvero cambiare le cose è necessario che il _benessere_ si realizzi attraverso questo alleggerimento dei nostri ambienti, delle nostre case, dei luoghi dove viviamo.

- Riusare le cose inutilizzate potrebbe davvero farci vivere meglio? Non pensa che sia noioso avere la stessa macchina o lo stesso aspirapolvere per vent'anni?
- Secondo me è noioso il contrario! Io a casa mia sto sempre molto attento a comprare qualcosa perché ogni volta che compro qualcosa spendo soldi e poi dovrò lavorare per guadagnarli di nuovo, quindi prima di essere del tutto convinto di dover _comprare_ qualcosa ci penso e ci ripenso mille volte. Quando un oggetto si rompe, lo tengo, lo aggiusto, lo modifico. E mi diverto molto nel fare questo, non mi annoio per niente, non vivo la noia tipica di questa epoca in cui la gente, avendo spesso poco da fare, ha troppo spesso la faccia spenta.

da www.cadoinpiedi.it

2b *Sottolinea* nel testo due frasi con cui sei d'accordo e due con cui non sei d'accordo. Poi confrontati con un compagno e riflettete sul consumismo e le idee di Perotti.

trentanove

unità 4 | un mondo di consumi

3 Analisi grammaticale | Il congiuntivo presente

3a *I verbi della lista sono al congiuntivo presente. Trovali nel testo e inseriscili al posto giusto nella tabella, come negli esempi.*

siano | riprenda | debbano | ~~sia~~ | si realizzi | ~~sia~~ | ~~sia~~

	essere	riprendere	dovere	realizzare
io	sia	riprenda	debba	mi realizzi
tu	sia	riprenda	debba	ti realizzi
lui/lei	sia / sia / sia	riprenda	debba	si realizzi
noi	siamo	riprendiamo	dobbiamo	ci realizziamo
voi	siate	riprendiate	dobbiate	vi realizziate
loro	siano	riprendano	debbano	si realizzino

3b *Guarda la tabella del punto **a** e completa la coniugazione del congiuntivo presente. Attenzione: la seconda e la terza coniugazione sono uguali.*

	-are	-ere / -ire	
	cantare	vedere	sentire
io	canti	veda	senta
tu	cant- canti	ved- veda	sent- senta
lui/lei	canti	veda	senta
noi	cant -iamo	ved -iamo	sent -iamo
voi	cant -iate	ved -iate	sent -iate
loro	cant -ino	ved -ano	sent -ano

3c *Riguarda nel testo le frasi che contengono verbi al congiuntivo e completa la regola.*

Il congiuntivo si usa per
- ☐ a. parlare di una cosa trasgressiva.
- ☐ b. esprimere un concetto sicuro / verificato.
- ☐ c. esprimere un punto di vista soggettivo / un'opinione.

congiuntivo presente

	essere	avere
io	sia	abbia
tu	sia	abbia
lui/lei	sia	abbia
noi	siamo	abbiamo
voi	siate	abbiate
loro	siano	abbiano

40   quaranta

modulo due | società

4 Gioco | Il cruciverba del congiuntivo
Coniuga i verbi al congiuntivo presente e completa il cruciverba.

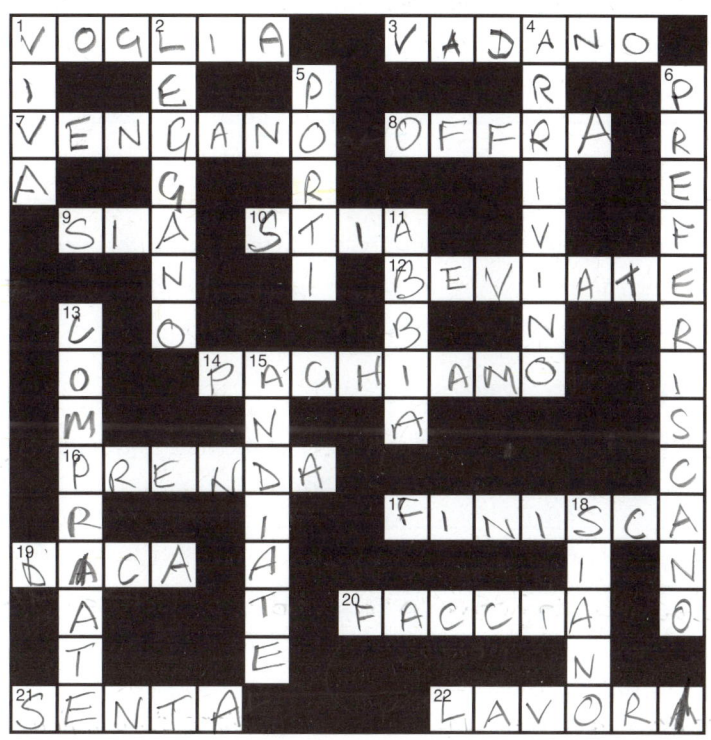

Orizzontali ➡

1. Capisco che tu non (*volere*) __voglia__ andare a scuola, ma devi sforzarti.
3. "Carla e Marta mangiano con noi?" "No, penso che (*andare*) _____ via prima di cena."
7. Nessuno li conosce, non sappiamo neanche da dove (*venire*) _____.
8. È proprio necessario che io (*offrire*) _____ da bere a tutti solo perché cambio lavoro?
9. Sembra che la nuova casa di Enzo (*essere*) _____ bellissima.
10. "Perché Mario non è venuto?" "Credo che non (*stare*) _____ molto bene".
12. È meglio che non (*bere*) _____ troppo se dovete guidare.
14. L'albergo vuole che (*noi – pagare*) _____ tutto al momento della prenotazione.
16. Quando piove, preferisco che mio figlio non (*prendere*) _____ il motorino.
17. Mi sembra che Luigi (*finire*) _____ di lavorare alle 7.
19. Voglio che tu (*dire*) _____ la verità.
20. Qualunque cosa (*io – fare*) _____, non sei mai contento!
21. Dicono che il gatto (*sentire*) _____ dei suoni che l'orecchio umano non può avvertire.
22. Non è possibile che tu (*lavorare*) _____ così tanto, devi riposarti!

Verticali ⬇

1. Sembra che la tartaruga (*vivere*) _____ anche più di 100 anni.
2. Prima di cominciare, è importante che tutti (*leggere*) _____ bene le istruzioni.
4. Penso che Marco e Lucia non (*arrivare*) _____ prima delle 10.
5. Molti credono che il gatto nero (*portare*) _____ sfortuna.
6. Pensi che i tuoi (*preferire*) _____ rimanere a casa stasera?
11. Laura pensa che il marito (*avere*) _____ un'amante.
13. È meglio che (*voi – comprare*) _____ il biglietto prima di salire sull'autobus.
15. Voglio che (*voi – andare*) _____ a chiedergli subito scusa!
18. "Hai visto i bambini?" "No, sinceramente non so dove (*essere*) _____."

quarantuno

unità 4 | un mondo di consumi

5 Ascoltare | La raccolta differenziata

5a *Ascolta e fai una ✗ per ogni persona intervistata. Se necessario ascolta ancora una volta. Poi confrontati con un compagno e scrivete il totale. Se non siete d'accordo ascoltate ancora.*

> Le persone intervistate sono _____

5b *Continua a lavorare con lo stesso compagno. Quali sono secondo voi le due persone intervistate con il maggiore e il minore spirito ecologista? Se necessario riascoltate.*

5c *Cambia compagno e verifica i punti precedenti. Poi ascolta di nuovo e dai, ad ogni persona intervistata, un voto da 1 a 10 (1 = meno ecologista, 10 = più ecologista). Poi confronta con il compagno.*

| 1. | 2. | 3. | 4. | 5. | 6. | 7. |

5d *E voi, dove vi mettete? Che voto vi date? Discutine con il compagno, poi confronta con il resto della classe.*

6 Gioco | Cos'ha detto?

La classe si divide in due squadre, A e B. L'insegnante fa ascoltare tre volte la prima frase e la squadra A ha un minuto di tempo per scrivere alla lavagna tutto quello che ricorda. Se la frase è corretta prende un punto, altrimenti il gioco prosegue. L'insegnante fa ascoltare ancora tre volte e la squadra B ha un minuto di tempo per correggere e integrare la frase alla lavagna. Se la frase è corretta prende un punto, altrimenti il gioco prosegue con l'alternanza della squadra A e della squadra B.
Quando una squadra scrive la frase corretta l'insegnante passa alla seconda frase. Le squadre possono sempre confrontarsi parlando italiano, ma non possono scrivere.

---

unità 4 | un mondo di consumi

Questi sono i contenuti di **comunicazione** che hai studiato in questa unità. Attenzione: negli esempi c'è un errore. Trovalo e correggilo. Poi confronta l'indice a pag. 38.

comunicazione

Esprimere un'opinione
▸ *Credo che le idee di Pasolini sono più che mai attuali!*

Esprimere accordo e disaccordo
▸ *Questa è una bella idea*

comunicazione

Parlare delle proprie abitudini ▶ *Faccio un'abbondante colazione*

Dire cosa è meglio, è più importante, ecc. ▶ *È meglio che sia di stagione!*

Comportarsi in modo adeguato all'occasione ▶ *Non si arriva mezz'ora prima*

Esprimere sentimenti, speranze, stati d'animo o volontà ▶ *Si sente un odore di pesce terribile! Speriamo non venga da casa loro!*

grammatica

Il congiuntivo presente

La forma impersonale

Il pronome combinato *ci si*

unità 5 | non si fa!

1   Leggere | Test

Fai il test, poi vai a pag. 143, calcola il punteggio e scopri il tuo profilo.

dimmi cosa e come mangi... e ti dirò chi sei!

1 ▶ La mattina
- ☐ a. Non faccio colazione
- ☐ b. Faccio colazione al bar
- ☑ c. Faccio un'abbondante colazione a casa, possibilmente con frutta e cereali

2 ▶ A pranzo
- ☑ a. Sto molto attento a cosa mangio, infatti credo che una buona salute dipenda prima di tutto da una buona alimentazione
- ☐ b. Di solito mangio velocemente un panino o qualcosa di rapido al bar o in un fast food, nonostante questo tipo di alimentazione non faccia bene alla salute
- ☐ c. Mangio quello che capita dove capita

3 ▶ A cena
- ☑ a. Mangio a casa cose cucinate da me o da qualcuno che abita con me
- ☐ b. Preferisco mangiare fuori, in ristoranti o trattorie che propongono cucina tipica
- ☐ c. Mangio a casa, ma quasi sempre roba precotta o già pronta perché non ho tempo o voglia di cucinare

4 ▶ La spesa
- ☑ a. La faccio al supermercato
- ☐ b. Se possibile compro direttamente dai produttori o in piccoli negozi
- ☐ c. Non ho preferenze sul tipo di negozio, basta che sia vicino

5 ▶ Il cibo
- ☐ a. Penso che sia giusto comprare solo cibo biologico
- ☐ b. Compro anche cibo non biologico ma controllo la provenienza
- ☑ c. Compro le cose che mi piacciono

6 ▶ Frutta e verdura
- ☐ a. È meglio che sia di stagione
- ☑ b. Compro anche quella fuori stagione, perché mi piace
- ☐ c. Non guardo se è di stagione o no, perché non so riconoscerla

7 ▶ La carne
- ☐ a. La mangio almeno quattro volte a settimana
- ☑ b. La mangio due o tre volte a settimana
- ☐ c. Non la mangio mai o quasi mai

8 ▶ A tavola
- ☐ a. Spesso non finisco la mia porzione
- ☑ b. Odio che il piatto rimanga mezzo pieno, il cibo costa e io ho l'abitudine di finire sempre tutto, anche se non mi piace o non ho molta fame
- ☐ c. Cerco di mangiare sempre tutto, purché mi piaccia

9 ▶ Dopo mangiato
- ☐ a. Butto tutto, non mi piace mangiare gli avanzi
- ☐ b. A volte conservo gli avanzi ma senza rispettare particolari regole
- ☑ c. Metto sempre in frigo gli avanzi e li conservo con cura per il giorno dopo

10 ▶ Fuori dai pasti
- ☐ a. Ogni tanto mi concedo qualche piccolo piacere, ma senza esagerare
- ☑ b. Cerco di non mangiare snack, dolci o cibi confezionati
- ☐ c. Non riesco a controllarmi e mangio di tutto

quarantatré   43

unità 5 | non si fa!

2 Parlare | Le mie abitudini
Lavora con un compagno che ha un profilo diverso dal tuo e confrontate le vostre abitudini. Quali abitudini saresti disposti a cambiare? Quali no? Perché?

3 Analisi grammaticale | Usi del congiuntivo
Trova, per ognuno degli usi del congiuntivo, uno o due esempi nel test del punto 1, come nell'esempio.

il congiuntivo di solito si usa

① → con verbi che esprimono opinione o situazioni non sicure come *penso, credo, immagino*, ecc.

credo che una buona salute dipenda...
penso che sia giusto comprare solo cibo biologico

③ → con frasi impersonali come *è meglio/bene/bello che, è importante/probabile/possibile che, sembra che, basta/bisogna che*, ecc.

basta che sia vicino

② → con verbi che esprimono sentimenti, stati d'animo o volontà come *spero, mi auguro, sono felice, sono contento, amo, odio, mi piace, preferisco, voglio*, ecc.

odio che il piatto rimanga mezzo pieno
è meglio che sia di stagione

④ → dopo alcune congiunzioni o espressioni come *affinché, benché, nonostante, malgrado, sebbene, per quanto, purché, a patto che, a condizione che, prima che*, ecc.

purché mi piaccia
nonostante questo tipo di alimentazione non faccia bene alla salute

4 Ascoltare | Un invito a cena 11

4a Ascolta il dialogo e indica chi sono, secondo te, le due persone che parlano.
☐ amico e amica   ☐ marito e moglie   ☐ fidanzato e fidanzata

4b Ascolta ancora e confrontati con un compagno per rispondere alle domande qui sotto. Scegli tutte le risposte che ti sembrano corrette.

1. Chi sono Alessandro e Silvia?
☐ una coppia di amici delle due persone che parlano
☐ Silvia è la sorella di lui e Alessandro è il marito di Silvia
☐ Alessandro è un amico di lui e Silvia è la compagna di Alessandro
☐ due amici d'infanzia di lei

2. Cosa portano alla fine i due invitati?
☐ dolce   ☐ vino   ☐ regalo per il bambino   ☐ fiori

modulo due | **società**

A tavola

Quando in Italia ci <u>si mette</u> a tavola, cosa <u>si fa</u> oltre a mangiare? Il pranzo o la cena sono anche un'occasione per stare con la propria famiglia, gli amici o i colleghi? Sembrerebbe di sì. Infatti, secondo l'indagine "Gli italiani a tavola", svolta dalla società Somedia:

- il 27,1% quando è a tavola non risponde al telefono
- il 42,7% spegne la televisione
- il 73% non <u>si alza</u> da tavola fino a quando tutti gli altri non hanno finito
- l'88,4% aspetta gli altri per cominciare a mangiare tutti insieme

Secondo la stessa ricerca, quando si va al ristorante <u>si mangia</u> di più: infatti normalmente si ordinano tre portate (antipasto, primo e secondo) e spesso <u>si prende</u> anche il dessert, mentre a casa di solito <u>si consuma</u> un piatto unico (un primo o un secondo).

4c *Ascolta ancora e completa la tabella con le azioni della lista.*

cosa è maleducato							
secondo lui	☐	☐	☐	☐	☐	☐	☐
secondo lei	☐	☐	☐	☐	☐	☐	☐

1. arrivare in anticipo
2. avvertire prima che c'è qualcosa che non mangiamo
3. chiedere di mangiare un'altra cosa
4. dire che qualcosa non ci piace
5. far sparecchiare, cucinare, ecc. gli ospiti
6. non aiutare i padroni di casa a cucinare, sparecchiare, ecc.
7. non portare un dolce
8. portare un dolce se i padroni di casa ne hanno fatto o comprato uno

4d *Confrontati con un nuovo compagno e se necessario ascolta ancora il dialogo.*

5 Analisi grammaticale | Il *si* impersonale 🎧 12

5a *Ricostruisci le frasi del dialogo. Poi ascolta e verifica.*

1. Non si arriva mezz'ora prima, dai!

2. E certo, tanto le cose si devono fare sempre come dici tu.

3. Si sente un odore di pesce, terribile!

5b *Leggi il riquadro* **A tavola** *e* <u>sottolinea</u> *tutte le frasi con il* si *simili a quelle del punto* **a**. *Poi classificale nella tabella, come negli esempi.*

si + 3ª persona sing. del verbo	*si* + 3ª persona sing. del verbo + oggetto	*si* + 3ª persona plur. del verbo + oggetto	*ci* + *si*
Non **si arriva** mezz'ora prima, dai!	**Si sente** <u>un odore</u> di pesce terribile!	E certo, tanto <u>le cose</u> **si devono** fare sempre come dici tu.	ci si mette a tavola

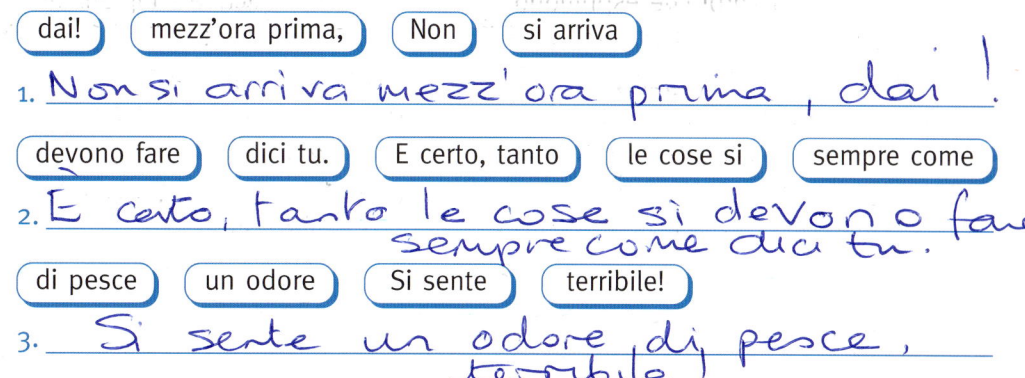

Activity: no agreement
si fa
si va
si alza
si mangia

Agrees with object
si consuma un piatto unico
si prende anche il dessert

(in any case - tanto)
si ordinano tre portate

To avoid repetition of si si!
Always singular

quarantacinque 45

unità 5 | non si fa!

5C *Completa la regola inserendo una frase di esempio in ogni spazio.*

> **Il pronome *si***
>
> Di solito il pronome *si* è usato in senso impersonale, per indicare un soggetto indefinito (la gente, tutti, qualcuno).
>
> ✎ Esempio *In Italia si vive bene.* (= la gente vive bene)
>
> Quando la frase con *si* non ha un oggetto, il verbo è sempre alla terza persona singolare.
>
> ✎ Esempio *Si va in vacanza, vale la pena prendere una crema contro le zanzare.*
>
> Quando la frase con *si* ha un oggetto singolare, il verbo è alla terza persona singolare.
>
> ✎ Esempio *Quando si compra un vestito, si ha bisogno di una ricevuta.*
>
> Quando la frase con *si* ha un oggetto plurale, il verbo è alla terza persona plurale.
>
> ✎ Esempio *Quando si prendono due dolci, si scelgo sempre il tiramisù*
>
> Quando il *si* è riferito a un verbo riflessivo, forma il pronome doppio *ci si*.
>
> ✎ Esempio *Ci si alza presto, si prende una doccia calda*

6 Gioco | L'alveare

La classe si divide in due squadre. A turno ogni squadra sceglie una casella e cerca di completare la citazione con l'espressione giusta. Se la scelta è corretta può occupare la casella. Vince la prima squadra che riesce a collegare caselle dal margine destro al margine sinistro (o viceversa) o da sopra a sotto (o viceversa).

---

unità 5 | non si fa!

Collega gli esempi a destra con i contenuti di **comunicazione** a sinistra. Poi confronta l'indice a pag. 43.

comunicazione

Parlare delle proprie abitudini ▶

Dire cosa è meglio, è più importante, ecc. ▶

Comportarsi in modo adeguato all'occasione ▶

Esprimere sentimenti, speranze, stati d'animo o volontà ▶

- *Non si arriva mezz'ora prima*
- *È meglio che sia di stagione!*
- *Si sente un odore di pesce terribile! Speriamo non venga da casa loro!*
- *Faccio un'abbondante colazione*

unità 6 | gli italiani e il calcio

comunicazione
Parlare dello sport ▶ *Il calcio è il gioco ideale per una nazione come l'Italia*
Esprimere il proprio punto di vista ▶ *A mio giudizio, per me, a quanto pare, ritengo che, sembra che,* ecc.

grammatica
Congiuntivo o indicativo
La congiunzione *che* e la preposizione *di*
Congiuntivo o infinito

1 Introduzione

1a Lavora con un compagno. Ricostruite la frase di Winston Churchill.

(come) (come) (e una partita di calcio)

(una guerra.) (una partita di calcio,) (vedono la guerra)

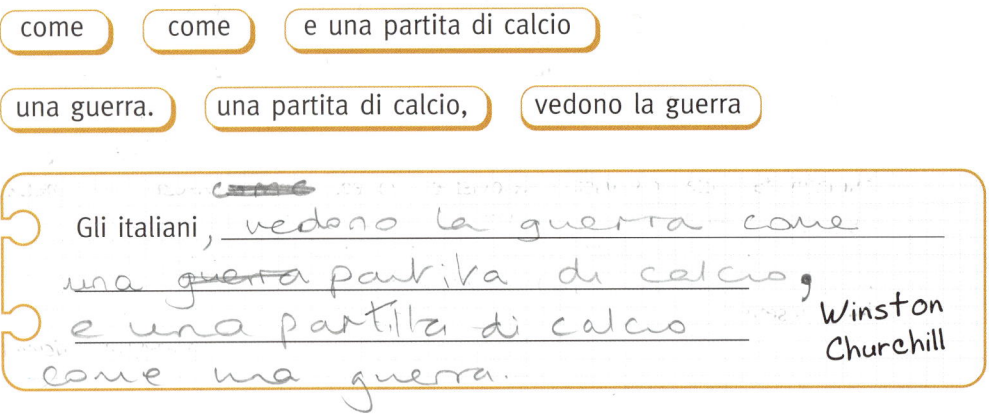

Gli italiani, vedono la guerra come una partita di calcio, e una partita di calcio come una guerra.
— Winston Churchill

1b Perché secondo te Churchill ha detto questa frase? Discutine con lo stesso compagno del punto **a**.

2 Leggere | Gli italiani e il calcio

2a Inserisci al posto giusto gli inizi dei paragrafi e completa il testo della prossima pagina, come nell'esempio. Poi confrontati con un compagno.

1. Bisogna aggiungere che
2. È questo il titolo
3. Ginsborg esamina quindi
4. In uno dei paragrafi
5. Lo storico infatti pensa che
6. Secondo Ginsborg non

modulo due | società

L'ITALIA È UNA REPUBBLICA FONDATA SUL PALLONE

___2___ di un interessante articolo-provocazione (ma la provocazione non si discosta molto dalla realtà!) pubblicato sul settimanale *l'Espresso*, che prende spunto dall'uscita del terzo volume della Storia d'Italia: "L'Italia del tempo presente", dello storico Paul Ginsborg (Ed. Einaudi).

___4___ del capitolo "Società e cultura di massa", Ginsborg prende in esame il rapporto degli italiani con lo sport nazionale.

___6___ si deve considerare il calcio come metafora della società italiana perché "significherebbe correre il rischio di una trasposizione eccessivamente meccanica. Ma osservare il fenomeno sotto questa angolazione può far emergere una serie di connessioni e di aspetti suggestivi. Da un certo punto di vista il calcio è il gioco ideale per una nazione come l'Italia, in cui la famiglia riveste un ruolo così centrale, in quanto collega quasi senza sforzo l'infanzia e l'età adulta, sia nella stessa persona (che nel guardare la partita di serie A ricorda i propri giochi di bambino o di ragazzo), sia in ambito familiare, soprattutto per quanto riguarda il rapporto tra padre e figlio maschio. Allo stesso tempo si può considerare il calcio come una delle molte espressioni di una cultura a prevalenza maschile".

___3___ il rapporto degli italiani con le regole dell'arbitraggio, che gli sembra essere uno specchio dell'atteggiamento dell'italiano medio nei confronti dell'autorità.

___5___, dalle reazioni nei confronti dell'arbitro (verso il quale si riversano rabbia, disprezzo e di frequente il sospetto di corruzione), non sia difficile individuare sentimenti quali diffidenza, disprezzo, cinismo o addirittura l'odio, che caratterizzano anche il rapporto degli italiani con lo Stato.

___1___ quella del calcio è ormai una vera e propria forma di psicosi collettiva, condizionata dalle trasmissioni televisive che sezionano, vivisezionano, analizzano, setacciano le partite che, da domenicali, sono diventate quasi quotidiane! Per questo, d'altra parte, sono sempre di più i genitori che sperano che i propri figli si avvicinino ad altri sport e i ragazzi che scelgono di praticare uno sport che non si vede in televisione sette giorni su sette.

da *www.rivstoricavirt.com*

Congiuntivo o indicativo?

Osserva:
Secondo Ginsborg non *si deve* considerare il calcio come metafora della società italiana.

Lo storico infatti *pensa che* (...) non *sia* difficile individuare sentimenti quali diffidenza…

Il congiuntivo si usa dopo i verbi che esprimono un'opinione soggettiva. A volte si può introdurre l'opinione con altre espressioni. In questo caso si usa l'indicativo.

▸ **vogliono il congiuntivo**
penso che …
ritengo che …
credo che …
sembra che …

▸ **vogliono l'indicativo**
a (mio) giudizio …
secondo (me) …
per (me) …
a quanto pare …

2b Nel tuo Paese il calcio è vissuto come in Italia? Ci sono altri sport o altri fenomeni culturali che hanno la stessa importanza e suscitano le stesse passioni del calcio in Italia? Parlane con un compagno.

3. Parlare | La finale

Lavora con un compagno e dividetevi i ruoli **Studente A** e **Studente B**.
Il profilo per lo **Studente B** è a pag. 144.

> **Studente A**
> Ore 20.30. Roma. C'è la finale della coppa del mondo di calcio.
> La tua nazionale è entrata in campo. Comincia la partita.
> Sei seduto sul divano davanti alla tv. Suonano alla porta.
> Apri: c'è una persona che non conosci che ti vuole vendere qualcosa.

unità 6 | gli italiani e il calcio

4 Analisi lessicale | Combinazioni

Sostituisci la parola sottolineata con una delle due espressioni tra parentesi.

a. È questo il titolo di un interessante articolo <u>pubblicato</u> (uscito / andato) sul settimanale L'Espresso.
b. Ma osservare il fenomeno <u>sotto</u> (dentro / da) questa angolazione può far emergere una serie di connessioni e di aspetti suggestivi.
c. Il calcio è il gioco <u>ideale</u> (preciso / perfetto) per una nazione come l'Italia.
d. La famiglia <u>riveste</u> (controlla / occupa) un ruolo centrale.
e. Si può considerare il calcio come una delle molte espressioni di una cultura a <u>prevalenza</u> (superiorità / maggioranza) maschile.

5 Gioco | Che significa?

5a *Si formano 2 squadre. L'insegnante divide in due parti uguali il testo del punto 2 e assegna una parte ad ogni squadra. All'interno di ogni squadra gli studenti si confrontano sul significato delle parole della loro parte di testo e individuano dei sinonimi.*

5b *Gli studenti possono usare il dizionario per cercare il significato delle parole che non sono riusciti a spiegare. Hanno 5 minuti di tempo.*

5c *Ogni squadra prepara delle domande sul significato delle parole del suo testo.*

5d *Inizia la gara. A turno, ogni squadra domanda all'altra il significato di una parola del suo testo. Se la risposta è accettata, la squadra guadagna un punto, altrimenti può rispondere l'altra squadra. Vince la squadra che alla fine del gioco ha dato più risposte corrette.*

✎ Esempio

Squadra 1: C'è una parola che significa "migliore". Qual è?

6 Analisi grammaticale | Congiuntivo o infinito?

6a *Rileggi l'ultima frase dell'articolo e scrivi quali sono i soggetti dei verbi evidenziati, come nell'esempio.*

▶ Sono sempre di più i genitori che sperano che i propri figli si avvicinino ad altri sport e i ragazzi che scelgono di praticare uno sport che non si vede in televisione sette giorni su sette.

frase principale	frase secondaria
soggetto sperare __genitori__	soggetto avvicinarsi __i propri figli__
soggetto scegliere __i figli__	soggetto praticare __uno sport__

6b *Completa la regola.*

1. Il soggetto della frase secondaria è ☐ lo stesso di / ☐ differente da quello della frase principale
   ▶ *Il verbo va all'infinito preceduto dalla preposizione di*
2. Il soggetto della frase secondaria è ☐ lo stesso di / ☑ differente da quello della frase principale
   ▶ *Il verbo va al congiuntivo*

modulo due | società

7 Gioco | Domino

Gioca con un compagno, con un solo libro. Usate due penne di colore diverso. Il primo studente sceglie un inizio nella colonna 1 e la cancella con la sua penna. Il secondo studente deve cercare una conclusione adatta nella colonna 2 utilizzando la preposizione di, la congiunzione che oppure niente.
Se la continuazione è accettata dal primo studente allora può cancellarla con la sua penna. Quindi, sempre il secondo studente, sceglie un nuovo inizio, lo cancella con la sua penna e lascia la parola al primo studente. Quando uno studente fornisce una continuazione non corretta oppure non riesce a continuare, il turno passa al compagno. Il gioco finisce quando nessuno studente riesce ad andare avanti oppure quando si esauriscono le frasi da ricostruire.
Vince lo studente che ha cancellato più frasi nella colonna 2. *

1

A quanto pare

Domani vado a correre, ma solo se

È importante

È meglio

Forse

I miei professori vogliono

Il dottore crede

Immagino

Luciana è felice

Luigi crede

Ma che bello:

Ok, non vado via, basta

Pensi

Preferisco

Secondo Massimo

Sono molto felice

Spero

Ti auguro

Tutti noi speriamo

Vengo alla tua festa, purché

Voglio andare a giocare a calcio, malgrado

Voglio comprare una nuova tv, anche se

2

andare in vacanza da solo.

costa tantissimo.

domani esce il nuovo disco di Giorgia.

domani non piova.

essere intelligentissimo.

essere idonei per questo lavoro.

Gianni parte domani.

Giovanni mi chiami presto.

i miei figli non tornino tardi la sera.

io abbia l'influenza.

io sia incinta?

io studi di più.

Lei abbia già pagato il conto!

piova.

qualcuno faccia il caffè!

questa è una bugia!

tu vada con lei al mare domani.

tuo fratello sta bene!

venga anche tua sorella.

venga anche tuo padre.

vieni anche tu.

vincere la gara di nuoto.

che

di

* versione da fotocopiare e ritagliare (e soluzione) nella guida per l'insegnante

unità 6 | gli italiani e il calcio

8 Parlare | Sei d'accordo?

Qui sotto trovi dei titoli di giornale che possono dividere l'opinione pubblica. Formate due squadre e scegliete un tema. Una squadra assume un ruolo a favore di un certo tema e l'altra assume un ruolo contro. Le due squadre hanno dieci minuti per prepararsi al dibattito. Segue il confronto.

Gianna Nannini mamma sprint. Ma non è troppo dopo i 50 anni?
La rockstar è diventata mamma della piccola Penelope. Ma i recenti casi di cronaca sulle mamme-nonne riaccendono il dibattito. È giusta la maternità a ogni costo e a ogni età?

Boom di nomi strani: i bimbi ne soffriranno
I bimbi con nomi strani possono soffrire gravi ripercussioni psicologiche appena mettono il naso fuori di casa.

Istituto tecnico Rossi di Vicenza
Vietate le minigonne, i pantaloni a vita bassa e le infradito
"La scuola non è una spiaggia". Vietato l'abbigliamento inadeguato alla scuola. Niente pantaloncini, zoccoli e ombelico in vista.

LECCO. A BARZANÒ È VIETATO CHIEDERE L'ELEMOSINA
A far scattare il provvedimento è stata la constatazione che ultimamente per il paese si aggirano troppe persone che reclamano soldi, specialmente nei pressi del cimitero.

PRESENTATA UNA PETIZIONE PER TORNARE AL SERVIZIO MILITARE OBBLIGATORIO
- IL SERVIZIO MILITARE OBBLIGATORIO È STATO PER OLTRE UN SECOLO UN DOVERE DI TUTTI I MASCHI ITALIANI. ABOLITO NEL 2005, ORA QUALCUNO VORREBBE RIPRISTINARLO.

In Italia sale la forbice tra ricchi e poveri
Perché c'è così tanta differenza tra lo stipendio di un politico, quello di un manager e quello di un operaio? Sono sempre di più le persone che vorrebbero salari uguali per tutti.

Il doping? Forse è meglio liberalizzarlo
Pesanti dichiarazioni dell'ex campione italiano di ciclismo Francesco Moser che alle domande sul doping di un giornalista Rai ha spiegato che "tutti devono essere messi sullo stesso piano". E sui rischi ai quali vanno incontro i giovani: "Nel nostro mondo ci sono tantissimi pericoli".

9 Scrivere | Articolo di giornale
Scegli uno dei titoli di giornale del punto 8 e scrivi l'articolo.

---

unità 6 | gli italiani e il calcio

Segna con una ☒ le cose che hai studiato. Poi verifica con l'indice a pag. 48. Attenzione: c'è una cosa in più. Il contenuto "intruso" della lista sarà presentato nel modulo tre.

grammatica
☐ Congiuntivo o indicativo
☐ La congiunzione *che* e la preposizione *di*
☐ La forma passiva
☐ Congiuntivo o infinito

HABEMUS PAPAM ▸ episodio due

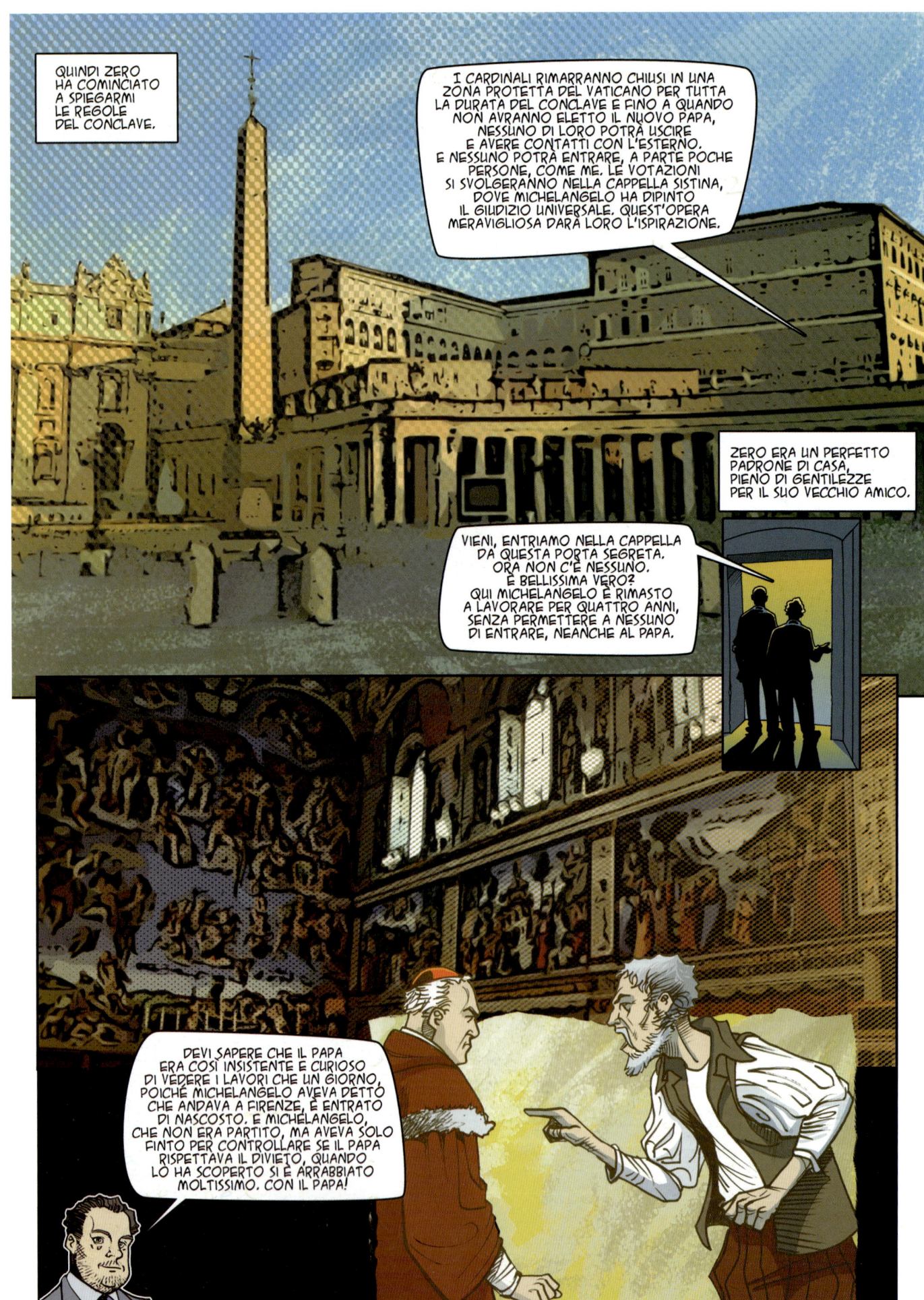

modulo due | attività video

 vai all'indirizzo
www.almaedizioni.it/minisiti/domani/domani-3/
e apri la sezione video

1. Secondo te cos'è un ecoparrucchiere? Fai ipotesi con un compagno.

2. Leggi le domande, poi ascolta l'audio senza guardare il video e metti in ordine le domande a Grazia. Attenzione, la prima domanda arriva dopo la presentazione e l'introduzione della giornalista.
Poi confrontati con un compagno.
Infine guarda il video con l'audio e verifica.

[2] CHE COS'È IL DECALOGO DELL'ECOPARRUCCHIERE? *rulebook*

[3] QUANTO INQUINA UN PARRUCCHIERE? *pollute*

[5] LA SCELTA ECO PAGA?

[4] PERCHÉ DIVENTARE ECO?

[6] SAI COS'È LA GREEN ECONOMY?

[1] COSA VUOL DIRE ECOPARRUCCHIERE?

3. Scegli la giusta continuazione per ogni affermazione, poi confrontati con un compagno. Infine guarda il video con l'audio e verifica.

1. I parrucchieri tradizionali
   - ☑ sono molto inquinanti.
   - ☐ non sono più inquinanti di altre attività.

2. Dal 2009 a oggi i parrucchieri diventati ecologici sono
   - ☑ più di 200.
   - ☐ più di 2000.

3. Alcune delle regole per diventare parrucchieri ecologici sono: (più di una risposta)
   - ☐ usare poca acqua;
   - ☐ diventare vegetariani;
   - ☐ non usare carta;
   - ☑ non sprecare energia elettrica; *waste*
   - ☑ fare la raccolta differenziata;
   - ☑ usare lampade a basso consumo. *lights*

4. Un bravo parrucchiere ecologico
   - ☐ non deve emettere anidride carbonica (CO_2) nell'aria. *sulphur dioxide*
   - ☑ pianta degli alberi per compensare le emissioni di CO_2. *cresciuto*

5. La scelta ecologica
   - ☐ è solamente una scelta etica.
   - ☑ fa anche risparmiare soldi. *save*

6. Greenpeace
   - ☑ ha detto che gli shampoo tradizionali inquinano troppo.
   - ☐ ha fatto un progetto per la green economy.

4. Scrivi i cinque concetti che ti sembrano più interessanti in questo video. *opinions*
Poi confrontati con un gruppo di compagni. Se necessario riguarda il video.

5. Quanto è ecologica la tua vita? E il tuo lavoro? Lavora con un gruppo di compagni e provate ad eliminare tutte le azioni inquinanti di una vostra giornata.

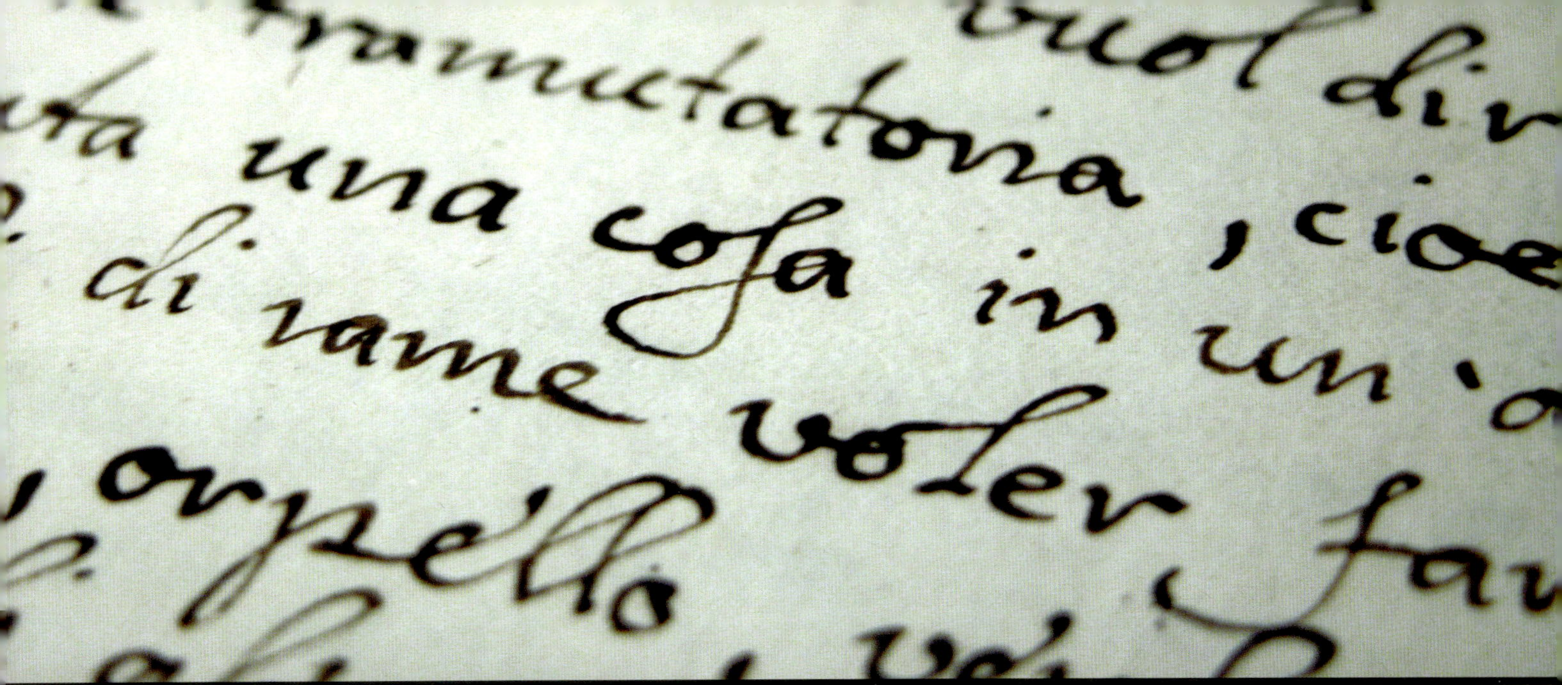

modulo tre | lingua

unità 7 — nessuno è perfetto

unità 8 — apriti cielo!

comunicazione

Parlare degli errori più frequenti in italiano
▸ *In fondo è solo un pronome!*

Usare le parole straniere in italiano
▸ *Ministero del Welfare*

Usare i titoli e gli appellativi
▸ *Ma certo Dottor Pupazzi!*

Dare del tu o del Lei
▸ *Ci diamo del tu?*

grammatica

Gli interrogativi

Il pronome relativo *chi*

Gli esclamativi

La forma passiva

La forma passiva con *essere* e *venire*

unità **7** | **nessuno è perfetto**

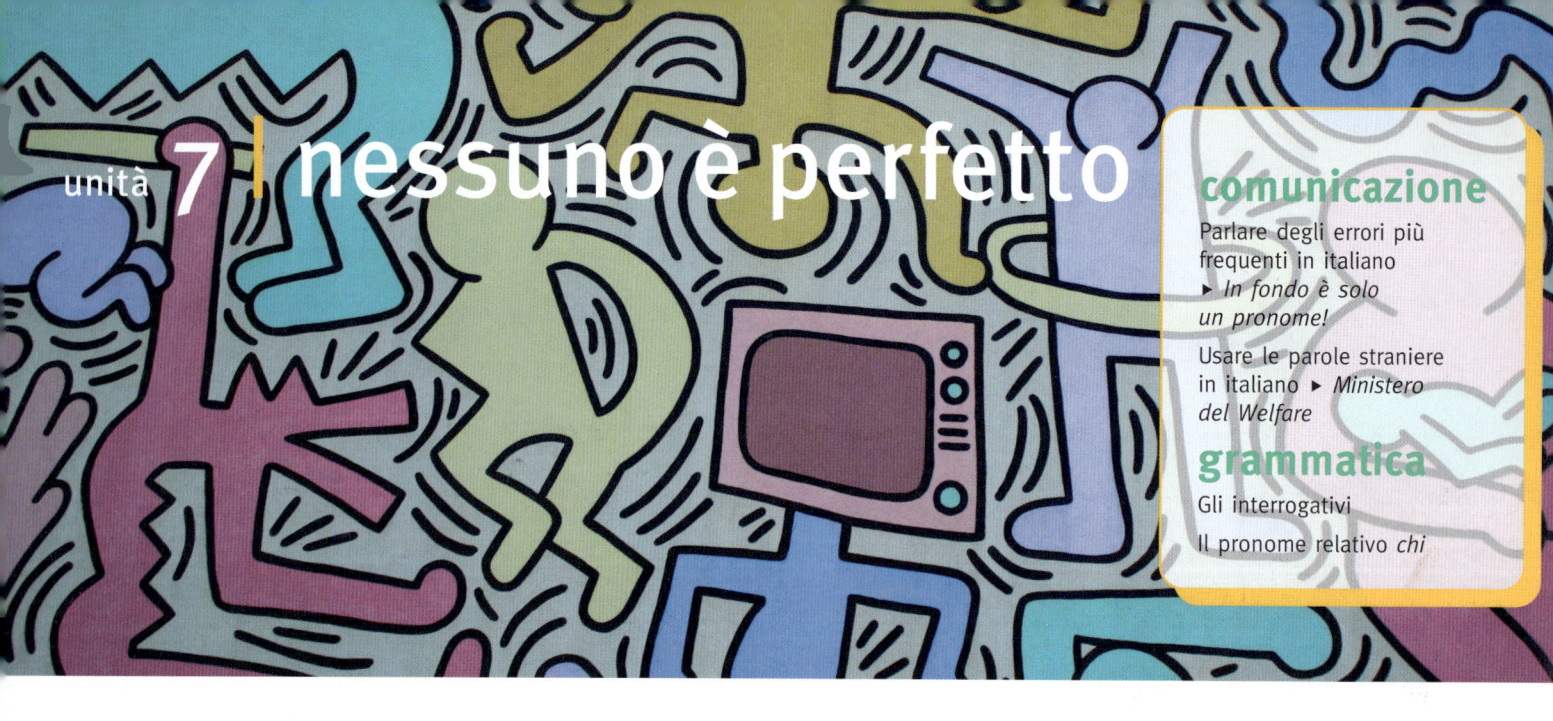

comunicazione
Parlare degli errori più frequenti in italiano ▶ *In fondo è solo un pronome!*
Usare le parole straniere in italiano ▶ *Ministero del Welfare*

grammatica
Gli interrogativi
Il pronome relativo *chi*

1 Introduzione

Leggi i graffiti, trova gli errori e scrivi le frasi corrette negli spazi.
Poi confrontati con un compagno.

Quanto ti amo.

Addio pupa ti ho amata

Non funziona! Prendere l'atra!!!

Mara rimarrai sempre nel mio cuore.

Non posso fare a meno di te

Non. Sostare davanti al garage, anche di notte. Grazie

58 cinquantotto

2 Leggere | Eppure è solo un accento

2a *Completa la domanda con le parole della lista. Se necessario aiutati con i disegni.*

camice   camicie   le   gli

Bisogna arrabbiarsi con chi commette errori? Con chi (quando riporta di aver detto qualcosa ad una donna) scrive "___ ho detto" invece di "___ ho detto", con chi confonde il "___" con le "___" e anche con quelli che dicono "Vlàdimir" invece di "Vladìmir"?

2b *Parla con un compagno e rispondete alle domande del punto a.*

2c *Leggi l'articolo.*

Eppure è solo un accento

1. Due importanti giornalisti italiani, Piero Ottone e Giangiacomo Schiavi, scrivono nella loro rubrica settimanale a proposito della lingua italiana, dandoci alcuni spunti di riflessione che vanno al di là della grammatica o dell'anglofilia.

2. Ottone si chiede se bisogna arrabbiarsi con chi commette errori, con chi (quando riporta di aver detto qualcosa ad una donna) scrive "gli ho detto" invece di "le ho detto", con chi confonde il "camice" con le "camicie" e anche con quelli che dicono "Vlàdimir" invece di "Vladìmir". In fondo è solo un pronome, una lettera, un accento. Secondo lui vale la pena "perché le persone che si macchiano di colpe gravi e colpe lievi sono sempre le stesse". Perché "chi impara a usare correttamente i pronomi e a leggere correttamente un testo, saprà comportarsi correttamente in ogni altra circostanza".

3. Schiavi interviene invece sulla diffusione di parole inglesi, come *location, monitor, customer satisfaction*, usate al posto di parole italiane che esprimono benissimo lo stesso significato. Anche il Ministero del Lavoro ormai è diventato Ministero del *Welfare*.

4. Ci vorrebbe mezzo vocabolario per raccontare tutte le parole inglesi che noi crediamo che dicano molto di più della corrispettiva traduzione italiana. In realtà mostrano il nostro senso di inferiorità, di chi "corre sempre in aiuto del vincitore" come diceva lo scrittore Ennio Flaiano. Vorrei citare un esempio, scritto sui muri del paese dove abito: la scritta "*white pawer*", anziché "*white power*" mostra che imitiamo male, che siamo anglofili ma scarsi nello studio.

da www.larepubblicadellelettere.it

2d *Ognuna delle domande qui sotto si riferisce a un paragrafo del testo. Scrivi i numeri giusti dei paragrafi accanto alle domande.*

n° 3 Quanto sono veramente necessarie le parole inglesi nell'italiano?
n° 4 Qual è la ragione dell'anglofilia italiana?
n° 1 Chi ci dà delle occasioni per riflettere sugli errori più comuni della lingua italiana?
n° 2 Perché gli errori linguistici sono gravi anche quando non sono gravi?

2e *Lavora con un compagno. Rispondete oralmente alle domande del punto d.*

unità 7 | nessuno è perfetto

3 Analisi lessicale | Location

3a Abbina le parole straniere usate nel testo alle loro traduzioni in italiano.

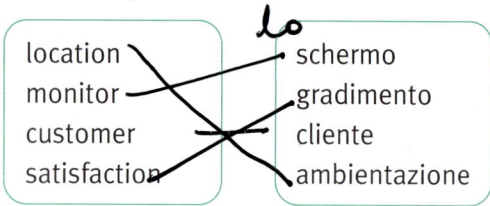

3b Sostituisci le espressioni evidenziate con le espressioni della lista. Attenzione: 3 dei 4 verbi all'infinito devono essere coniugati.

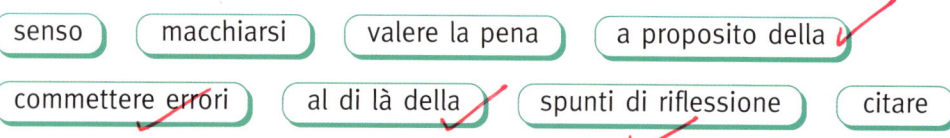

1. Due importanti giornalisti italiani scrivono nella loro rubrica settimanale sulla (_a proposito della_) lingua italiana, dandoci alcuni suggerimenti (_riflessione_) che vanno oltre la (_al di là della_) grammatica.

2. Ottone si chiede se bisogna arrabbiarsi con chi sbaglia (_commette errori_).

3. Secondo lui è necessario (_vale la pena_) "perché le persone che sono responsabili (_si macchiano_) di colpe gravi e colpe lievi sono sempre le stesse".

4. In realtà mostrano il nostro complesso (_senso_) di inferiorità, di chi "corre sempre in aiuto del vincitore" come diceva lo scrittore Ennio Flaiano.

5. Vorrei fare (_citare_) un esempio, scritto sui muri del paese dove abito.

4 Parlare | Errori

4a Quali sono gli errori più frequenti che fai quando parli o scrivi in italiano? Prendi qualche appunto qui sotto.

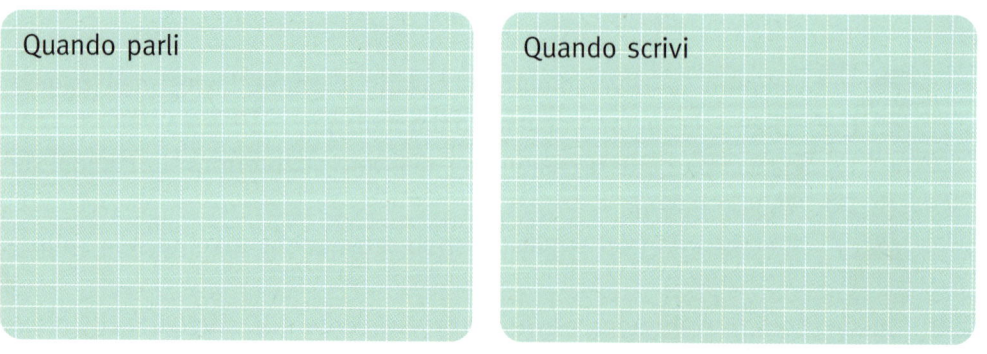

Gli errori più comuni degli italiani

1. Un po, un pò o un po'? La forma corretta è con l'apostrofo.

2. Qual'è o qual è? Si scrive senza apostrofo.

3. Fa o fà? La forma corretta è senza accento.

4. Un'amica o un amica? Un'amico o un amico? L'apostrofo va usato solo quando le parole sono femminili.

5. Bracci o braccia? Per indicare i bracci di un fiume o di una gru si usa "bracci", per indicare la parte specifica del corpo umano si usa "braccia".

6. Imparare o insegnare? Il primo verbo indica cosa fa lo studente, il secondo cosa fa il professore. Non devono essere confusi.

7. Aereoplano o aeroplano, aereoporto o aeroporto? Le forme corrette sono "aeroplano" e "aeroporto".

4b *La classe lavora tutta insieme per preparare la lista dei 10 errori più frequenti nella lingua parlata e in quella scritta.*

4c *La classe si divide in due gruppi. Il primo gruppo indica cosa si deve fare per risolvere ognuno dei problemi della lingua parlata, il secondo fa lo stesso sulla lingua scritta. Poi ogni gruppo elabora un cartellone con gli errori e le soluzioni proposte, da appendere sulle pareti della classe.*

5 Analisi grammaticale | Chi
Leggi la frase e completa la regola.

Ottone si chiede se bisogna arrabbiarsi con chi commette errori.

> Chi è un pronome relativo. Significa "quelli che", si riferisce a ☐ cose / ☐ persone / ☐ cose o persone.

6 Esercizio | Chi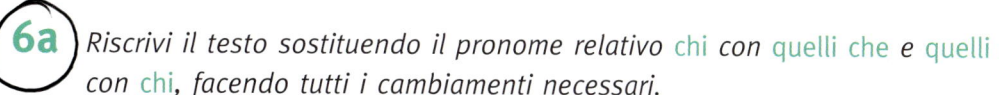

6a *Riscrivi il testo sostituendo il pronome relativo chi con quelli che e quelli che con chi, facendo tutti i cambiamenti necessari.*

Ottone si chiede se bisogna arrabbiarsi con chi commette errori, con chi (quando riporta di aver detto qualcosa ad una donna) scrive "gli ho detto" invece di "le ho detto", con chi confonde il "camice" con le "camicie" e anche con quelli che dicono "Vlàdimir" invece di "Vladìmir". In fondo è solo un pronome, una lettera, un accento.
Secondo lui vale la pena "perché le persone che si macchiano di colpe gravi e colpe lievi sono sempre le stesse". Perché "chi impara a usare correttamente i pronomi, e a leggere correttamente un testo, saprà comportarsi correttamente in ogni altra circostanza".

> Ottone si chiede se bisogna arrabbiarsi...

unità 7 | nessuno è perfetto

6b *Ora riscrivi anche questa frase. Attenzione: gli elementi da cambiare sono molti di più.*

"perché le persone che si macchiano di colpe gravi e colpe lievi sono sempre le stesse".

> perché chi si macchia di colpe gravi e colpe lievi, è sempre la stessa persona

7 Scrivere | Parole inventate

7a *Ogni studente inventa una parola che non esiste in italiano ma che potrebbe (per suono e grafia) essere un sostantivo italiano (ad esempio, la parola "precco" non esiste, anche se come suono e grafia potrebbe essere una parola italiana).*

7b *L'insegnante chiede ad ogni studente la sua parola e scrive le parole di tutta la classe alla lavagna.*

7c *Ogni studente scrive le parole su un foglio e attribuisce ad ogni parola un significato, come se fosse una traduzione. Come detto, le parole devono essere dei sostantivi.*

7d *Ogni studente scrive una storia, una favola o un racconto che contenga le parole scritte alla lavagna. Alla fine gli studenti possono leggere la loro storia alla classe, che dovrà cercare di capire dal contesto i significati delle parole inventate.*

---

unità 7 | nessuno è perfetto

Cosa hai studiato in questa unità? Completa i contenuti di comunicazione e di grammatica con le parole della lista, poi confronta l'indice a pag. 58.

comunicazione

Parlare degli _____ più frequenti in italiano ▶ *In fondo è solo un pronome!*

Usare _____ in italiano ▶ *Ministero del Welfare*

grammatica

Gli _____

_____ relativo *chi*

- errori
- il pronome
- interrogativi
- le parole straniere

comunicazione
Usare i titoli e gli appellativi
▸ *Ma certo Dottor Pupazzi!*
Dare del tu o del Lei
▸ *Ci diamo del tu?*

grammatica
Gli esclamativi
La forma passiva
La forma passiva con *essere* e *venire*

unità 8 | apriti cielo!

1 Ascoltare | Pasolini

1a Ascolta due volte l'intervista del 1968 allo scrittore Pier Paolo Pasolini e indica il titolo più appropriato.

☐ 1. L'italiano: una lingua letteraria.
☐ 2. L'italiano: una lingua non ancora unitaria.
☐ 3. L'italiano: da lingua letteraria a lingua tecnica.

1b Ascolta ancora e scrivi cinque punti importanti trattati nell'intervista.

1c Confronta con un compagno quello che hai scritto al punto **b** e poi riascolta e verifica.

1d Lavora in un gruppo di quattro studenti e stilate insieme una lista di cinque punti comuni con le parti più importanti dell'intervista.

1e In plenum, i vari gruppi confrontano le liste.

Pier Paolo Pasolini

Pier Paolo Pasolini (1922-1975) è considerato una delle figure più importanti del 900 italiano. È stato scrittore, poeta, drammaturgo, regista, linguista, giornalista. Si è trovato spesso al centro di scandali e polemiche per la sua omosessualità, i suoi giudizi radicali sulla società dei consumi e le sue posizioni anticonformiste, e per questo è stato amato e odiato, esercitando in ogni caso un'influenza grandissima sulla cultura e sulla società italiana.
È morto tragicamente, ucciso in circostanze che ancora oggi non sono completamente chiare.

sessantatré

unità 8 | apriti cielo!

2 Leggere | Apriti cielo!

2a *Sostituisci le espressioni evidenziate nei testi delle vignette con le espressioni della lista che hanno lo stesso significato, come nell'esempio.*

- n° _2_ apriti cielo!
- n° ___ chi s'è visto s'è visto!
- n° ___ non sia mai!
- n° ___ l'abito non fa il monaco
- n° _4_ rideva sotto i baffi

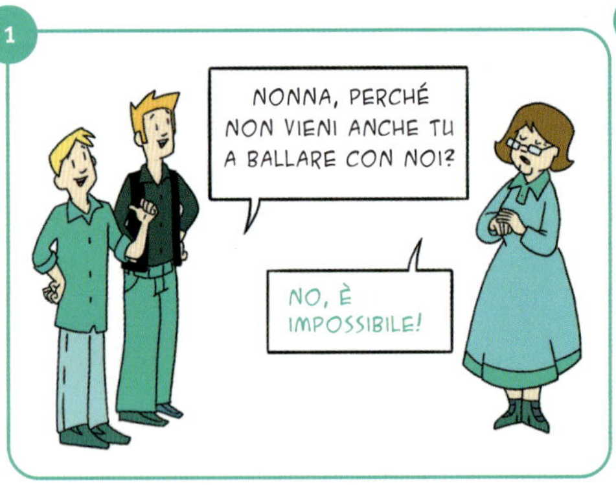

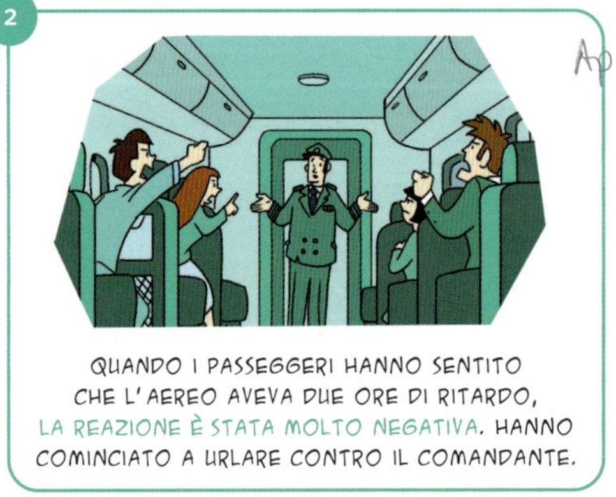

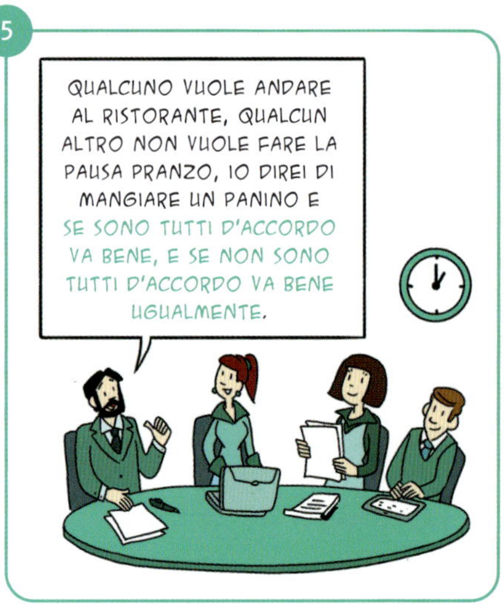

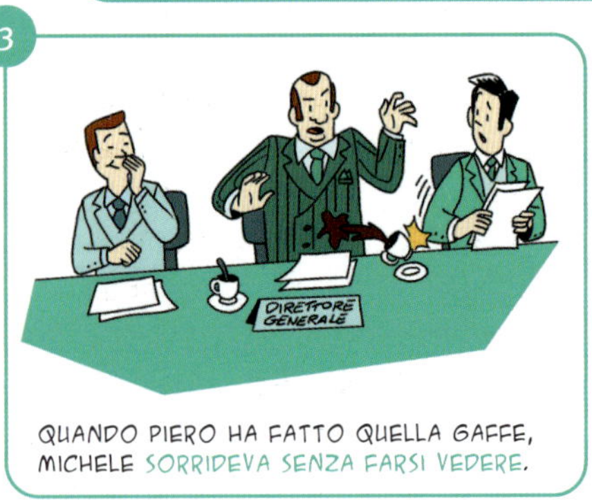

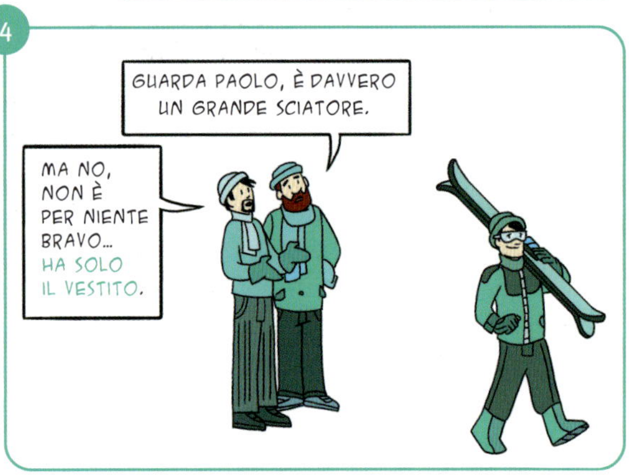

Completa la cronologia della lingua italiana inserendo le tre informazioni della lista sulla linea del tempo.

1. Dante Alighieri scrive *La Divina Commedia*
2. Unità d'Italia
3. Caduta dell'Impero Romano

modulo tre | lingua

2b Completa il testo con le espressioni che hai inserito al punto **a**, come nell'esempio.

Ciao Dottore

Oggi voglio chiedervi: cosa vi dà fastidio della lingua italiana? Io ad esempio detesto i formalismi e non sopporto quando vengo chiamata "Dottoressa"! In Italia chi ha un titolo di studio universitario è un "Dottore", ma per me "Dottore" dovrebbe essere una parola riservata solo ai medici!

scritto il 23 gennaio
11 commenti

Invece ho notato che questa usanza, tipicamente italiana, è molto radicata, soprattutto negli ambienti lavorativi. "Dottor Gigioni ci vediamo domani per la riunione eh?, "Ma certo Dottor Pupazzi, non mancherò!", quando magari i due lavorano insieme da anni, ma _____ che si chiamino semplicemente Stefano e Giorgio.

Inoltre il "Dotto'" in Italia può essere anche un modo per arruffianarsi qualcuno che sembra importante. Ricordo una volta in cui sono stata invitata in un ristorante piuttosto elegante da mio fratello. Lui, in giacca e cravatta, non laureato, veniva chiamato "Dottore" da tutti i camerieri mentre io, laureata ma vestita in jeans e maglietta, venivo chiamata "signorina". Che tristezza. E mio fratello che _____! Insomma, in questo caso non si potrebbe dire che _____!

Per non parlare poi degli "altri" titoli, quelli più importanti. Provate a chiamare "dottore" un "ingegnere". _Apriti cielo!_ E provate a chiamare "dottore" un "professore". Ok, provateci, ma non durante un esame!

Un altro aspetto della lingua che odio, e che secondo me provoca stress sociali non indifferenti nei parlanti, è quello del dover scegliere tra "tu" e "Lei" quando si parla con una persona. Lo so che lo fanno anche i francesi (loro addirittura col "voi"), gli spagnoli e i portoghesi, e chissà quanti altri, ma io lo vedo come un eccesso, un barocchismo linguistico immotivato. Non vi è mai capitato, ad esempio, di non sapere se dare del "tu" o del "Lei" ad una persona? Immagino di sì, e una volta che il "Lei" è stato dato, è difficilissimo tornare indietro! Che imbarazzo nel proporre "ci diamo del tu?" Insomma, sarebbe molto meglio fare come gli inglesi: "you" per tutti, dall'operaio alla principessa. E _____!

da http://dieitalienerin.wordpress.com

Con il passare dei secoli il fiorentino si impone sempre più come lingua unitaria, anche se, fuori da Firenze, ancora non era usato come lingua parlata.

Nei primi decenni dell'Ottocento si manifesta l'esigenza di una lingua comune e l'idea di un'Italia unita, che si realizza nel 1861.

Il cinema, la radio e la televisione nell'immediato dopoguerra consentono alla lingua italiana di diventare il codice linguistico usato dalla maggior parte della popolazione e di sconfiggere l'analfabetismo.

1861

1945
Fine della Seconda Guerra Mondiale

unità 8 | apriti cielo!

2c *Collega le affermazioni alla categoria giusta, come nell'esempio.*

1. "dottori" sono tutti i laureati
2. "dottori" sono solo i medici
3. "dottori" sono anche le persone considerate importanti
4. è meglio non chiamare "dottori" gli ingegneri e i professori

a. si dà sempre del tu
b. a volte si dà del Lei e a volte del tu
c. a volte si dà del Voi e a volte del tu
d. non è facile capire quando dare del Lei o del tu
e. si dovrebbe dare sempre del tu

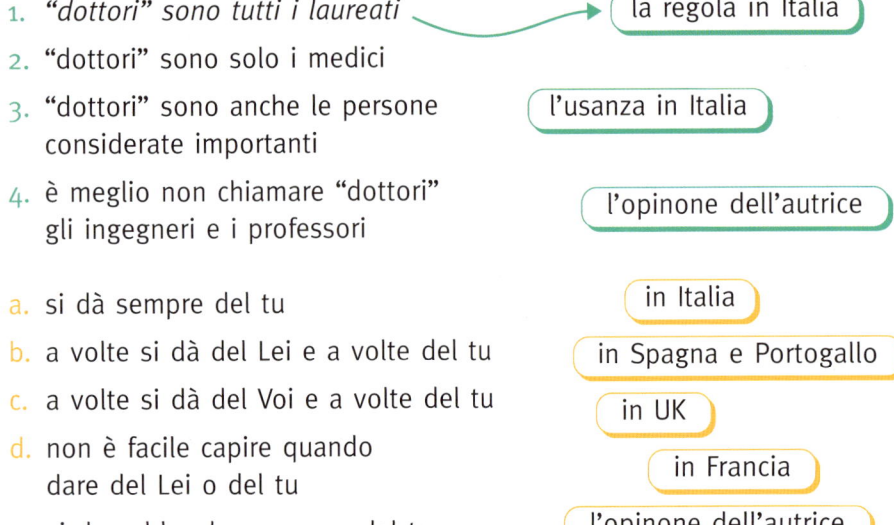

- la regola in Italia
- l'usanza in Italia
- l'opinone dell'autrice
- in Italia
- in Spagna e Portogallo
- in UK
- in Francia
- l'opinione dell'autrice

2d *Scrivi un commento al testo poi confrontati con alcuni compagni.*

3 Analisi lessicale | Espressioni composte

3a *Nelle espressioni, le parti evidenziate sono state scambiate. Rimettile al posto giusto.*

1. titolo lavorativo → titolo _____
2. in giacca radicata → in giacca _____
3. ambiente e cravatta → ambiente _____
4. usanza di studio → usanza _____

3b *Ricostruisci le espressioni nelle prime due colonne e collegale ai significati giusti nella terza colonna, come nell'esempio.*

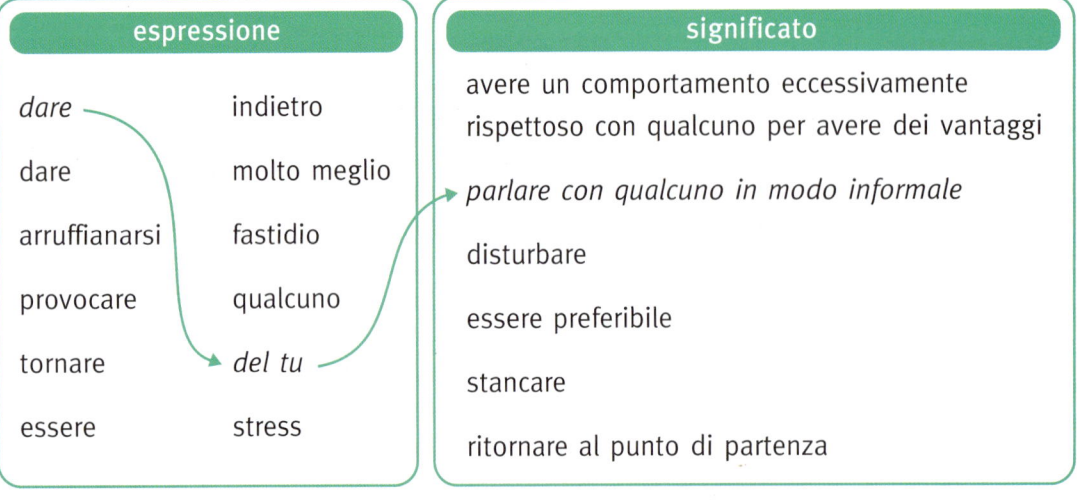

espressione		significato
dare	indietro	avere un comportamento eccessivamente rispettoso con qualcuno per avere dei vantaggi
dare	molto meglio	parlare con qualcuno in modo informale
arruffianarsi	fastidio	disturbare
provocare	qualcuno	essere preferibile
tornare	del tu	stancare
essere	stress	ritornare al punto di partenza

modulo tre | **lingua**

Gli esclamativi

Che può introdurre un'esclamazione.
- *Che* tristezza!
- *Che* imbarazzo!

Altri esclamativi sono:

Chi
- Senti *chi* parla!

Come
- *Com'*è carino il tuo vestito!

4 Esercizio | Modi di dire

4a *Prova a ricostruire i modi di dire, come negli esempi. Poi confrontati con un compagno.*

1. Mamma → proprio.
2. Mai e poi → morto!
3. Le apparenze   mia!
4. Chi c'è c'è   mai.
5. Manco per   ingannano.
6. *Manco*   idea!
7. *Non esiste*   e chi non c'è non c'è.

4b *Inserisci i modi di dire ricostruiti al punto* **a** *in corrispondenza dei modi di dire che hanno significato simile, come nell'esempio.*

Apriti cielo!   _____

Non sia mai!   _____Manco morto!_____

_____

_____

_____

L'abito non fa il monaco!   _____

Chi si è visto si è visto!   _____

4c *In gruppi di tre provate a costruire oralmente un dialogo, utilizzando alcuni modi di dire appena visti. Dovete decidere chi sono le persone coinvolte, quante sono, dove si trovano, in quale momento si svolge il dialogo e qual è il motivo del dialogo. Attenzione: non dovete scrivere.*

5 Analisi grammaticale | La forma passiva

5a *Parti dal nuovo inizio e riscrivi le due frasi.*

1. Sono stata invitata in un ristorante piuttosto elegante da mio fratello.

   Mio fratello _____

   _____

2. Lui veniva chiamato "Dottore" da tutti i camerieri.

   Tutti i camerieri _____

   _____

unità 8 | apriti cielo!

5b *Leggi le definizioni di frase attiva e passiva e rispondi alla domanda.*

> **frase attiva** → in genere c'è un soggetto (chi fa l'azione),
> un verbo alla forma attiva e un oggetto.
>
> Esempio: Gli studenti **leggono** il libro.
> soggetto — verbo attivo — oggetto
>
> **frase passiva** → in genere c'è un soggetto (chi subisce l'azione)
> e un verbo alla forma passiva.
> Qualche volta c'è anche un agente (chi fa l'azione).
>
> Esempio: Il libro **è letto** dagli studenti.
> soggetto — verbo passivo — agente

▶ Cosa hai fatto nell'esercizio del punto **a**?

☐ Ho trasformato le frasi dalla forma attiva alla forma passiva.

☐ Ho trasformato le frasi dalla forma passiva alla forma attiva.

5c *Completa la riga 2 della tabella come nell'esempio della riga 1.*

frase passiva	soggetto della frase passiva	infinito del verbo passivo	ausiliare del verbo passivo	tempo dell'ausiliare	agente
1. Sono stata invitata in un ristorante piuttosto elegante da mio fratello.	io	invitare	essere	passato prossimo	mio fratello
2. Lui veniva chiamato "Dottore" da tutti i camerieri.					
3. _____					
4. _____					
5. _____					

5d *Nel testo del punto **2b** ci sono altre tre frasi alla forma passiva. Trovale e aggiungile alla tabella. Attenzione: non hanno l'agente.*

5e *Hai notato? In alcuni casi l'ausiliare è essere, in altri è venire. Perché?*

☐ a. Si usa **venire** quando il soggetto è maschile e **essere** quando il soggetto è femminile.

☐ b. Si usa **venire** con i tempi semplici e **essere** con i tempi composti (passato prossimo, trapassato prossimo, ecc.).

☐ c. Si usa **essere** con i tempi semplici e **venire** con i tempi composti (passato prossimo, trapassato prossimo, ecc.).

modulo tre | lingua

6 Gioco | Attivo e passivo

* Studente A (Le istruzioni per lo Studente B sono a pag. 141)

Gioca con uno Studente B. Dovete completare la forma mancante di ogni frase (passiva o attiva). A turno, uno di voi due sceglie un numero da 3 a 16, e dice la forma mancante nella sua tabella, l'altro studente verifica nelle frasi evidenziate della sua tabella. Se la frase è giusta, il primo studente prende un punto. Vince chi completa per primo tutta la tabella o realizza più punti allo STOP dell'insegnante. Segui l'esempio.

✎ Esempio

Studente A
1. frase passiva
Da piccolo venivo chiamato Bubu da mio fratello.

Studente B
Giusto.

Studente B
2. frase attiva
Un importante critico letterario consiglia questo libro.

Studente A
Giusto.

frase attiva	frase passiva
1. Da piccolo mio fratello mi chiamava Bubu.	1. _____
2. Un importante critico letterario consiglia questo libro.	2. Questo libro viene consigliato da un importante critico letterario.
3. Il direttore mi ha convocato per giovedì alle 17.	3. _____
4. Il marito la tratta come una principessa.	4. Lei viene trattata come una principessa dal marito.
5. _____	5. Questo tipo di incidenti non viene pagato dall'assicurazione.
6. L'insegnante non corregge gli esercizi.	6. Gli esercizi non vengono corretti dall'insegnante.
7. Tutti gli studenti hanno superato l'esame.	7. _____
8. Le tv di tutto il mondo trasmetteranno la partita Milan – Real Madrid.	8. La partita Milan – Real Madrid verrà tramessa dalle tv di tutto il mondo.
9. _____	9. I mezzi pubblici non vengono molto usati dai romani.
10. Una volta i nonni allevavano i bambini molto più di adesso.	10. Una volta i bambini venivano allevati dai nonni molto più di adesso.
11. Qualche anno fa al Festival di Sanremo i cantanti eseguivano in playback le canzoni.	11. _____
12. La famiglia ha aiutato Anna a comprare una nuova casa.	12. Anna è stata aiutata dalla famiglia a comprare una nuova casa.
13. _____	13. Qui lui è amato da tutti.
14. Alla festa di Giulio tutti hanno visto Paolo con una nuova ragazza.	14. Alla festa di Giulio, Paolo è stato visto da tutti con una nuova ragazza.
15. Un'assemblea di 200 persone eleggerà il presidente.	15. _____
16. Gli antichi greci chiamavano Trinacria la Sicilia.	16. La Sicilia veniva chiamata Trinacria dagli antichi greci.

sessantanove

unità 8 | apriti cielo!

7 Parlare | Il "travertiano"

Lavora con altri due compagni e formate un gruppo di tre. Scegliete un argomento a piacere (ad esempio: "la musica"). Poi ognuno di voi sceglie un personaggio e cominciate l'intervista.

presentatore
Sei il presentatore di un programma televisivo. Devi intervistare un esperto straniero che capisce l'italiano ma non lo parla. Un interprete tradurrà in italiano le sue risposte.

esperto
Sei un esperto sull'argomento trattato, invitato per un'intervista in televisione. Capisci l'italiano, ma non lo parli. La tua lingua è il travertiano e proprio in questa lingua dai le risposte.

interprete
Sei un interprete dal travertiano all'italiano. Devi fare la traduzione delle risposte di un esperto in un'intervista televisiva.

unità 8 | apriti cielo!

Scrivi un esempio per ogni contenuto di grammatica.

comunicazione

Usare i titoli e gli appellativi
▶ *Ma certo Dottor Pupazzi!*

Dare del tu o del Lei
▶ *Ci diamo del tu?*

grammatica

Gli esclamativi
▶ _____

La forma passiva
▶ _____

La forma passiva con *essere* e *venire*
▶ _____

HABEMUS PAPAM ▸ episodio tre

modulo tre | attività video

vai all'indirizzo
www.almaedizioni.it/minisiti/domani/domani-3/
e apri la sezione video

1 *Leggi la trama della prima parte del film "Totò, Peppino e la malafemmina".*

Antonio Capone e suo fratello Peppino vivono nelle campagne di Napoli insieme alla sorella Lucia. Gianni, il figlio di Lucia, si innamora di Marisa, una ballerina. Per amore il giovane decide di seguirla a Milano, senza dire niente al resto della famiglia. Quando la madre e gli zii scoprono la fuga, decidono di andare a Milano.

2 *Guarda la scena del film e completa la trama con la parte che riguarda il video.*

Appena arrivati in albergo, _____ a Marisa
perché _____
_____
_____.

Dopo alcune disavventure a Milano, Lucia capisce che i due giovani sono innamorati e decide che possono stare insieme.

3 *Consultati con un compagno e se necessario guardate ancora il video.*

4 *Guarda il video tutte le volte necessarie e completa la lettera che Totò detta a Peppino.*

_____
veniamo noi _____ _____ _____
_____ che _____ _____ _____
_____ ma settecentomila lire; noi ci fanno
specie che _____ c'è stato _____ _____
morìa _____ vacche _____ _____
ben _____ : _____ _____ servono
a che voi vi ~~con l'insalata~~ _____ dai
_____ che _____ _____ dovete
_____ _____ _____ che gli zii che
siamo noi medesimo di persona vi _____
_____ _____ il giovanotto è _____
_____ _____ che si deve _____
una _____ che deve _____ la _____
al _____ _____ cioè sul collo.;.;
_____ indistintamente i _____ Caponi
(che siamo noi i fratelli Caponi)

5 *Lavora con un compagno. Riscrivete la lettera, cercando di migliorarla sotto tutti gli aspetti.*

6 *Cerca su Youtube altre scene dal film "Totò, Peppino e la malafemmina".*

modulo quattro | **arti**

unità 9 — musica maestro!

unità 10 — Italia di moda

unità 11 — in cucina

comunicazione

Riconoscere gli strumenti musicali

Riconoscere i marchi italiani

Fare un'intervista formale ▶ *A suo parere...*

Esprimere un'opinione nel passato ▶ *Pensavo che fosse...*

Esprimere un'opinione riferita al passato ▶ *Penso che fosse...*

Riassumere un testo

Riportare un'opinione espressa nel passato ▶ *Ieri sera Pino pensava che Mario cucinasse l'arrosto*

Usare perifrasi per descrivere oggetti

grammatica

Le espressioni *difendere a spada tratta* e *passarne di tutti i colori*

I suffissi degli aggettivi *-ale, -bile, -ico, -oso, -ario, -ese*

Il gerundio semplice e composto

La funzione causale, modale, ipotetica e temporale del gerundio

Le espressioni verbali *aprire la strada*, *essere di moda*, ecc.

I pronomi relativi *che*, *cui*, *quale*

Il congiuntivo imperfetto

Il congiuntivo passato

Concordanze del congiuntivo con principale al presente o al passato

unità 9 | musica maestro!

comunicazione
Riconoscere gli strumenti musicali

grammatica
Le espressioni *difendere a spada tratta* e *passarne di tutti i colori*

I suffissi degli aggettivi *-ale, -bile, -ico, -oso, -ario, -ese*

Il gerundio semplice e composto

La funzione causale, modale, ipotetica e temporale del gerundio

1 Introduzione

1a Ascolta i suoni e indovina di quali strumenti si tratta. 14

flauto, sassofono, clarinetto, tromba
strumenti a fiato

tamburo, batteria
strumenti a percussione

pianoforte, chitarra classica, mandolino, violino, contrabbasso, violoncello
strumenti a corda

tastiera, basso elettrico, chitarra elettrica
strumenti elettrici

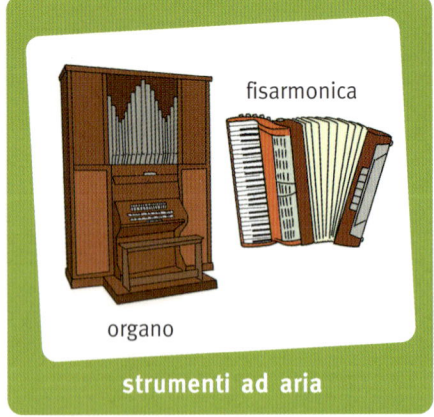

fisarmonica, organo
strumenti ad aria

1b Sai suonare uno di questo strumenti o quale ti piacerebbe suonare? Quale non suoneresti mai? Hai ricordi particolari legati a uno di questi strumenti? Parlane in gruppo con alcuni compagni.

modulo quattro | arti

2 Ascoltare | Mario Brunello 15

2a *Ascolta e cerca di capire chi è e cosa fa Mario Brunello.*

2b *Ascolta di nuovo e scrivi le parole che ti sembrano riassumere meglio il contenuto di questo audio. Poi confrontati con un compagno e spiega perché hai scelto quelle parole.*

2c *Completa la scheda su Mario Brunello e il suo strumento. Se necessario riascolta.*

- Mario Brunello

  chi è

  quando ha iniziato a suonare e perché

  dove ama andare a suonare

- il suo strumento

  di che epoca è

  cos'ha di particolare

  dove si è rotto (indicalo nel disegno)

  come è stato riparato (scegli un disegno) a. ☐   b. ☐   c. ☐

Gli strumenti più suonati dagli italiani

1. chitarra (classica/elettrica) e basso
2. pianoforte, organo e tastiera
3. flauto e clarinetto
4. batteria e percussioni
5. sassofono e tromba

unità 9 | musica maestro!

3 Gioco | Cruciverba incrociato

3a * Studente A (le istruzioni per lo Studente B sono a pag. 142)
Lavora con uno Studente B. A turno, uno di voi sceglie una definizione colorata, orizzontale o verticale, e dice quale parola va inserita. L'altro controlla. Se è giusta, il primo studente guadagna 3 punti. Poi il turno passa all'avversario. È possibile, in caso di difficoltà, chiedere all'avversario di "regalare" una lettera (non più di una lettera per turno). Ogni lettera "costa" 1 punto. Vince chi completa prima il cruciverba o totalizza più punti. Alla fine è possibile riascoltare l'audio per verificare. Segui l'esempio.

Esempi

Studente A
1 orizzontale: Mi è capitato che mi è caduto.

Studente B
Giusto!

Studente B
7 orizzontale: Questo strumento io l'ho individuato tra chissà quanti che avevo sentito.

Studente A
Giusto!

Orizzontali →

1. Mi è _____ che mi è caduto.
3. L'osso del collo si è rotto.
4. Di solito questi lavori si fanno tirando via tutta questa parte qui in _____ che rimane tutto vuoto.
7. Questo strumento io l'ho individuato tra chissà quanti che avevo sentito.
11. Mi chiedevo: ma chi _____ vorrà sentire questa musica?
12. Da ragazzino, da adolescente usavo questo strumento e la musica per avere un buon argomento con i miei genitori per non studiare tanto al liceo.
13. Lo difendo a _____ tratta in mezzo a mille occasioni.
14. Si diceva che per fare musica bisognava studiare tante ore al giorno, e in effetti è vero.

Verticali ↓

1. È tutto rotto questo strumento, ne ha passate di tutti i _____.
2. Mi sono trovato veramente a tu per tu con me stesso.
5. In _____ momento potevo dire no.
6. Io non avevo mai sentito un suono come questo.
7. Ho cominciato ad andare in _____ alle montagne a suonare.
8. Bisogna riuscire a fare l'operazione senza aprire il corpo dello strumento.
9. Ho sentito un silenzio che non avevo mai colto prima di _____.
10. Non avevo nessuna voglia di studiare tante ore al giorno.

3b Scrivi ogni espressione vicino al significato corrispondente.

(difendere a spada tratta)   (passarne di tutti i colori)

significato	espressione
1. proteggere qualcosa o qualcuno con tutte le forze	_____
2. avere problemi di ogni genere	_____

4 Leggere | Melomani

4a *Sai cosa vuol dire la parola "melomane"?*

☐ 1. Persona che mangia molte mele.
☑ 2. Persona che ama l'opera lirica.
☐ 3. Persona affetta da una grave malattia della pelle.

4b *Leggi il testo e completa le parole.*

Gli italiani (non) sono tutti melomani di Elisa Torretta

Opera: parola conosciuta universalmente come sinonimo di mus**ica** grandiosa, tragedie, amori impossibili, cori di 200 persone, costumi sfarzosi. Un genere musicale antico, ma che ha sempre tanti appassionati e che continua ad affascinare an**che** le nuove generazioni.

Il termine "opera" indica, in Italia come nel resto del mon**do**, sia la composizione musicale, sia l'edificio costruito per la sua rappresentazione. Ma nella nostra lingua, "opera" ha un significato molto più ampio: designa una generica creazione dell'ingegno umano. Per esempio sono opere un quadro, una scult**ura** o un libro.

Quindi, volendo essere precisi, quando parliamo del Rigoletto o di Madama Butterfly si dovrebbe specificare "opera lir**ica**". Ma la forza della musica è così grande che quando diciamo "opera" tutti intendono "bel canto", "composizione musicale".

Essendo nata in Italia, l'opera ovviamente è cantata in italiano. Forse è per questo che gli strani**eri** trovano la nostra lingua tanto musicale? Mistero. Però è sicuro che cercare di imparare l'italiano ascoltando la Norma può essere un'impresa difficile. Il lessico utilizzato è così poetico e antiquato che a volte anche noi abbiamo difficoltà a cap**ire** e abbiamo bisogno di una traduzione in un linguaggio più comune.

Ma questa non è la sola difficoltà. Durante l'esecuzione, i cant**anti** deformano talmente i suoni in funzione della musica, che spesso le parole diventano assolutamente incomprensibili. Il fatto di essere madrelingua italiani non aiuta molto: in genere è necessario leggere il libretto per capire qualc**uno**. Le parole sono al servizio della musica e non il contrario. Ma forse questo è uno dei motivi che rende l'opera un genere musicale univers**ale** e non solamente italiano.

Per quanto riguarda la convinzione che tutti gli ita**liani** amino l'opera e che molti conoscano a memoria intere produzioni, posso testimoniare che è un'enorme falsità. In Italia non esiste una particolare educazione che ci spinge ad amare la lirica più della coltivazione della patata. Al contrario, la mia impressione è che non diamo la giu**sta** importanza al nostro patrimonio musicale. I melomani in genere provengono da famiglie dove si tramanda questa passione di generazione in generazione. Chi non è educato da giovane all'ascolto, difficilmente diventa poi un appassionato.

Mi piacerebbe un'Italia dove tutti camminano per la strada cantando "Casta Diva", ma purtroppo n**on** è così. Mia nonna mi racconta che quando lei era gio**vane** le cose non erano troppo lontane da questa immagine: la gente conosceva le arie delle opere più fam**ose** e non pochi sapevano cantarle. Oggi la maggior parte delle persone conosce appena le musichette della pubblicità e ha una cultura musicale piuttosto limitata. È quasi incred**ibile**, se pensiamo che la maggior parte dei termini usati in musica sono in lingua italiana!

E le istituzioni non aiutano come dovrebbero: da anni, al posto di promuovere e valorizzare questo nostro immenso bene artistico, continuano a ridurre le sovvenzioni al teatro. Per il momento, le famiglie italiane preferiscono passare il tem**po** davanti alla TV, piuttosto che ascoltare l'Aida, e non vedo possibilità di invertire la tendenza.

liberamente tratto da *Italopolis*

unità 9 | musica maestro!

4c Perché nel titolo l'avverbio "non" è messo tra parentesi? Parlane con un compagno.

4d Completa la mappa mentale con le informazioni contenute nel testo, come nell'esempio. Aggiungi tu altri collegamenti, insiemi, concetti, ecc. Poi confrontati con un compagno.

5 Analisi lessicale | Suffissi di aggettivi

5a Nel testo del punto **4b** quattro delle parole che hai completato hanno il suffisso -ale, -bile, -ico, -oso. Quali sono?

5b Sostituisci nelle frasi gli aggettivi evidenziati con gli aggettivi della lista. Attenzione, devi aggiungere il suffisso -ale, -bile, -ico, -oso, come nell'esempio. Se necessario, verifica nel testo del punto **4b**.

1. Opera: parola conosciuta universalmente come sinonimo di musica solenne (_grandiosa_), tragedie, amori **irrealizzabili** (_____), cori di 200 persone, costumi **appariscenti** (_____).

2. Il termine "opera" indica, in Italia come nel resto del mondo, sia la composizione **sonora** (_____), sia l'edificio costruito per la sua rappresentazione.

3. Ma nella nostra lingua, "opera" ha un significato molto più ampio: designa una **indefinita** (_____) creazione dell'ingegno umano. Per esempio sono opere un quadro, una scultura o un libro.

4. Il lessico utilizzato è così **elegiaco** (_____) e antiquato che a volte anche noi abbiamo difficoltà a capire...

5. Ma questa non è la sola difficoltà. Durante l'esecuzione, i cantanti deformano talmente i suoni in funzione della musica, che spesso le parole diventano assolutamente **oscure** (_____).

5c Conosci altre parole che si formano con questi suffissi?

Suffissi

Molti aggettivi hanno un suffisso. Tranne che in pochi casi, è molto difficile, se non impossibile, indicarne il significato.

-ale es. musicale

-ario es. confusionario

-ico es. poetico

-oso es. sfarzoso

-ese es. milanese
(questo suffisso di solito indica appartenenza: milanese = di Milano)

-bile es. incomprensibile
(questo suffisso di solito indica la possibilità: lavabile = che si può lavare; a volte si trova anche il prefisso **in-**. In questo caso indica la non possibilità: indefinibile = che non è possibile definire)

6 Gioco | Quale artista sei?

Scopri, attraverso il quiz, qual è l'artista più vicino a te.

Sei **Arturo Toscanini**, direttore d'orchestra di inizio 900. Quando ti arrabbi sei incontenibile.

Sei **Vincenzo Bellini**, *Norma* è la tua opera più famosa. Fin da bambino dimostravi un talento eccezionale al pianoforte.

Sei **Giacomo Puccini**. Hai una compagnia di amici a cui piace scherzare. Hai una passione irrefrenabile per le automobili e la caccia.

Sei **Giuseppe Verdi**, compositore 'nazionale'. Sei curioso di ciò che avviene al di fuori del tuo paese, e allo stesso tempo ami le realtà tradizionali.

uno sguardo orgoglioso e magnetico
[1867-1957]

un'aria aristocratica e nostalgica
[1801-1835]

un ritmo inarrestabile
[1858-1924]

una musica trionfale e patriottica
[1813-1901]

unità 9 | musica maestro!

7 Analisi grammaticale | Il gerundio

7a *I verbi evidenziati sono al gerundio. Osserva che funzione hanno nelle frasi e completa la spiegazione con una congiunzione della lista, come nell'esempio.*

~~con~~ mentre poiché se

1. Quindi, **volendo** essere precisi, quando parliamo del Rigoletto o di Madama Butterfly si dovrebbe specificare "opera lirica".
   volendo = _____ vogliamo (funzione ipotetica)

2. **Essendo nata** in Italia, l'opera ovviamente è cantata in italiano.
   Essendo nata = _____ è nata (funzione causale)

3. Cercare di imparare l'italiano **ascoltando** la Norma può essere un'impresa difficile.
   ascoltando = ____con____ l'ascolto (della Norma) (funzione modale)

4. Mi piacerebbe un'Italia dove tutti camminano per la strada **cantando** "Casta Diva".
   cantando = _____ cantano (funzione temporale)

7b *Osserva ancora le frasi: tre hanno il gerundio semplice (presente), una ha il gerundio composto (passato). Qual è?*

7c *Osserva l'esempio qui sotto. Cosa noti per quanto riguarda i soggetti dei due verbi?*

- **Essendo nata** in Italia, l'opera ovviamente **è cantata** in italiano.

8 Esercizio | Gerundio

*Completa le frasi nella pagina accanto. Inserisci sulle righe ☐ i verbi della lista 1 al gerundio semplice (attenzione: uno di essi vuole un pronome diretto!) e sulle righe _____ i nomi degli artisti della lista 2. Trova le informazioni nei testi del quiz "Quale artista sei?" al punto **6**.*

lista 1: verbi [sono in ordine]	lista 2: artisti [non sono in ordine]
rinunciare	Arturo Toscanini
essere	Arturo Toscanini
suonare	Giacomo Puccini
confrontarsi	Giacomo Puccini
dirigere	Giuseppe Verdi
acquistare	Vincenzo Bellini
rovesciarsi	
paragonare	

Gerundio

parl-are
| semplice | parlando |
| composto | avendo parlato |

legg-ere
| semplice | leggendo |
| composto | avendo letto |

part-ire
| semplice | partendo |
| composto | essendo partito |

modulo quattro | arti

1. La sera del 14 maggio 1931 è in programma al teatro comunale di Bologna un concerto, diretto da _____. Il Maestro si rifiuta di dirigere l'inno fascista *Giovinezza*. Viene aggredito e schiaffeggiato da alcune camicie nere presso un ingresso laterale del teatro. [_____] al concerto, il Maestro si rifugia all'hotel Brun.

    da www.bibliotecasalaborsa.it

2. [_____] un bambino difficile da educare, il giovane _____ viene affidato alla guida di Carlo Angeloni. Da allora, si dedicherà solo al suo grande amore, la musica, [_____] ovunque gli capiti. Dei guadagni, tiene per sé quel che gli basta per soddisfare il suo vizio: il fumo.

    da www.storiain.net

3. Nel 1887, assai anziano, _____ dà vita all'*Otello*, [_____] ancora una volta con Shakespeare.

    da www.biografieonline.it

4. _____ si ritira dalle scene nel 1954, all'età di 87 anni, [_____] un concerto dedicato a Richard Wagner.

    da www.biografieonline.it

5. Appassionato di motori, _____ inizia la sua carriera automobilistica [_____], nel 1901, una *De Dion Bouton 5 CV*, e presto sostituita (1903) con una *Clément-Bayard*. Una sera, nei pressi di Vignola, la *Clément* usciva di strada, [_____] nel fossato. Il musicista si frattura una gamba.

    da www.wikipedia.it

6. La *pasta alla Norma* è un piatto originario della città di Catania, con pomodoro, melanzane fritte, ricotta salata e basilico. Sembrerebbe che a dare il nome alla ricetta sia stato Nino Martoglio, commediografo catanese. Davanti ad un piatto di pasta così condito ha esclamato: "È una *Norma*!" ad indicarne la suprema bontà, [_____] all'opera di _____.

    da www.wikipedia.it

unità 9 | musica maestro!

Completa i contenuti di grammatica con le parole mancanti. Poi confronta l'indice a pag. 76.

grammatica

Le espressioni *difendere a spada tratta* e *passarne di tutti i* _____

I suffissi degli aggettivi *-ale*, *-bile*, *-ico*, *-oso*, *-ario*, *-ese*

Il _____ semplice e composto

La funzione causale, modale, ipotetica e temporale del _____

ottantatré

unità 10 | Italia di moda

comunicazione
Riconoscere i marchi italiani

Fare un'intervista formale
▶ *A suo parere...*

Esprimere un'opinione nel passato ▶ *Pensavo che fosse...*

grammatica
Le espressioni verbali *aprire la strada, essere di moda, raccogliere l'eredità, dovere qualcosa*

I pronomi relativi *che, cui, quale*

Il congiuntivo imperfetto

Concordanze del congiuntivo con principale al presente o al passato

1 Introduzione

1a Conosci questi marchi italiani? Dove possibile, associali a uno o più prodotti.

1b Ora ascolta gli spot: quali prodotti del punto **a** pubblicizzano? 🎧 16

1c Conosci altri marchi italiani? Parlane con i compagni.

2 Leggere | Salvatore Ferragamo

2a Leggi il testo. Completa le informazioni mancanti sia nel testo che nella tabella.

	data	luogo
nascita	1898	Bonito
apertura primo negozio	1913	_____
apertura *Boot shop*	1923	_____
morte	1960	Firenze
Museo Ferragamo	_____	Firenze

A _____, città d'arte e di moda, dal 1995 ha sede il Museo Ferragamo, nel quale si possono ammirare calzature che sono entrate nella storia non solo della moda internazionale, ma anche dell'arte.
Il museo, nato per iniziativa della famiglia Ferragamo, documenta l'intera attività del "calzolaio dei sogni", dal suo ritorno in Italia nel _____ (appena ventinovenne) dopo l'esperienza di Hollywood, fino al _____, anno della sua prematura scomparsa. E permette di conoscerne non solo le opere ma anche la vita, ricca di episodi incredibili, come l'apertura di un primo negozio di calzature a soli _____ anni, proprio nella sua città natale, a _____ in Campania, ed un secondo, il *Boot shop*, a _____ anni, nientemeno che a Hollywood.

Grazie alla disponibilità della prima figlia, la marchesa Fiamma di San Giuliano, ripercorriamo l'innovativa e creativa attività del più celebre calzolaio del mondo, che durante la sua fortunata carriera è arrivato a soddisfare le richieste dei più famosi divi di Hollywood (tra i quali Sophia Loren e Greta Garbo) e dei più importanti e discussi uomini politici del suo tempo (tra cui Mussolini).

unità 10 | Italia di moda

2b *Leggi l'intervista alla figlia di Salvatore Ferragamo, poi rispondi alla domanda alla fine.*

1. Chi era Salvatore Ferragamo?

Mio padre amava definirsi un calzolaio e non voleva che lo chiamassero in un altro modo. Scrive nella sua autobiografia: "Sono nato per essere calzolaio. Lo so, l'ho sempre saputo. Ricordando adesso il lungo insegnamento della mia vita, vedo chiaramente quanto è forte in me la passione che mi ha spinto sempre più avanti lungo un cammino così pieno di difficoltà." In realtà, dire di essere un calzolaio, voleva dire riconoscere il proprio ruolo artigiano, intendendo con ciò il legame che unisce "l'alto artigianato fiorentino", quello fatto di creatività e di qualità, con le antiche botteghe d'arte del Rinascimento.

2. La sua ricerca aveva qualche rapporto con l'arte contemporanea?

Sicuramente. Sebbene mio padre non conoscesse personalmente gli artisti dell'epoca e non frequentasse i circoli intellettuali, tutte le sue creazioni dimostrano i contatti con le avanguardie di quel periodo, da Matisse a Dalì.

3. Quanto ha influito il "gusto Ferragamo" sulla calzatura dei nostri anni?

Salvatore Ferragamo è considerato il più grande calzolaio del Novecento. Tutti i modelli da lui realizzati sono di moda ancora oggi. Le sue ricerche tecniche per rendere la calzatura comoda e funzionale costituiscono un'eredità fondamentale per le aziende di oggi, in tutto il mondo. Inoltre, è stato il primo nome conosciuto della calzatura *made in Italy*. Ha aperto la strada al successo del settore nella produzione di lusso del Dopoguerra.

4. Le creazioni di Ferragamo sono veri e propri oggetti di design. Lui ne era consapevole? O pensava che le sue scarpe fossero dei semplici accessori di abbigliamento, anche se di alta classe?

Non so... Il design nasce da un concetto completamente diverso in quanto legato all'industria mentre lui è sempre stato convinto che il suo dovesse rimanere un prodotto puramente artigianale. Proprio per questo penso che le sue calzature non siano degli oggetti di design e neanche solo delle scarpe di qualità, ma vere e proprie opere d'arte.

5. A Suo parere chi ha raccolto l'eredità di Ferragamo?

Tutti gli devono qualcosa, in modo particolare nel nostro paese. Oggi la calzatura italiana è al primo posto nel mondo per qualità e design. Quando ha iniziato mio padre, le scarpe erano considerate un accessorio di secondaria importanza. Per lo stile il polo di riferimento era Parigi, per la calzatura sportiva erano gli Stati Uniti. Ferragamo è stato il primo nome italiano ad imporsi nel mondo della moda internazionale.

Chi era Salvatore Ferragamo?
- ☐ un artista
- ☐ un artigiano
- ☐ un calzolaio
- ☐ un designer industriale
- ☐ un intellettuale
- ☐ un uomo che si è fatto da solo (un *self made man*)

modulo quattro | **arti**

3 Analisi lessicale | Collocazioni

3a *Ricostruisci le espressioni del testo nelle prime due colonne e collegale al significato corretto nella terza colonna, come nell'esempio. Attenzione, devi anche aggiungere una parola del testo nella seconda colonna.*

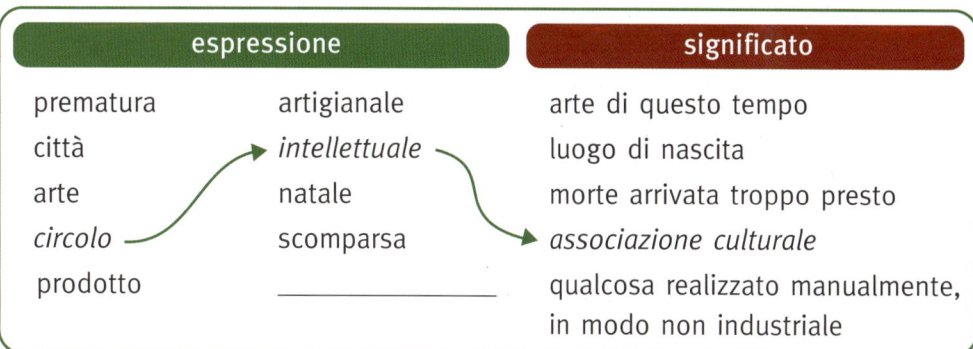

espressione		significato
prematura	artigianale	arte di questo tempo
città	*intellettuale*	luogo di nascita
arte	natale	morte arrivata troppo presto
circolo	scomparsa	*associazione culturale*
prodotto	_____	qualcosa realizzato manualmente, in modo non industriale

3b *Osserva le frasi: cosa significano le espressioni evidenziate? Confrontati con un compagno e fai ipotesi.*

a. Tutti i modelli da lui realizzati **sono di moda** ancora oggi.
b. **Ha aperto la strada** al successo del settore nella produzione di lusso del dopoguerra.
c. A Suo parere chi **ha raccolto l'eredità** di Ferragamo?
d. **Tutti gli devono qualcosa**.

3c *Inserisci al posto giusto le espressioni evidenziate del punto* **b**.

1. L'amicizia di tanta gente importante gli _____ nel lavoro.
2. Dopo la morte del padre, il figlio ne _____.
3. Quest'anno _____ le scarpe con i tacchi alti.
4. È una persona generosissima che ha aiutato tanta gente: _____.

4 Parlare | L'intervista

4a *Lavora con un compagno e prendi il suo libro. Uno compila la scheda del giornalista e l'altro quella dell'imprenditore, con dati inventati.*

giornalista
nome _____ età _____
nome del giornale _____
tipo di giornale _____
motivo dell'intervista _____
alcune domande _____

imprenditore
nome _____ età _____
numero dei dipendenti ☐ 8-14 ☐ 15-25 ☐ più di 25
prodotti o servizi offerti dall'impresa _____
qualche concetto che vuoi esprimere _____

ottantasette

unità 10 | Italia di moda

4b *Riprendete i vostri libri e leggete le informazioni scritte dal compagno: questo sarà il vostro personaggio, che dovrete interpretare in un'intervista. Mettetevi faccia a faccia e iniziate.*

5 Analisi grammaticale | Il quale

5a *Osserva i pronomi relativi evidenziati: a cosa si riferiscono?*

A Firenze, città d'arte e di moda, dal 1995 ha sede il Museo Ferragamo, **nel quale** si possono ammirare calzature **che** sono entrate nella storia non solo della moda internazionale, ma anche dell'arte. [...]
Grazie alla disponibilità della prima figlia, la marchesa Fiamma di San Giuliano, ripercorriamo l'innovativa e creativa attività del più celebre calzolaio del mondo, **che** durante la sua fortunata carriera è arrivato a soddisfare le richieste dei più famosi divi di Hollywood (**tra i quali** Sophia Loren e Greta Garbo) e dei più importanti e discussi uomini politici del suo tempo (**tra cui** Mussolini).

	maschile	femminile
singolare	il quale	la quale
plurale	i quali	le quali

5b *Scegli l'affermazione giusta e completa la regola.*

il pronome relativo **cui** è ☐ variabile ☐ invariabile e ☐ vuole ☐ non vuole l'articolo.

il pronome relativo **quale** è ☐ variabile ☐ invariabile e ☐ vuole ☐ non vuole l'articolo.

5c *Cui e quale sono equivalenti. Sostituisci nel testo del punto **a** il pronome cui con quale e viceversa, facendo i necessari cambiamenti, come negli esempi.*

> ✎ Esempi
> Firenze è la città nella quale vorrei vivere. → Firenze è la città in cui vorrei vivere.
> Queste sono le scarpe di cui ti ho parlato. → Queste sono le scarpe delle quali ti ho parlato.

6 Gioco | La catena dei relativi

6a *La classe si divide in due squadre e si dispone in cerchio, a studenti alternati (studente squadra 1, studente squadra 2, studente squadra 1, ecc.). Il primo studente (squadra 1) deve dire una frase con un pronome relativo, come nell'esempio; il secondo studente (squadra 2) deve dire una nuova frase usando un pronome relativo, ma la frase deve contenere un elemento contenuto nella frase precedente, come nell'esempio. Il terzo studente (squadra 1) continua, e così via. Quando uno studente sbaglia la sua squadra perde un punto e il turno passa allo studente successivo che deve provare a continuare la catena. Attenzione: NON puoi usare il tipo di pronome relativo (che, cui, quale) usato dal compagno che ti ha preceduto.*

modulo quattro | arti

6b *Lavora in un piccolo gruppo e prova a ricordare e a scrivere le frasi che sono state dette durante il gioco. Poi confrontatele in plenum con il resto della classe e risolvete i vostri dubbi con l'aiuto dell'insegnante.*

7 Analisi grammaticale | Il congiuntivo imperfetto

7a *Osserva il verbo evidenziato nella frase qui sotto: è coniugato al congiuntivo imperfetto. Nel testo del punto **2b** ci sono altri quattro verbi coniugati al congiuntivo imperfetto. Trovali e scrivili nella tabella insieme alla persona e all'infinito, come nell'esempio.*

Mio padre amava definirsi un calzolaio e non voleva che lo **chiamassero** in un altro modo.

congiuntivo imperfetto	persona	infinito
chiamassero	3ª persona plurale (loro)	chiamare
_____	_____	_____
_____	_____	_____
_____	_____	_____
_____	_____	_____

7b *Completa la coniugazione del congiuntivo imperfetto con l'infinito dei verbi e con le voci mancanti.*

congiuntivo imperfetto					
	chiamare	_____	_____	_____	_____
io	chiamassi	conoscessi	partissi	fossi	facessi
tu	_____	conoscessi	partissi	_____	facessi
lui / lei	chiamasse	_____	partisse	fosse	_____
noi	chiamassimo	_____	partissimo	fossimo	facessimo
voi	chiamaste	conosceste	_____	foste	faceste
loro	_____	conoscessero	partissero	_____	facessero

7c *Completa la tabella con gli esempi del testo.*

verbo frase principale	verbo frase secondaria
penso che →	_____
indicativo presente	*congiuntivo presente*
pensava che →	_____
indicativo passato prossimo o imperfetto	*congiuntivo _____*

unità 10 | Italia di moda

8 Gioco | Penso che...

* **Studente A** (Le istruzioni per lo Studente B sono a pag. 143)
Gioca contro uno Studente B. A turno dovete abbinare i marchi senza il nome del prodotto ai relativi prodotti della lista, utilizzando la struttura dell'esempio, con il verbo della frase principale al presente. In caso di errore si può provare ancora al turno successivo, ma si deve usare la struttura con il verbo della frase principale all'imperfetto, come nell'esempio. Vince il primo che riesce a completare il proprio schema.

> ✎ **Esempio**
> Studente A   Penso che Diesel sia un marchio di auto.
> Studente B   No, sbagliato.
> Studente A   Pensavo che Diesel fosse un marchio di auto, ora sono convinto che sia un marchio di abbigliamento *casual*.
> Studente B   Giusto.

unità 10 | Italia di moda

Questi sono i contenuti di grammatica che hai studiato in questa unità.
Attenzione: c'è un errore. Trovalo e correggilo. Poi confronta l'indice a pag. 84.

grammatica

Le espressioni verbali *aprire la strada*, *essere di moda*, *raccogliere l'eredità*, *dovere qualcosa*

I pronomi relativi *che*, *cui*, *quello*

Il congiuntivo imperfetto

Concordanze del congiuntivo con principale al presente o al passato

comunicazione

Esprimere un'opinione riferita al passato ▶ *Penso che fosse...*

Riassumere un testo

Riportare un'opinione espressa nel passato ▶ *Ieri sera Pino pensava che Mario cucinasse l'arrosto*

Usare perifrasi per descrivere oggetti che non si conoscono con espressioni come *per esempio, tipo, cioè, quindi*, ecc.

grammatica

Il congiuntivo passato

Concordanze del congiuntivo con principale al presente (contemporaneità e anteriorità)

unità 11 | in cucina

1   Ascoltare | Una cuoca

1a *Ascolta le risposte dell'intervista a Giovanna e metti nel giusto ordine cronologico i tre lavori che ha fatto. Attenzione: c'è un lavoro in più!*

☐ cuoca

☐ insegnante di cucina a casa

☐ insegnante di cucina per stranieri

☐ insegnante di italiano per stranieri

1b *Ascolta ancora con il libro chiuso. Poi metti nel giusto ordine le domande dell'intervista, come nell'esempio. Attenzione: manca una domanda, segna una ✗ nello spazio corrispondente.*

a. Ci sono degli strumenti indispensabili in una cucina?

b. Com'era stare in cucina per loro?

c. *Raccontaci qualcosa di te.*

d. Come hai iniziato a fare la cuoca?

e. Sei felice della tua scelta?

f. Tu hai coniugato la tua esperienza di insegnante con quella di cuoca. In che modo?

| c | | | | | | |

1c *Ascolta ancora, confrontati con un compagno e scrivete insieme la domanda mancante.*

_____

_____

novantuno

unità 11 | in cucina

2 Analisi grammaticale | Concordanze

2a *Inserisci nella tabella i verbi evidenziati nelle frasi, come negli esempi.*

Credo che **sia stato** fondamentale per me.
Credo veramente che **fosse** molto faticoso.
Credo che **desse** anche grande soddisfazione.
Penso che **sia** molto importante.
Credo che **sia** necessario.

congiuntivo		
presente	imperfetto	passato
sia	_____	_____
sia	_____	_____

2b *Inserisci i verbi delle frasi del punto a nella tabella.*

frase principale	frase secondaria	
al presente	contemporanea alla principale	prima della principale
credo / penso		

3 Leggere | Quattro film

Completa le trame dei film con i verbi tra parentesi all'indicativo o al congiuntivo, poi abbinale alla giusta locandina.

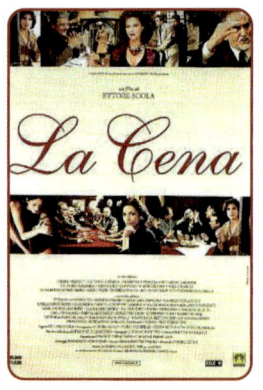   

1. Visto che gli uomini (*preferire*) _____ dividere con lei il letto piuttosto che la tavola e visto che Martha (*preferire*) _____ cucinare per loro invece che passare una serata a due, da molto tempo Martha ha lasciato perdere il capitolo "uomini" e si dedica soltanto ai fornelli del "Lido", un piccolo ma raffinato ristorante francese. La sua vita cambia quando la sorella muore in un incidente d'auto, lasciandole la figlia di sette anni. Durante una breve assenza di Martha, la proprietaria del "Lido" assume un secondo chef. Lei è indignata, ma non può fare nulla contro Mario, un italiano godereccio e cuoco di gran talento, chiamato a portare al "Lido" una ventata d'aria fresca.

modulo quattro | arti

Il congiuntivo passato

Completa la regola sulla formazione del congiuntivo passato con le due parole della lista.

(passato) (presente)

Il **congiuntivo passato** si forma con il **congiuntivo** _____ dell'ausiliare + il **participio** _____ del verbo.

essere

io	sia stato/a
tu	sia stato/a
lui/lei	sia stato/a
noi	siamo stati/e
voi	siate stati/e
loro	siano stati/e

avere

io	abbia avuto
tu	abbia avuto
lui/lei	abbia avuto
noi	abbiamo avuto
voi	abbiate avuto
loro	abbiano avuto

2. Molte storie si intrecciano ai tavoli del ristorante romano "Arturo al Portico": quella di Isabella con la figlia Sabrina, che pensa che (*arrivare*) _____ il momento di confidare alla mamma l'intenzione di fare il noviziato in convento; quella di un professore di filosofia innamorato della sua studentessa; quella di due attori che conversano sul nuovo spettacolo teatrale che interpreteranno. Queste e altre vicende prendono vita in una serata come le altre, ma unica, irripetibile.

3. A casa Cantone c'è molta attesa per il ritorno di Tommaso che da Roma ha deciso di rientrare nel paese d'origine in Puglia. La mamma Stefania, il padre Vincenzo, la zia Luciana, la nonna, la sorella Elena e l'amica d'infanzia Alba vogliono che Tommaso (*affiancare*) _____ il fratello Antonio nella nuova gestione del pastificio di famiglia. Non mancano però colpi di scena ed anche per questo il soggiorno di Tommaso si protrarrà più a lungo del previsto.

4. Gianni, un uomo di mezza età che trascina le sue giornate fra le faccende domestiche e l'osteria, vive con sua madre in una vecchia casa nel centro di Roma. Il giorno prima di Ferragosto l'amministratore del condominio gli propone di tenere in casa la propria mamma per i due giorni di vacanza. In cambio gli scalerà i debiti accumulati in anni sulle spese condominiali. A tradimento, l'amministratore si presenta con due signore, perché porta anche la zia che non (*sapere*) _____ dove lasciare. Gianni passerà ventiquattr'ore molto particolari, che culmineranno nel pranzo del 15 agosto più pazzo della sua vita.

4 Scrivere | Riassunto

Scegli una trama e fai un riassunto, usando il numero di parole dello schema.

Trama 1
Originale: 114 parole
Riassunto: 55 parole

Trama 2
Originale: 74 parole
Riassunto: 35 parole

Trama 3
Originale: 77 parole
Riassunto: 35 parole

Trama 4
Originale: 100 parole
Riassunto: 50 parole

unità 11 | in cucina

5 Gioco | Come ogni sera

Ogni sera una puzza di bruciato e un gran fumo escono dell'appartamento di Mario. Cosa pensano ogni sera gli inquilini? Gioca con un compagno (Studente A e Studente B). Lo Studente A sceglie un appartamento e tira una moneta: se esce TESTA descrive il pensiero degli inquilini usando il presente; se esce CROCE lo fa al passato, come negli esempi. Lo Studente B controlla la correttezza grammaticale. Se è giusto lo Studente A può occupare la casella. Poi il turno passa allo Studente B. Vince chi, alla fine, ha occupato più appartamenti.

> ✏️ Esempio
>
> **TESTA**
> Pino l'uccellino
> ▶ *Come ogni sera, anche stasera Pino l'uccellino pensa che Mario cucini l'arrosto.*
>
> **CROCE**
> Pino l'uccellino
> ▶ *Come ogni sera, ieri sera Pino l'uccellino ha pensato che Mario cucinasse l'arrosto.*

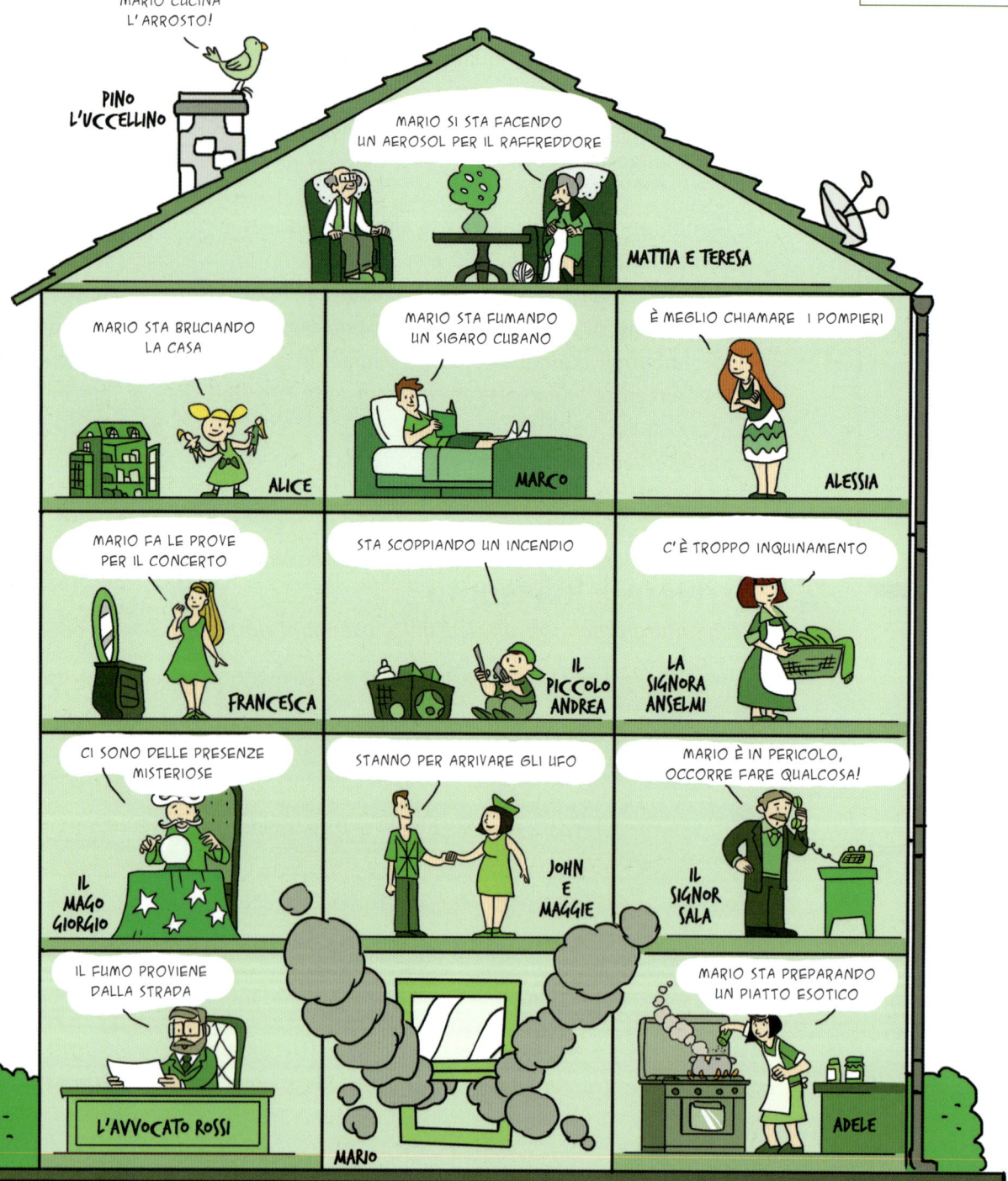

modulo quattro | arti

6 Analisi della conversazione | Descrivere oggetti

6a Ascolta l'audio e metti nel giusto ordine gli oggetti che vengono descritti. Attenzione, c'è una immagine in più.

6b Completa la trascrizione con le parole della lista, poi ascolta e verifica.

(cioè) (cioè) (come per esempio) (per esempio)

(per esempio) (quindi) (tipo)

Penso che sia molto importante avere tre, quattro cose, _____: un coltello trinciante, _____ che permetta di tagliare molto bene, molto finemente, _____ per fare un... per fare un battuto. Ha una lama abbastanza spessa, robusta e lunga. Poi ci deve essere un coltellino invece piccolo, _____ molto... molto piccolo con una lama corta di, massimo, sette, otto centimetri, e questo per tagliare tutte le cose piccole, _____ sbucciare uno spicchio d'aglio.
Poi sicuramente un frullatore a immersione, credo che sia... sia necessario; _____ un frullatore dotato di un'asta con delle lame.
E questo purtroppo è una cosa dei tempi moderni, quindi, che i nostri nonni non avevano. Però è un grossissimo aiuto per fare qualunque tipo di... di salsa, _____, che generalmente accompagna moltissimi piatti della cucina italiana.

6c Inserisci le espressioni della lista del punto **b** nella tabella, poi confronta con un compagno.

Introdurre un esempio	

Dire con altre parole	

Spiegare meglio	

novantacinque 95

unità 11 | in cucina

7 Gioco | Come è fatto?

* **Coppia A** (Le istruzioni per la **coppia B** sono a pag. 98)

Gioca con un compagno, contro un'altra coppia. A turno, una coppia sceglie una delle immagini e la mostra ad un componente della coppia avversaria. Questo ha un minuto di tempo per descrivere l'immagine al suo compagno, che deve disegnare l'oggetto. Al termine del minuto l'altra squadra giudica se il disegno è abbastanza fedele.

modulo quattro | arti

8 Parlare e scrivere | Io in cucina

8a *Lavora con un compagno che non è seduto vicino a te. Passeggiate insieme per la classe: a turno parlate per 6 minuti raccontando dei piatti che avete cucinato da soli o in compagnia di qualcuno. Mentre uno parla, l'altro ascolta e non interviene, poi vi scambiate i ruoli. L'insegnante controlla il tempo.*

8b *Ritorna al posto e scrivi quello che l'altro ti ha raccontato.*

8c *Torna a lavorare con il compagno del punto a e leggigli quello che hai scritto. Migliorate insieme il testo da tutti i punti di vista. Poi scambiatevi i ruoli.*

unità 11 | in cucina

Segna con una ☒ le cose che hai studiato. Poi verifica con l'indice a pag. 91. Attenzione: c'è una cosa in più. Il contenuto "intruso" della lista sarà presentato nel modulo cinque.

comunicazione

☐ Esprimere un'opinione riferita al passato ▸ *Penso che fosse...*

☐ Riassumere un testo

☐ Riflettere sul proprio rapporto con la religione

☐ Riportare un'opinione espressa nel passato ▸ *Ieri sera Pino pensava che Mario cucinasse l'arrosto*

☐ Usare perifrasi per descrivere oggetti che non si conoscono con espressioni come *per esempio, tipo, cioè, quindi,* ecc.

novantasette

unità **11** | in cucina

7 Gioco | Come è fatto?

* Coppia B

Gioca con un compagno, contro un'altra coppia. A turno, una coppia sceglie una delle immagini e la mostra ad un componente della coppia avversaria. Questo ha un minuto di tempo per descrivere l'immagine al suo compagno, che deve disegnare l'oggetto. Al termine del minuto l'altra squadra giudica se il disegno è abbastanza fedele.

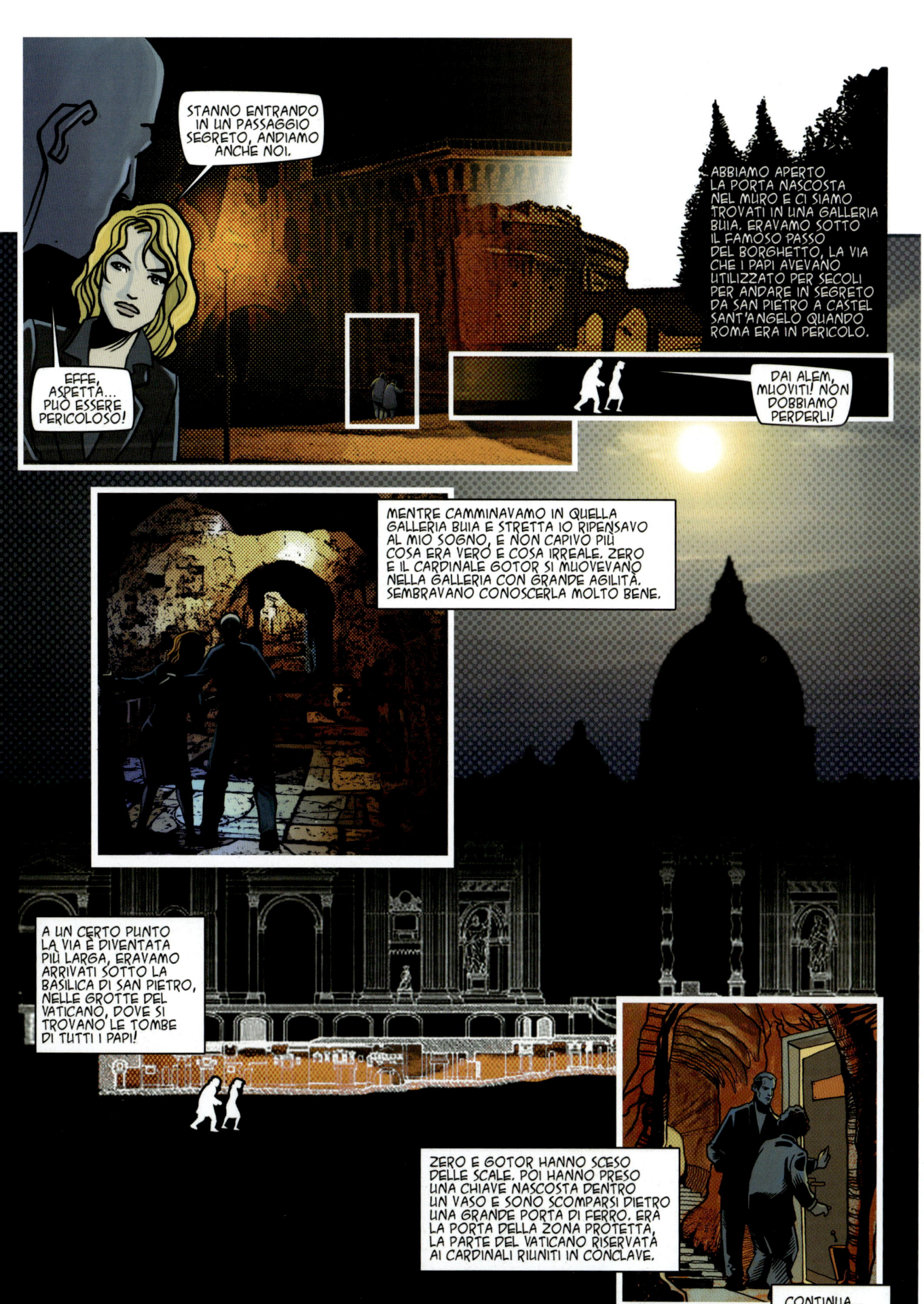

modulo quattro | **attività video**

vai all'indirizzo
www.almaedizioni.it/minisiti/domani/domani-3/
e apri la sezione video

1   *Leggi, a pagina 146, i dialoghi delle tre scene del film "Lezioni di cioccolato", e fai ipotesi su chi e quanti sono i personaggi, dove sono, qual è la situazione, ecc. Scrivi queste idee a fianco dei testi. Poi confronta con un compagno.*

2   *Ascolta l'audio* senza guardare *il video. Scrivi altre note e poi confrontati con un gruppo di compagni.*

3   *Guarda il video* senza ascoltare, *continua a prendere appunti e confrontati ancora con i compagni. Cercate di osservare il maggior numero di dettagli e arricchite le battute con tutte le informazioni che avete acquisito nella visione (movimenti, gesti, azione, ecc.).*

4   *Guarda il video* con l'audio *e continua a confrontare il lavoro svolto.*

5   *Leggi le tre trame di film e scegli quella da cui è tratto il video che hai visto. Poi, insieme a due compagni, fai ipotesi su dove collocare la scena che avete visto, all'interno della trama del film.*

> **1** Kamal è un cioccolataio egiziano che vuole aprire una pasticceria in Italia. Un giorno incontra Mattia, un pasticcere italiano, con il quale scoppia un amore travolgente. Dopo molte disavventure Mattia conosce Flavia, una giovane pasticcera italiana, e si innamora di lei.

> **2** Mattia è un imprenditore. Un giorno un suo operaio, Kamal, cade da un tetto. Kamal viene ingessato e in cambio del silenzio sulle condizioni di sicurezza sul posto di lavoro, costringe Mattia a frequentare al suo posto (e con la sua identità) un importante concorso da cioccolataio.

> **3** Un pasticcere algerino vuole aprire una pasticceria in Italia. Dopo un grave incidente, che lo lascia immobilizzato, costringe il fratello minore ad andare in Italia da clandestino per occuparsi di tutte le pratiche per avviare l'impresa. Ma razzismo e burocrazia segnano il destino del giovane, fino al drammatico finale.

6   *Riscrivi le battute del film in un italiano corretto. Poi confrontati con un compagno.*

7   *Lavora con lo stesso compagno. Preparatevi a interpretare la scena 2 in italiano corretto di fronte agli altri e poi recitatela.*

modulo cinque | società

unità 12   il Vaticano

unità 13   l'Italia com'era

comunicazione

Riflettere sul proprio rapporto con la religione

Proporre una equivalenza tra due argomenti o fatti ▸ *I pacs non sono stati approvati, così come...*

Esprimere una conseguenza ▸ *Sono talmente tanti i limiti imposti dalla legge che...*

Esprimere ipotesi reali nel presente
▸ *Se pensiamo alla storia e alla geografia...*

Esprimere ipotesi possibili nel presente
▸ *Se gli italiani potessero scegliere...*

Iniziare, sviluppare e concludere un discorso

Leggere un testo letterario

Parlare dei giochi che si facevano da bambini ▸ *Noi giocavamo a nascondino*

Riferire il discorso di qualcuno a una terza persona ▸ *Mia madre mi ha detto che...*

grammatica

Le espressioni verbali *dare importanza*, *averne abbastanza*, *non poterci fare nulla*, *perdere delle battaglie*, *raccogliere pareri*, *sopravvalutare il peso*

Le strutture *così come* e *talmente... che*

Il periodo ipotetico 1° e 2° tipo

Il discorso indiretto con principale nel presente o passato

La struttura *tanto più... quanto più*

L'espressione *non è che*

unità 12 | il Vaticano

comunicazione

Riflettere sul proprio rapporto con la religione

Proporre una equivalenza tra due argomenti o fatti
▶ *I pacs non sono stati approvati, così come...*

Esprimere una conseguenza
▶ *Sono talmente tanti... che...*

Esprimere ipotesi reali o possibili nel presente
▶ *Se penso / pensassi...*

Iniziare, sviluppare e concludere un discorso

grammatica

Espressioni verbali

Le strutture *così come* e *talmente... che*

Il periodo ipotetico 1° e 2° tipo

1 Introduzione

* **Studente A** (Le istruzioni per lo **Studente B** sono a pag. 144)
Scegli una definizione blu nel cerchio, leggila ad alta voce e di' il termine corrispondente, tra quelli della lista a sinistra.
Lo **Studente B** controlla nelle caselle blu del suo cerchio. Se è giusto puoi occupare la casella e scrivere il termine nello spazio. Poi il turno passa allo **Studente B**. Vince chi per primo completa il proprio schema.

LISTA Studente A

- laico
- destra
- divorzio
- eutanasia
- cattolica
- ateo
- sicurezza
- immigrazione
- finanziamento pubblico

2 Leggere | Il Vaticano e l'Italia

2a *Segna le affermazioni che secondo te sono più probabili. Poi confrontati con un compagno.*

in Italia	vero	falso		vero	falso
si può divorziare	☐	☐	si può fare la fecondazione artificiale	☐	☐
si può abortire	☐	☐	i preti sono pagati dallo Stato	☐	☐
è possibile l'unione civile tra due persone dello stesso sesso	☐	☐	le attività della Chiesa pagano meno tasse	☐	☐
è possibile l'eutanasia	☐	☐	le scuole cattoliche non hanno finanziamenti pubblici	☐	☐
le donne possono prendere la pillola del giorno dopo	☐	☐	la Chiesa cattolica esprime soprattutto posizioni di destra	☐	☐

2b *Leggi il testo e verifica le tue ipotesi.*

Il Vaticano e l'Italia

Con questo titolo il quotidiano francese Le Monde propone un articolo in cui analizza l'influenza del Vaticano nella vita politica e nella società italiana.

In un'epoca come questa, in cui la religione cattolica ha perso potere e importanza in tutto l'Occidente, l'Italia resta ancora sotto l'influenza costante dello Stato più piccolo del mondo? – si chiede *Le Monde*. Il quotidiano francese raccoglie pareri di cattolici e laici e conclude: la Chiesa cattolica in Italia riesce sempre a dare grande visibilità e peso alle sue posizioni e lo Stato le concede una forza che non ha in altri Paesi.

"Nonostante abbia perso delle battaglie, la Chiesa si sente ancora molto forte in Italia." – spiega Marco Impagliazzo, uno dei responsabili della Comunità di Sant'Egidio. "E anche se perde alcune battaglie, deve combatterle ugualmente."

Le battaglie perse? L'autorizzazione al divorzio nel 1975 e all'aborto nel 1981. Ma molte di più sono le battaglie vinte, che dimostrano come la Chiesa abbia ancora un ruolo centrale nella società italiana: la pillola del giorno dopo è legale ma è introvabile; i pacs (le unioni civili fra due persone, anche dello stesso sesso) non sono stati approvati, così come la legge sulla possibilità di scegliere una morte «dolce» in caso di grave malattia. E molto difficile è anche la situazione di chi, non potendo avere figli naturali, decide di ricorrere alla fecondazione artificiale: sono talmente tanti i limiti imposti dalla legge che la maggior parte delle coppie è costretta ad andare all'estero.

"Se pensiamo alla storia e alla geografia, riusciamo a capire bene la specificità dell'influenza della Chiesa in Italia. Il Vaticano è in Italia, non ci si può fare nulla." – spiega Gian Maria Vian, direttore dell'*Osservatore Romano*, il giornale ufficiale del Vaticano.

Questa specificità è dimostrata anche dal fatto che lo Stato italiano paga lo stipendio dei preti, le attività della Chiesa pagano meno tasse dei normali cittadini e le scuole cattoliche e gli oratori ricevono ogni anno

unità 12 | il Vaticano

molti finanziamenti pubblici.

La Chiesa è ancora molto influente e forse è per questo che tutti i politici, sia di destra che di sinistra, sono sempre disponibili a ricevere le richieste dei rappresentanti del Vaticano, su ogni argomento della vita sociale e politica. Tutti i partiti pensano infatti che la Chiesa abbia un ruolo importante nell'orientare le scelte politiche degli italiani, e che sia meglio avere dei buoni rapporti con il Vaticano.

"Tuttavia" – come spiega il giornalista Marco Politi, autore del libro *La Chiesa dei no* – "i partiti sopravvalutano il peso di questo ruolo: se fossero più in contatto con la gente, si accorgerebbero che la maggioranza degli italiani non dà importanza alle indicazioni della Chiesa al momento di votare. Inoltre, è sbagliato immaginare che la Chiesa esprima solo opinioni di destra. Su alcuni punti (immigrazione, razzismo, sicurezza), è infatti molto più vicina alle posizioni della sinistra."

Secondo l'Unione degli atei e agnostici razionalisti (UAAR) molti italiani ne hanno abbastanza dell'influenza del cattolicesimo, e se potessero scegliere con un referendum, metterebbero dei limiti più netti all'azione del Vaticano. Ma la battaglia per una reale separazione tra Stato e Chiesa è ancora lontana dalla conclusione. Quest'anno l'UAAR aveva previsto di fare circolare a Genova «bus atei», come a Londra e a Barcellona, con la scritta "La cattiva notizia è che Dio non esiste. Quella buona è che non ne hai bisogno". Ma dopo le reazioni e gli attacchi da tutte le direzioni, ha dovuto bloccare la campagna.

da *www.italiadallestero.info*

3 Analisi lessicale | Ne ho abbastanza

3a *Ricostruisci le espressioni presenti nel testo, come nell'esempio.*

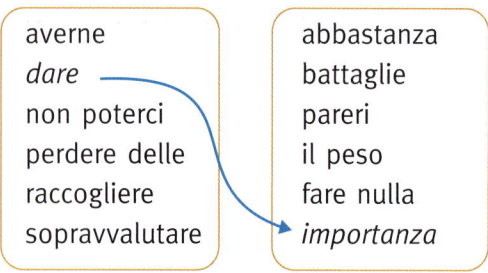

averne — abbastanza
dare — battaglie
non poterci — pareri
perdere delle — il peso
raccogliere — fare nulla
sopravvalutare — *importanza*

3b *Sostituisci le espressioni evidenziate tra parentesi con le espressioni ricostruite al punto **a**. Attenzione: i verbi all'infinito devono essere coniugati.*

1. Il quotidiano francese (ascolta le opinioni) _____ di cattolici e laici.
2. Nonostante (abbia avuto degli episodi negativi) _____, la Chiesa si sente ancora molto forte in Italia.
3. "Il Vaticano è in Italia, (non è una cosa che si può cambiare) _____." – spiega Gian Maria Vian.
4. I partiti (valutano in modo esagerato) _____ di questo ruolo.
5. La maggioranza degli italiani non (pensa) _____ alle indicazioni della Chiesa al momento di votare.
6. Molti italiani (si sono proprio stancati) _____ dell'influenza del cattolicesimo.

modulo cinque | **società**

4 Parlare | Io e la religione

I tuoi ricordi legati alla religione: completa lo schema qui sotto con una serie di parole chiave, legate alla tua esperienza. Poi parlane con un compagno.

immagini	odori e sapori	vestiti e oggetti
persone	**religione**	parole
suoni e silenzi	sensazioni	momenti

5 Analisi grammaticale | Così come

5a *Osserva l'esempio e trasforma le altre frasi secondo il modello.*

I pacs (le unioni civili fra due persone, anche dello stesso sesso) non sono stati approvati **e anche** la legge sulla possibilità di scegliere una morte «dolce» in caso di grave malattia **non è stata approvata**.	I pacs (le unioni civili fra due persone, anche dello stesso sesso) non sono stati approvati, ~~e anche~~ *così come* la legge sulla possibilità di scegliere una morte «dolce» in caso di grave malattia ~~non è stata approvata~~.
La Chiesa cattolica ha perso la battaglia sul divorzio, **e ha perso anche** quella sull'aborto.	
I partiti di destra vogliono avere buoni rapporti con il Vaticano **e anche** i partiti di sinistra **vogliono avere buoni rapporti con il Vaticano**.	

5b *Osserva l'esempio e trasforma le altre frasi secondo il modello.*

I limiti imposti dalla legge sono tanti, **per questo** la maggior parte delle coppie è costretta ad andare all'estero.	Sono *talmente* tanti i limiti imposti dalla legge *che* la maggior parte delle coppie è costretta ad andare all'estero.
La Chiesa è influente, **per questo** tutti i politici sono sempre disponibili a ricevere le richieste dei rappresentanti del Vaticano.	
Le reazioni all'iniziativa sono state forti, **per questo** l'UAAR ha dovuto bloccare la campagna.	

L'oratorio

L'**oratorio** in origine era una parte della chiesa dove le famiglie potevano andare a pregare. In senso moderno, è un ambiente educativo destinato ai giovani. Per questo nell'oratorio sono presenti degli impianti sportivi all'aperto (calcio, basket, pallavolo), sale giochi, locali per riunioni e generalmente un bar. Gli oratori più moderni sono dotati anche di una sala per le proiezioni, un teatro, una sala musica e una cucina. L'oratorio oggi è spesso un importante aggregatore di paesi e quartieri, dove i giovani si incontrano per stare insieme in un ambiente "protetto".

unità 12 | il Vaticano

6 Analisi grammaticale | Il periodo ipotetico

6a *Collega le frasi nei riquadri blu con quelle nei riquadri verdi.*

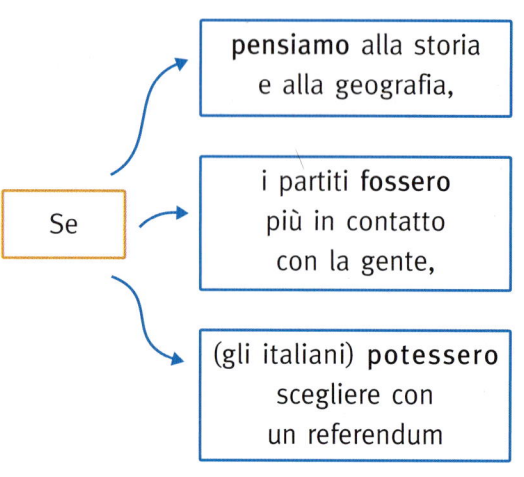

6b *Completa i due tipi di periodo ipotetico con i verbi del punto a.*

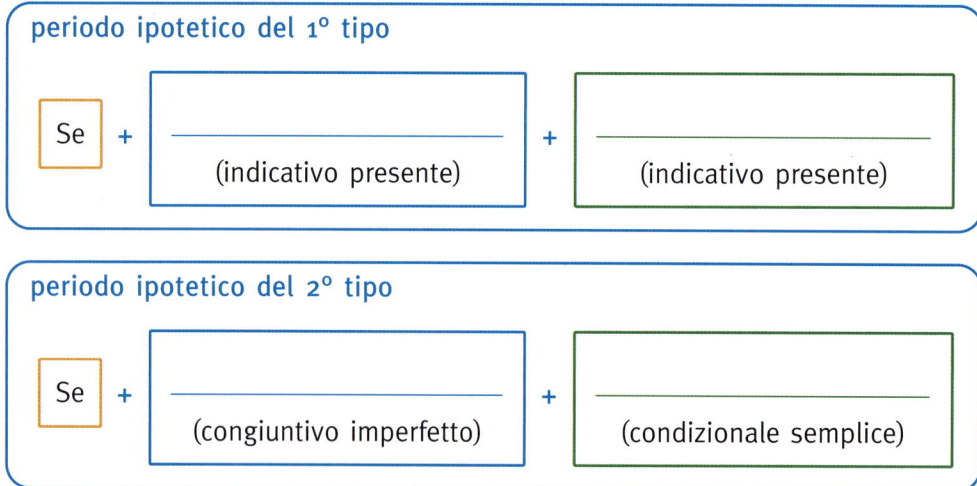

6c *Scegli la definizione giusta per i due tipi di periodo ipotetico.*

> **periodo ipotetico del ___° tipo**
> esprime un'ipotesi reale nel presente, serve a indicare una conseguenza sicura (se l'ipotesi si realizza, la conseguenza sarà automatica).

> **periodo ipotetico del ___° tipo**
> esprime un'ipotesi possibile nel presente, serve a indicare la possibilità che una certa cosa si realizzi (l'ipotesi potrebbe o non potrebbe realizzarsi).

modulo cinque | società

7 Gioco | Le statue delle ipotesi

La classe si divide in due squadre (Squadra A e Squadra B). Ogni squadra scrive sei periodi ipotetici, alcuni del primo tipo, altri del secondo tipo. Uno, due o tre membri della Squadra A ricevono la prima frase della Squadra B. La leggono, annunciano al resto della Squadra A se l'ipotesi è del primo o del secondo tipo, e quindi la rappresentano con una serie di immagini fisse, come se dovessero posare per una foto o immaginare di essere una statua. Gli altri membri della Squadra A hanno due minuti di tempo per indovinare di cosa si tratta. Ogni periodo ipotetico indovinato viene scritto alla lavagna dall'insegnante. Il turno passa poi alla Squadra B e così via. Vince la squadra che riesce a indovinare più frasi ipotetiche.

8 Scrivere | Cosa penso

- l'ora di religione nella scuola pubblica
- sacerdozio per le donne
- simboli religiosi a scuola
- fecondazione artificiale
- eutanasia
- _____

8a *Scegli uno degli argomenti a sinistra (o aggiungine un altro simile, nell'ultimo spazio).*

8b *Componi un testo argomentativo. Prima di cominciare raccogli le tue idee sull'argomento riempiendo lo schema qui sotto. Poi scrivi il testo.*

Introduci il tema in forma interrogativa
_____?
↓
Presenta una lista di argomenti che possono essere sostenuti da chi è a favore e una lista di argomenti che possono essere sostenuti da chi è contro

Argomenti sostenuti da chi è a favore	Argomenti sostenuti da chi è contro
_____	_____
_____	_____
_____	_____

Esprimi una tua conclusione
_____

unità 12 | il Vaticano

Trova all'interno dell'unità un esempio per ognuno dei due contenuti.

comunicazione

Esprimere ipotesi reali nel presente
▸ _____

Esprimere ipotesi possibili nel presente
▸ _____

centonove

unità **13** | **l'Italia com'era**

comunicazione

Leggere un testo letterario

Parlare dei giochi che si facevano da bambini ▸ *Noi giocavamo a nascondino*

Riferire il discorso di qualcuno a una terza persona ▸ *Mia madre mi ha detto che...*

grammatica

Il discorso indiretto con principale nel presente o passato

La struttura *tanto più... quanto più*

L'espressione *non è che*

1 Introduzione

1a Lavora con un gruppo di compagni. Guardate le immagini e discutete. Conoscete le attività e i giochi che stanno facendo le persone rappresentate? Si fanno (o si facevano) anche nel vostro Paese?

centodieci

modulo cinque | **società**

Il bar in Italia

In Italia c'è un bar ogni 400 abitanti e tutti i paesi e i quartieri hanno avuto (e in molti casi ancora oggi hanno) nel bar il loro più importante centro di ritrovo. Nell'Italia appena uscita dalla Seconda Guerra Mondiale, il bar era il luogo dove gli italiani tornavano a riunirsi per giocare a carte, per leggere il giornale mentre si beveva il caffè, per fare quattro chiacchiere con gli amici o anche per parlare di affari. Verso la fine degli anni Cinquanta, con l'arrivo dei primi juke-box e dei primi flipper, il bar diventava l'alternativa laica all'oratorio come centro nevralgico delle comunità. Oggi il bar ha forse perso un po' della sua importanza, anche se, soprattutto nei piccoli centri, molti preferiscono ritrovarsi al bar per guardare in compagnia i programmi sportivi trasmessi in televisione, piuttosto che rimanere a casa. Molti bar hanno anche cambiato la loro fisionomia e il loro pubblico: hanno tavolini e camerieri che servono al tavolo e sono più eleganti dei semplici bar di una volta.

1b Alcuni dei disegni del punto **a** illustrano delle azioni descritte nel riquadro **Il bar in Italia**. Leggilo e indica i disegni, come nell'esempio.

unità 13 | l'Italia com'era

2 Ascoltare | Noi giocavamo

2a *Ascolta e indica quali disegni del punto **1a** illustrano alcuni dei giochi descritti da Katia.*

2b *Indica i dati presenti nel racconto di Katia che fanno riferimento ad una quantità (attenzione: una delle quantità è da scrivere) e le persone che Katia menziona.*

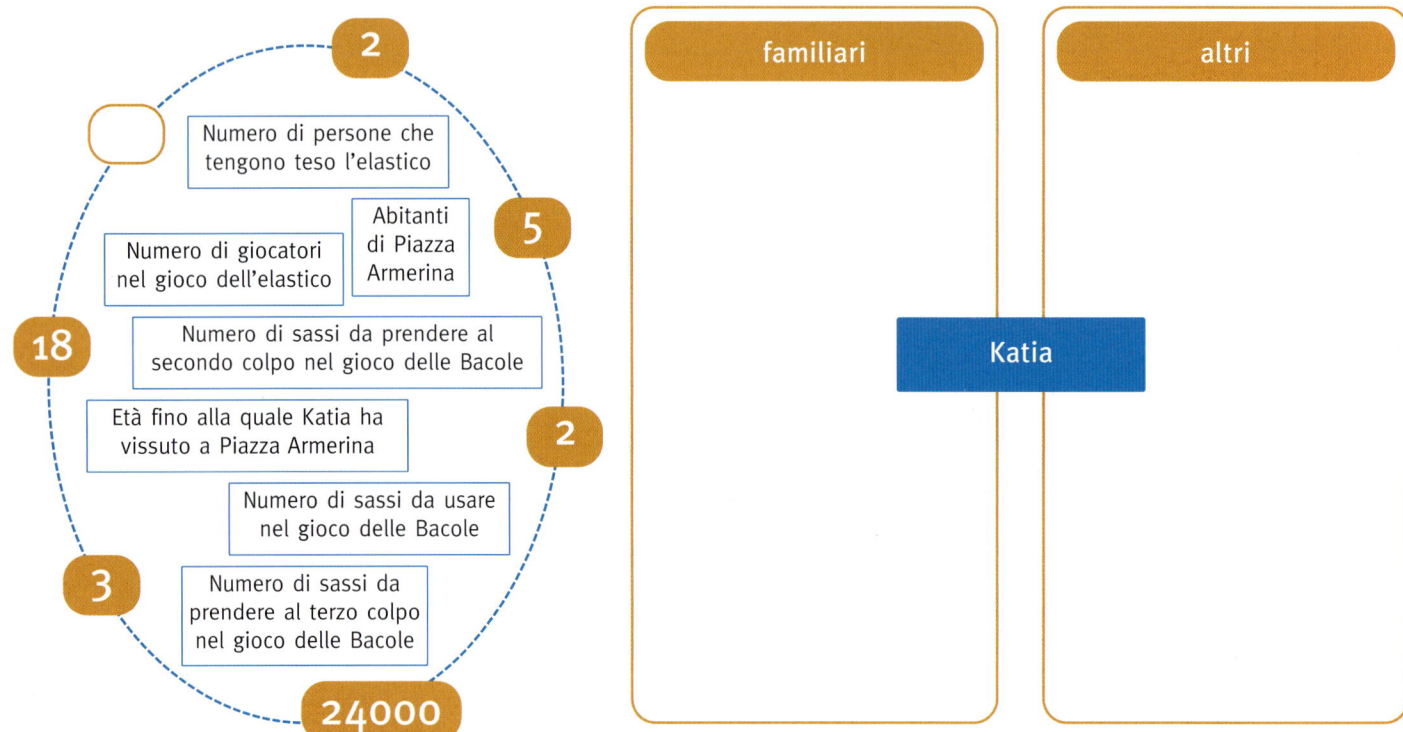

3 Analisi grammaticale | Discorso diretto e indiretto

3a *Leggi la frase che ha detto Katia.*

| Katia   Noi giocavamo a nascondino. |

3b *Cosa ha detto Katia? Completa la frase. Poi confronta con un compagno.*

| Katia ha detto che _____ . |

3c *Ora prova a fare il contrario. Leggi la frase di Katia e prova a scrivere quello che ha detto sua madre.*

| Katia   Mia madre mi ha detto che lei ci giocava quando era piccola.
| La mamma di Katia   Io _____ . |

modulo cinque | **società**

Il discorso indiretto

Generalmente nel discorso indiretto i tempi verbali non cambiano rispetto al discorso diretto.

✎ Esempio

▶ Discorso diretto

Matteo Il pomeriggio gioco sempre a nascondino.

Katia Da piccola giocavo sempre a nascondino.

▶ Discorso indiretto al presente

Matteo dice che il pomeriggio gioca sempre a nascondino.

Katia dice che da piccola giocava sempre a nascondino.

▶ Discorso indiretto al passato

Matteo ha detto che il pomeriggio gioca sempre a nascondino.

Katia ha detto che da piccola giocava sempre a nascondino.

Le cose che cambiano maggiormente nel discorso indiretto sono:

il soggetto
 io → lui/lei
 noi → loro

i pronomi
 mi → gli/le
 ci → si

i possessivi
 mio → suo/sua

gli avverbi di luogo
 qui → lì

i dimostrativi
 questo → quello

4 Esercizio | Discorso diretto e indiretto

 20

Trasforma le frasi, poi ascolta e verifica con un compagno.

Katia
"_____
_____
_____
_____".

Katia ha detto che nel suo palazzo c'erano un paio di famiglie con dei bambini, quindi si conoscevano, andavano a giocare insieme, si vedevano giù nei vari cortili dei palazzi, giocavano.

---

un'amica di Katia
"Adesso qui è cambiato tutto".

[Una mia amica] mi ha raccontato proprio che _____
_____.

---

un'amica di Katia
"Porto mia figlia in palestra, a danza, a fare varie attività in posti chiusi, anche perché non mi fido".

[Una mia amica] mi ha raccontato che _____
_____
_____.

---

la mamma di Katia
"Mia madre ci giocava quando era piccola".

[Mia madre mi ha detto che] _____
_____
_____.

Katia
"_____,
mi ricordo, _____
_____".

Katia ha detto che quando andava a Palermo sempre facevano questa campana e giocavano a campana.

5 Parlare | I miei giochi

Tu come giocavi da bambino? Ti ricordi qualche gioco che facevi? Parlane con un compagno.

6 Leggere | Bar Sport

6a *Ricostruisci l'inizio di questo racconto mettendo in ordine le parti della lista.*

(attrazioni) (possiede) (possiede) (quanto più)
(tanto maggiore,) (Un bar Sport) (un richiamo)

_____ _____ _____ _____
_____ _____ _____.

centotredici 113

unità 13 | l'Italia com'era

6b *Scegli il significato più vicino a quello della frase che hai ricostruito al punto* **a**.

Un bar Sport possiede un richiamo tanto maggiore, quanto più possiede attrazioni.

1. ☐ Un bar Sport è molto conosciuto quando ha molte attrazioni.

2. ☐ Un bar Sport è molto conosciuto anche quando non ha molte attrazioni.

6c *Completa ogni testo con una delle parole qui sotto. Poi abbina ad ogni testo uno dei disegni del punto* **1a**.

(biliardo) (calcetto) (carte) (flipper)

Un bar Sport possiede un richiamo tanto maggiore, quanto più possiede attrazioni. [...] Ma vediamo nei dettagli.

1. Il _____ (disegno n°_____)
Ogni bar Sport ha un _____ o due e almeno un giocatore professionista di _____. Il _____ funziona a gettoni, a bottoni, a piccoli biscotti, a rondelle: con qualsiasi oggetto rotondo, insomma, che non sia una moneta da cinquanta lire.
Se nel _____ viene introdotta una moneta da cinquanta lire, esso emette un rumore strozzato, vibra per alcuni secondi e si blocca.

2. Il _____ (disegno n°_____)
Il _____ è il re delle attrazioni di primo grado. È formato da un tavolone coperto di panno verde, da quattro bocce bianche, quattro rosse e una pallina blu. A un lato del _____, all'inizio del gioco, si pongono i giocatori, agli altri tre i rompiscatole. Le bocce sono di materiale duro, magnetizzato verso il centro della Terra, a cui esse infatti tentano di tornare infilandosi sotto gli armadi e nei posti più remoti.

3. I giochi di _____ (disegno n°_____)
I giochi di _____ sono, naturalmente, tanti che non possiamo qui ricordarli tutti. [...]
"La briscola". Gioco molto semplice. L'avversario sbatte sul tavolo una delle _____, e voi dovete sbatterla più forte. I buoni giocatori rompono dai quindici ai venti tavoli a partita. È opportuno, prima di sbattere le _____ sul tavolo, inumidirle con un po' di saliva. Le _____ prendono così la caratteristica forma a cartoccio, e la durezza di un sasso.

4. Il _____ (disegno n°_____)
Il _____ è uno degli sport italiani più diffusi. Si tratta di un gioco nel quale, con alcuni omarini di legno, bisogna spingere una pallina nel calzino avversario. Dico calzino perché quasi sempre il buco della porta avversaria è chiuso appunto da un calzino, piccolo accorgimento mediante il quale si può giocare con la stessa pallina tutto un pomeriggio. Il _____ è uno sport faticosissimo. Il vero giocatore lo pratica quasi completamente nudo o in mutande, essendo un gioco quanto mai accaldante.

modulo cinque | società

7 Esercizio | Un gioco movimentato 🎧 21

7a Ascolta molte volte l'audio e scrivi tutto quello che senti.

Katia   ... insomma... un gioco... movimentato.
Carlo   Per _____.
Katia   No. Non è che fosse _____
         _____.
Carlo   E poi _____?
Katia   E poi, _____. Quello...
Carlo   _____.
Katia   _____ classico.

7b Lavora con un compagno e risolvete insieme i problemi che avete. Riascoltate tutte le volte necessarie.

7c Per la frase qui sotto, scegli l'opzione che si avvicina di più al suo significato.

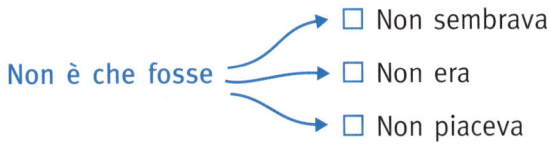

Non è che fosse
☐ Non sembrava
☐ Non era
☐ Non piaceva

8 Parlare | Com'era?

8a Ci sono dei luoghi (nel tuo quartiere, nella tua città, nella tua via) che non ci sono più? Scrivi qui sotto quali sono.

_____
_____
_____

8b Scegline uno e descrivi com'era.

---

unità 13 | l'Italia com'era

Completa i contenuti di grammatica con le parole mancanti. Poi confronta l'indice a pag. 110.

grammatica
Il discorso _____ con principale nel presente o passato
La struttura *tanto più...* _____ più
L'espressione *non è che*

centoquindici   115

HABEMUS PAPAM ▸ episodio cinque

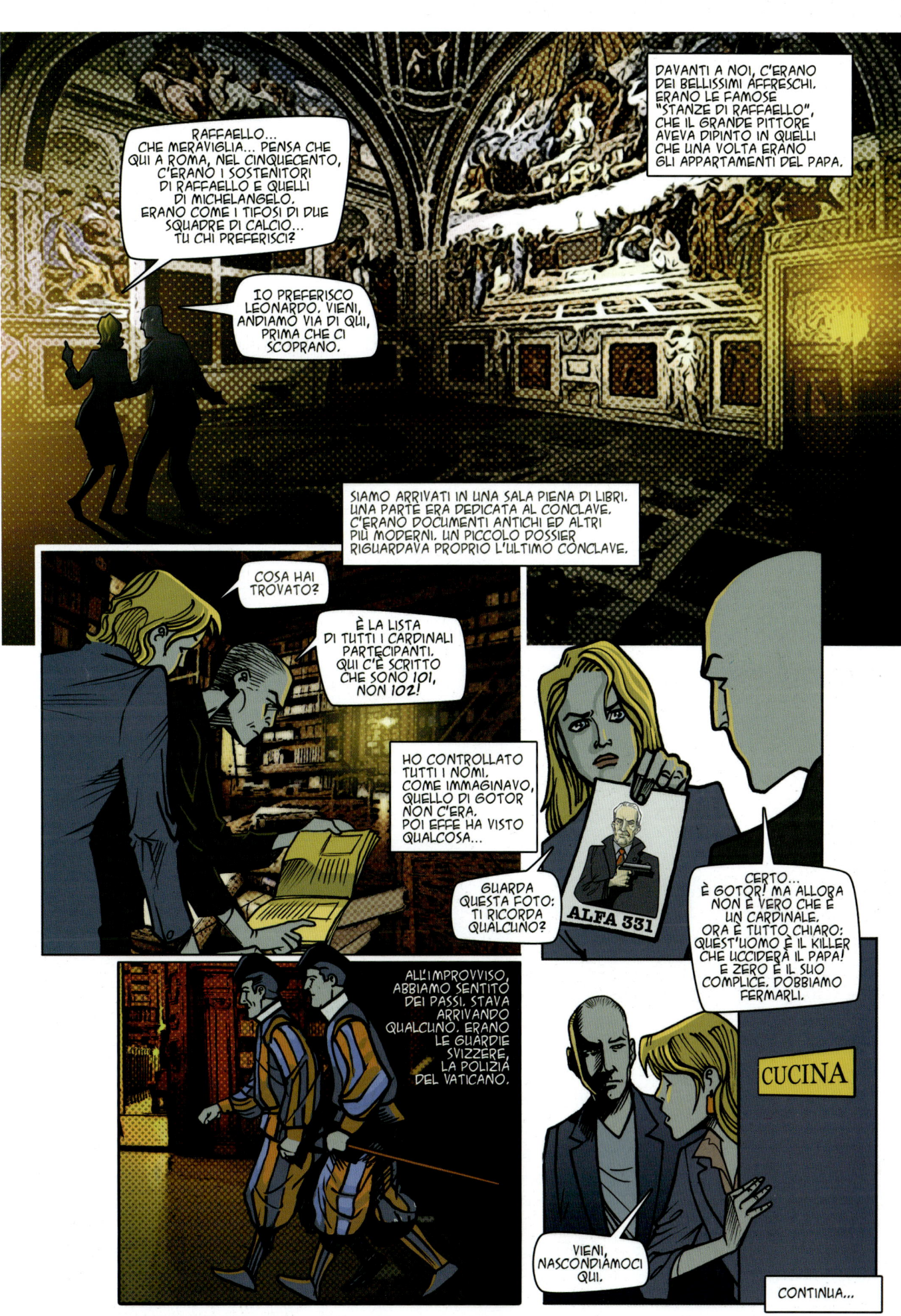

modulo cinque | attività video

vai all'indirizzo
www.almaedizioni.it/minisiti/domani/domani-3/
e apri la sezione video

1   Il video che vedrai riguarda il Conclave. Secondo te questa parola indica:

□ i preparativi per il funerale di un Papa.
□ la riunione dei cardinali per eleggere un nuovo Papa.

2   Secondo te, cosa rappresentano questi fotogrammi tratti dal video sul Conclave? Parlane con un compagno.

3   Guarda il video e verifica se le tue supposizioni erano corrette. Correggi le informazioni dove necessario. Attenzione: un fotogramma non è presente nel video. Quale?

4   La classe si divide in due squadre. Guarda il video tutte le volte necessarie e prendi appunti perché poi dovrai preparare delle domande sul contenuto del video da fare alla squadra avversaria.

5   Lavora con la tua squadra e prepara una serie di domande per l'altra squadra.

6   A turno, un componente di una squadra fa una domanda all'altra squadra, che ha un minuto di tempo per consultarsi e provare a rispondere. Se la risposta è accettata da chi ha fatto la domanda, la squadra prende un punto. Vince la squadra che alla fine ottiene più punti.

modulo sei | storia

unità 14   donne d'Italia

unità 15   una tragedia italiana

unità 16   Giuseppe Garibaldi

comunicazione

Descrivere la vita di un personaggio storico
▶ *Arrivata negli Stai Uniti nel 1913, Maria Montessori…*

Parlare della propria esperienza scolastica

Argomentare un'opinione ▶ *Potremmo rispondere… ma ci sembra…*

Valutare e commentare punti di vista altrui ▶ *Per fortuna non tutti gli stranieri sembrano essere d'accordo…*

Scrivere un breve testo su un fatto storico

Parlare della propria e delle altre culture

Ricostruire le fasi di un evento storico

Fare una ricerca

Prendere appunti

Esporre e valutare un elaborato

grammatica

Il cui

Parole composte

Senza + infinito

Il participio passato

I numerali collettivi *decine, centinaia, migliaia,* ecc.

Domanda reale o retorica

I contrari

Congiuntivo o indicativo con i connettivi

L'espressione di tempo *è un'ora che…*

L'infinito passato

Il participio presente

I modi impliciti

Coordinazione e subordinazione

unità 14 | donne d'Italia

comunicazione
Descrivere la vita di un personaggio storico
▶ *Arrivata negli Stai Uniti nel 1913, Maria Montessori...*
Parlare della propria esperienza scolastica

grammatica
Il cui
Parole composte
Senza + infinito
Il participio passato

1 Introduzione

Conosci queste donne italiane famose? Associa i loro nomi alle immagini.

n°_____ **Laura Pausini**
Una delle cantanti italiane più famose nel mondo. Nella sua carriera ha venduto oltre 50 milioni di dischi.

n°_____ **Federica Pellegrini**
È la prima donna italiana ad aver vinto una medaglia d'oro nel nuoto ai Giochi olimpici.

n°_____ **Sophia Loren**
È una delle più celebri attrici della storia del cinema italiano e mondiale.
Ha vinto due premi Oscar.

n°_____ **Lucrezia Borgia**
Bellissima nobildonna del 1500, protagonista di intrighi, amori e omicidi.

n°_____ **Maria Montessori**
È nota per il metodo che prende il suo nome, usato in migliaia di scuole in tutto il mondo.

modulo sei | storia

2 Leggere | Una donna d'Italia

2a *Leggi l'inizio di questa biografia e indica di quale donna parla, tra quelle del punto 1.*

> Il mese della cultura italiana a New York ha celebrato la sua personalità, sul pianeta Venere le è stato dedicato un cratere di 42 km, in Italia le ultime banconote da 1.000 lire avevano impresso il suo volto, la compagnia aerea KLM le ha dedicato un aereo, è stata la prima donna medico in Italia. Il suo nome è ben noto in tutto il mondo, o almeno nei 110 paesi in cui si trovano le 22000 scuole che applicano il suo metodo.

2b *Continua a leggere la biografia e completala con le quattro citazioni della lista.*

1. Ci sono sei milioni di donne che lavorano nelle fabbriche, in campagna, anche per diciotto ore consecutive, e sono pagate la metà degli uomini. Noi chiediamo uguali condizioni di lavoro e di stipendio!

2. esilio in cui l'adulto tiene il bambino fin quando è capace di vivere nel mondo degli adulti senza dare fastidio

3. il mio paese è una stella che gira attorno al sole e che si chiama Terra

4. mai aiutare un bambino mentre sta svolgendo un compito nel quale sente di poter avere successo

La maggior parte degli italiani la conosce come una signora dall'aria materna e rassicurante il cui volto era disegnato sui biglietti da mille lire, ma nella sua lunga vita è stata una donna trasgressiva e inquieta, tanto che, quando le veniva chiesto di che nazionalità fosse, rispondeva: "_____".
Era il 1907 quando la dottoressa Montessori, una delle prime donne a laurearsi in medicina dopo l'Unità d'Italia, ha fondato la prima "Casa dei Bambini" a Roma, nel quartiere romano di San Lorenzo, per applicare il suo metodo educativo, nato da anni di ricerca sui bambini con problemi psichici e dalla frequentazione degli ambienti scientifici di Inghilterra e Francia.
Arrivata negli Stati Uniti nel 1913, Maria Montessori ha stregato subito gli americani, al punto che il *New York Tribune* l'ha presentata come "la donna più interessante d'Europa". Da quel momento, il suo metodo ha cominciato ad interessare il resto del mondo, compresa l'India dove, a causa dei contrasti con il regime fascista, la Montessori si era stabilita durante la Seconda Guerra Mondiale.
Lontana chilometri dalla politica dei partiti, è stata l'apripista dell'emancipazione femminile in Italia: sul finire dell'Ottocento è stata invitata come portavoce italiana ai congressi femministi di Berlino e Londra per il riconoscimento della parità salariale con gli uomini e nella battaglia per il voto alle donne. Le sue parole ancora oggi risuonano tristemente attuali: "_____". Proprio per queste campagne, i giornali di mezzo mondo sottolineavano come le scelte controcorrente di questa donna non erano sinonimo di una cancellazione della femminilità: era bella ed elegantissima, come la rappresenta un ritratto del 1896 pubblicato su *L'illustrazione popolare*, che voleva mostrare ai lettori come la giovane dottoressa coniugava vanità femminile (dai capelli ondulati a un magnifico abito ricamato) e professione.
Esiliata durante il Ventennio fascista, Maria Montessori ha portato il suo metodo in molti Paesi: prima in Spagna, poi in Olanda e infine, come detto, in India, dove ha vissuto sette anni. Il suo progetto, poco prima di morire nel 1952 a 82 anni, era quello di portare il suo metodo in Africa.
Oggi Maria Montessori è universalmente riconosciuta per le sue teorie pedagogiche, secondo le quali l'adulto tende a reprimere la personalità del bambino che, al contrario, deve essere lasciato libero di sperimentare e trovare un suo rapporto con il mondo che lo circonda. Questo ha significato cambiare radicalmente l'idea di scuola, da considerare non più come un "_____".
Secondo la Montessori solo la libertà favorisce nel bambino quella creatività che gli è stata donata dalla natura e che lo porta ad acquisire autonomia. Celebre la sua frase: "_____". Solo in un secondo momento dalla libertà deve emergere la disciplina, perché un individuo disciplinato sarà capace di regolarsi da solo quando sarà necessario seguire delle regole di vita.

da www.9colonne.it

unità **14** | donne d'Italia

2c Metti in ordine cronologico gli eventi principali della vita di Maria Montessori, poi confronta con un compagno.

a. Arriva negli USA
b. Ha dei contrasti con Mussolini
c. Si laurea in medicina
d. Vive in Spagna
e. Vive in Olanda
f. Fonda la prima "Casa dei Bambini"
g. Portavoce italiana ai congressi femministi di Berlino e Londra
h. Una foto della bella Montessori viene pubblicata su un giornale
i. Vive in India
l. Vuole andare in Africa

> ### Il cui
> Osserva:
> ▸ *...una signora dall'aria materna e rassicurante* **il cui** *volto era disegnato sui biglietti da mille lire.*
>
> Il pronome relativo **cui** può avere valore di possessivo. In questo caso è preceduto dall'articolo determinativo e seguito dall'oggetto "posseduto".
> Nell'esempio: *il cui volto = il volto della signora*.

2d Cosa ne pensi del "metodo Montessori?" È molto diverso da come era la scuola quando eri bambino? Parlane con un compagno.

3 Analisi lessicale | Parole composte

3a Collega le parole di sinistra con quelle di destra e ricostruisci le quattro parole composte. Poi collega ogni parola al suo significato.

apri	corrente	Una persona che fa qualcosa prima di altri.
banco	voce	Soldi di carta.
contro	pista	Non convenzionale, differente dagli altri.
porta	nota	Una persona che parla a nome di altre persone.

3b Cerca nel testo del punto **2** le parole che hai ricostruito e verifica il significato.

4 Gioco | Parole composte

4a Gioca con un compagno. A turno, ognuno sceglie una casella e forma una parola composta usando una delle parole della lista a destra. Se la parola composta è accettata dal compagno, lo studente occupa la casella. Vince chi per primo riesce ad occupare quattro caselle in fila (in orizzontale, verticale o diagonale) o chi alla fine del gioco ha occupato più caselle. Attenzione: nella lista a destra ci sono quattro parole in più.

modulo sei | **storia**

Senza + infinito

Osserva la citazione di Maria Montessori:
▶ "*La scuola è un esilio in cui l'adulto tiene il bambino fin quando è capace di vivere nel mondo degli adulti senza dare fastidio*".

La preposizione senza indica sempre esclusione e può essere seguita da un sostantivo (Es.: *Vorrei un'insalata senza pomodori*), da un pronome (in questo caso è seguito dalla preposizione di. Es: *Come farei senza di te!?*) o da un verbo all'infinito, come nella citazione.

4b *Lavora con lo stesso compagno. Trovate le quattro parole in più. Con queste, formate due parole composte e scrivetele in corrispondenza dei due disegni.*

5 Analisi grammaticale | Il participio passato

5a *Osserva la costruzione del participio passato.*

Prima Maria Montessori è stata esiliata durante il ventennio fascista, poi ha portato il suo metodo in molti Paesi.

Esiliata durante il ventennio fascista, Maria Montessori ha portato il suo metodo in molti Paesi.

5b *Ora riscrivi questa frase usando il participio passato come nella frase del punto* **a**.

Prima Maria Montessori è arrivata negli Stati Uniti nel 1913, poi ha stregato subito gli americani.

_____

5c *Scegli la giusta espressione per completare la regola sul participio passato.*

> Il participio passato permette di descrivere un'azione che viene ☐ prima di / ☐ dopo un'altra.

6 Parlare | Una donna
Quali sono le donne più rappresentative del tuo Paese? E perché? Scegline una e scrivi una breve biografia.

unità 14 | donne d'Italia

Questi sono i contenuti di grammatica che hai studiato in questa unità. Attenzione: c'è un contenuto in meno. Qual è? Trovalo e poi confronta l'indice a pag. 120.

grammatica
☐ Il cui
☐ Parole composte
☐ *Senza* + infinito

centoventitré   123

unità 15 | **una tragedia italiana**

comunicazione

Argomentare un'opinione
▶ *Potremmo rispondere... ma ci sembra...*

Valutare e commentare punti di vista altrui ▶ *Per fortuna non tutti gli stranieri sembrano essere d'accordo...*

Scrivere un breve testo storico

Parlare della propria e delle altre culture

grammatica

I numerali collettivi *decine, centinaia, migliaia,* ecc.

Domanda reale o retorica

I contrari

Congiuntivo o indicativo con i connettivi

L'espressione di tempo *è un'ora che...*

1 Leggere e scrivere | Il naufragio

1a Leggi il testo sul naufragio della Costa Concordia.

> **Il naufragio della Costa Concordia**
> La sera del 13 gennaio 2012, per un errore di manovra del comandante, la nave da crociera Costa Concordia, che trasportava più di 4.000 passeggeri, ha urtato uno scoglio ed è naufragata di fronte all'Isola del Giglio (Toscana). Nell'incidente sono morti 32 passeggeri e molti altri sono rimasti feriti.
> La notizia ha suscitato grande emozione e polemiche in tutto il mondo, anche perché il comandante Francesco Schettino, responsabile del disastro, ha abbandonato la nave senza aspettare il salvataggio di tutti i passeggeri.

1b Quali altri grandi tragedie della storia ricordi? Parlane con due o tre compagni.

1c Con gli stessi compagni, scegliete uno dei fatti di cui avete parlato e scrivete un breve testo su un foglio (non più di 100 parole).

1d Scambiatevi i fogli con gli altri gruppi. Per ogni testo, date un voto da 1 a 10 sui tre punti della tabella. Motivate oralmente il vostro voto e cercate di trovare sempre almeno un aspetto positivo del testo che avete letto.

	gruppo 1	gruppo 2	gruppo 3	gruppo 4	gruppo 5
1. quanto è interessante il fatto					
2. stile di scrittura					
3. grammatica					

modulo sei | **storia**

2 Ascoltare | L'opinione

2a Ascolta il giornalista e rispondi alla domanda.

▸ Che opinione ha il giornalista della tragedia della Costa Concordia?

2b Ora metti in ordine i disegni e ricostruisci il naufragio, come negli esempi. Poi confrontati con un compagno.

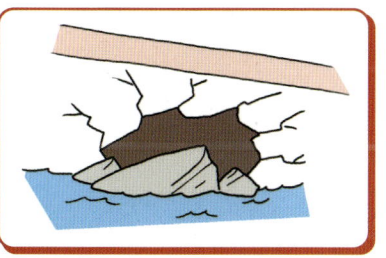
n° nella nave si è aperto uno squarcio

n° 1 il comandante ha sbagliato rotta

n° nello squarcio è entrata l'acqua

n° le persone sono state messe sulle scialuppe

n° la nave ha preso una roccia

n° 5 il comandante ha fatto una manovra

n° la nave si è rovesciata

n° le persone sono state incanalate verso i ponti

n° le persone sono state portate su un'isola

n° il comandante ha abbandonato la nave

n° 6 la nave si è incagliata

2c Riascolta e verifica.

unità 15 | una tragedia italiana

3 Leggere | Una tragedia italiana

3a *Completa il testo inserendo il punto (.) o il punto interrogativo (?) negli spazi, come nell'esempio.*

Una tragedia tipicamente italiana
Tutti i giornali del mondo hanno parlato della tragedia della Costa Concordia e Schettino, il comandante della nave, è diventato il prototipo dell'italiano medio: spaccone, bugiardo, irresponsabile e vigliacco. Unico simbolo dell'idea di italianità (.)
Il più venduto settimanale tedesco ha scritto: "Ma vi sorprendete che il capitano fosse un italiano ( ) Vi potete immaginare che manovre del genere e poi l'abbandono della nave vengano decise da un capitano tedesco o inglese ( ) Conosciamo tipi del genere, ne troviamo a centinaia sulle spiagge italiane: maschi bravi con grandi gesti, capaci di parlare con le dita e con le mani, in principio gente incapace di fare del male, ma bisognerebbe tenerli lontani da macchinari pesanti e sensibili ( ) *Bella figura*, è lo sport più popolare in Italia."
Che dire ( ) Potremmo rispondere, come ha fatto un giornale italiano, che se noi abbiamo avuto Schettino e la Costa Concordia, i tedeschi hanno avuto Hitler e Auschwitz, ma ci sembra un modo stupido di ragionare su una tragedia che dovrebbe stimolare riflessioni di livello un po' più elevato di questi volgari stereotipi ( )
Ha detto lo scrittore Roberto Saviano: "Il capitano della Costa Concordia, Francesco Schettino, non rappresenta gli italiani, anche se l'Italia è piena di personaggi come lui. Capisco che Schettino sia diventato il simbolo dell'italiano arrogante. Non potete immaginare quanti Schettino mi è capitato di incontrare, sbruffoni irresponsabili che gesticolano a voce alta e amano solo se stessi ( ) "
In ogni caso la maggioranza degli italiani non si riconosce in Schettino, e sicuramente non si riconosce in lui chi vive sul mare. La tragedia ha messo in campo tante persone, con passaporto italiano, che hanno dato soccorso e messo in salvo decine di passeggeri ( ) Tanti eroi silenziosi che hanno dato un'altra immagine del nostro Paese. È l'altra Italia. Perché l'Italia ha due facce: da una parte c'è un comandante spaccone, bugiardo, arrogante, che ha sottovalutato i pericoli e danni, e con il suo comportamento vigliacco ha disonorato l'Italia ( ) Dall'altra parte c'è l'animatore della nave che vestito da Spiderman ha salvato tanti bambini.

Per fortuna non tutti gli stranieri (anche tedeschi) sembrano essere d'accordo con l'idea stereotipata dell'Italia e degli italiani proposta dai giornali. Marino Freschi, professore universitario italiano che ben conosce la cultura tedesca, racconta: "Nei giorni scorsi, ero in Germania e ho preso il taxi. Subito è cominciata l'usuale chiacchierata. Quando il tassista mi ha chiesto *da dove vieni* ( ) io ho risposto che il mio Paese oggi non ha una buona immagine nel mondo, e che a causa di un capitano vigliacco viene severamente giudicato. Al che, il tassista mi ha replicato che lui stesso non poteva dire cosa avrebbe fatto al posto di Schettino ( ) Anche a casa sua l'aspettano moglie e figli."
Insomma una risposta "all'italiana", o semplicemente una risposta intelligentemente umana. Forse è questa la migliore ricetta per l'avvenire europeo, dimentichiamo nazionalismi, stereotipi e chi ne è ancora schiavo ( ) Solo così l'Europa può sperare di sopravvivere ( )

da *www.ilquotidianoinclasse.it*

Decine e centinaia

Osserva:
...*ne troviamo a centinaia*,
...*decine di passeggeri*

una decina (= circa 10)
decine (10 + 10 + 10, ecc.)
un centinaio (= circa 100)
centinaia (100 + 100 + 100, ecc.)

esercizi | unità 2 — modulo uno | geografia

1 Completa il testo con i verbi della lista coniugati all'**indicativo** presente, passato prossimo, trapassato prossimo o condizionale presente. I numeri tra parentesi ti suggeriscono due possibilità, scegli quella corretta per ogni verbo, come nell'esempio.

- trovare / ~~dedicare~~ [1 e 12]
- decidere / trovare [2 e 8]
- disturbare / essere [3 e 9]
- chiedere / potere [4 e 15]
- parcheggiare / ritornare [5 e 11]
- lasciare / rispondere [6 e 14]
- cercare / rischiare [7 e 10]
- costare / fare [13 e 16]

Parcheggio introvabile e multa: la disavventura all'aeroporto di Brindisi

Gentile Direttore,

desidero segnalare un problema che ho avuto insieme a numerose altre persone presso l'aeroporto della nostra città. Il 28 marzo, come succede spesso per lavoro, sono andato presso l'aeroporto di Brindisi per prendere un aereo per Roma. Sono arrivato con molto anticipo, sperando di svolgere un po' di lavoro in aeroporto, ma 1. _ho dedicato_ tutto il tempo disponibile, circa 45 minuti, alla ricerca di un parcheggio che non 2. _ho trovato_. Il parcheggio vicino all'aeroporto 3. _era_ pieno. Dopo un po' di giri, 4. _ho chiesto_ agli operatori, che mi hanno mandato al parcheggio low cost a circa 500 metri dall'aeroporto. Qui i posti c'erano, ma era impossibile parcheggiare, poiché alcuni operai stavano facendo dei lavori. 5. _Sono ritornato_ dagli operatori, e mi 6. _hanno risposto_ che stavano risolvendo il problema. Con molta pazienza sono andato di nuovo al parcheggio low cost, ma nulla era cambiato e non c'era nessuno. A quel punto, visto che 7. _rischiavo_ di perdere l'aereo, 8. _ho deciso_ di parcheggiare di fronte ad una chiesa, in un punto in cui la macchina non 9. _disturbava_ la circolazione. Tra l'altro c'erano già altre macchine parcheggiate. È bene sapere che tutta la zona intorno all'aeroporto ha il divieto di sosta, e non esiste un parcheggio libero, anche a molta distanza dall'aeroporto. Quando sono arrivato all'aeroporto 10. _ho cercato_ dei vigili urbani, per spiegare che 11. _avevo parcheggiato_ in divieto di sosta perché non c'erano altre possibilità, ma non 12. _ho trovato_ nessuno. Poi al mio rientro, il 30 marzo, sono andato a prendere la macchina e ho visto che mi 13. _avevano fatto_ una multa.

Alla fine ho pagato gli 80 euro e con me sicuramente tutti le altre persone che 14. _avevano lasciato_ la macchina in divieto di sosta perché era impossibile trovare un parcheggio, neanche a pagamento. Ma a me sembra una situazione scandalosa. Naturalmente 15. _potrei_ contestare la multa, ma con la burocrazia italiana, quanti soldi e quanto tempo 16. _costerebbe_? Sicuramente e purtroppo conviene di più pagare.

Grazie per l'attenzione

G.P.

da www.quotidianodipuglia.it

… esercizi | unità 2 — modulo uno | geografia

2 Completa la lettera con *ci* o *ne*. Attenzione, c'è uno spazio in più!

Gentile Direttore,
forse si ricorda la mia disavventura. Il suo giornale __ne__ ha parlato a suo tempo in un articoletto del 19 luglio scorso. Ero rimasto bloccato in piena campagna a San Teodoro in Sicilia in attesa di un carro attrezzi mentre l'ACI mandava il soccorso a San Teodoro in Sardegna!
Devo confessarle che subito dopo l'accaduto ero arrabbiatissimo, __ci__ pensavo sempre, ma poi, col passare dei giorni ho cominciato anche a rider__ci__ sopra.
Poi, ieri, è arrivata la doccia fredda! Ho ricevuto la raccomandata dell'ACI con il conto da pagare per quella notte, e, __○__ apra bene le orecchie, mi hanno addebitato non solo il mio carro attrezzi (che ho aspettato per quasi tre ore e a cui ho cambiato una gomma bucata!!) ma anche il viaggio di andata e ritorno Olbia – San Teodoro – Olbia dell'altro carro attrezzi che avevano mandato a cercarmi in Sardegna!
Ora mi chiedo: che __c'__ entro io?
Lo ha mandato l'ACI laggiù il carro attrezzi, non io!
È assurdo!
Le annuncio che non ho nessuna intenzione di pagare per un loro errore.
Di soldi __ne__ ho spesi abbastanza! Ho già parlato con un avvocato.
La ringrazio fin d'ora per l'attenzione.
A. O.

3 Completa i dialoghi con i **verbi** della lista (5 al presente e 1 al passato prossimo).

(entrarci) (non poterne più) (parlarne) (pensarci) (pentirsi) (vergognarsi)

Moglie Non abbiamo ancora prenotato le vacanze. Dove andiamo quest'anno?
Marito Ora devo uscire. __Ne parliamo__ stasera.

Padre Chi ha rotto la finestra con la palla?
Figlio Io non __c'entro__. È stato Luca!

Anna Lo sai che mi sono iscritta a un corso di tango?
Lucia Anche a me piacerebbe tanto imparare a ballare, ma __mi vergogno__.

Paolo Cos'hai? Perché piangi?
Ugo La mia vita è piena di problemi: non ho un lavoro, non ho soldi e ieri sera la mia fidanzata mi ha lasciato. __Non ne posso più__.

Giudice Allora, conferma che è stato Lei a rubare la borsa con i soldi?
Ladro Sì, signor Giudice, ho preso io quei soldi, ma poi __mi sono pentito__ di quello che avevo fatto e li ho restituiti subito.

Luigi Sei ancora innamorato di Monica?
Giulio No, ormai sono passati tanti anni e non __ci penso__ più.

esercizi | unità 2 — modulo uno | geografia

4 *Ascolta l'audio e rispondi alla domanda.* 📀 esercizi 1

• Cosa è successo?

☐ a. Un gruppo di amici che aveva prenotato una vacanza con un'agenzia di viaggi, si è rifiutato di pagare l'albergo perché il prezzo era troppo alto.

☐ b. Un gruppo di turisti che aveva comprato una vacanza con un'agenzia di viaggi, ha dovuto lasciare l'albergo in anticipo per un problema tra l'agenzia di viaggi e l'albergo.

☐ c. Un gruppo di turisti non ha trovato posto in albergo perché non aveva prenotato.

5 *Ascolta ancora e ricostruisci la storia mettendo in ordine 5 frasi, come nell'esempio.* 📀 esercizi 1
Attenzione, una frase non è necessaria.

☐ I turisti rifiutano di lasciare l'albergo e chiedono al tour operator di tornare in Italia.

☐ 3 Il tour operator propone ai turisti di spostarsi in un altro albergo per il periodo 30 dicembre – 5 gennaio.

☐ Alcuni turisti comprano da un tour operator una vacanza all'Hotel Catalogna. Il soggiorno è previsto fino al 5 gennaio.

☐ Il tour operator risponde che non è possibile perché non ci sono voli disponibili.

☐ Prima della partenza il tour operator avverte i turisti che l'Hotel Catalogna non è più disponibile fino al 5 gennaio e gli propone un altro albergo.

☐ Quando arrivano all'Hotel Catalogna i turisti scoprono che non possono rimanere lì oltre il 30 dicembre, perché il tour operator non ha rinnovato il contratto con l'hotel.

6 *Ascolta ancora. Ricostruisci il senso della legge italiana scegliendo su ogni riga l'affermazione corretta, come nell'esempio.* 📀 esercizi 1

Secondo la legge italiana,

☐ i turisti   ☐ i responsabili del Tour Operator

☐ dovevano lasciare l'albergo   ☐ non dovevano lasciare l'albergo

☐ e potevano andare in un altro albergo o chiedere di essere rimpatriati,   ☐ e dovevano essere subito rimpatriati,

☐ in ogni caso avevano diritto al rimborso.   ☐ avevano diritto al rimborso solo se rimpatriati.

esercizi | unità 3 — modulo uno | geografia

1 *Inserisci le espressioni della lista e scegli il tempo giusto dei verbi.*

(era la prima volta) (finalmente) (mentre) (nel senso che) (prima di tutto) (quando) (senza dire niente a nessuno) (tranne) (tutta una serie di) (ugualmente)

Una vacanza in campeggio

Quest'anno, insieme a un'amica che (**ho conosciuto** / conoscevo) all'università, ho deciso di fare le vacanze in campeggio. Per tutte e due _era la prima volta_. Così, prima di partire, ci siamo attrezzate con _tutta una serie di_ cose necessarie per passare una vacanza comoda e rilassante: _prima di tutto_, naturalmente, la tenda. E poi zaino, sacco a pelo, fornello, torcia elettrica, ecc. Insomma: sembravamo due campeggiatrici perfette.

La prima tappa del nostro viaggio era Firenze. Quando siamo arrivate al campeggio, ci si è presentato subito il primo problema: la tenda. _Nel senso che_ nessuno di noi (ha saputo / **sapeva**) cosa voleva dire montarne una. Con il libretto di istruzioni in mano, qualche difficoltà iniziale ed accompagnate dalle risatine degli altri campeggiatori, _finalmente_ dopo due ore di lavoro siamo riuscite a montarla. Purtroppo, il punto che (sceglievamo / **avevamo scelto**) non era il migliore: la tenda si trovava in discesa e così quando andavo a dormire durante la notte scivolavo piano piano in basso e la mattina mi ritrovavo schiacciata sul fondo! In ogni caso, _tranne_ questo piccolo particolare, tutto il resto è andato bene.

Dopo quattro giorni a Firenze siamo partite per Siena. Al nostro arrivo siamo state accolte da un forte temporale ma, senza aspettare la fine della pioggia, abbiamo deciso di montare _ugualmente_ la nostra piccola tenda a due posti.

Contemporaneamente a noi anche due ragazze tedesche avevano iniziato a montare la loro tenda e così è iniziata una gara a chi (finiva / **aveva finito**) prima: "Vinciamo noi, sicuro." – ho detto alla mia amica – "La nostra tenda è molto più piccola!"

Inutile dire chi ha vinto: _mentre_ io e la mia amica, bagnate e sporche di fango, stavamo ancora leggendo il libretto di istruzioni, le due ragazze (**hanno già finito** / avevano già finito) e ci guardavano sorridenti dall'interno della loro grande tenda a quattro posti, dotata di due camere separate, veranda e tavolo con sedie.

Inoltre, _quando_ abbiamo finito di montare la tenda, ci siamo accorte che il risultato non era dei migliori: erano avanzati dei pezzi che non sapevamo dove mettere, la tenda era sporca di fango ed era pericolosamente inclinata verso il basso.

È stato in questa occasione che abbiamo capito che il campeggio non faceva per noi. Così il giorno dopo abbiamo smontato la tenda e, _senza dire niente a nessuno_, siamo andate in albergo dove (**abbiamo passato** / avevamo passato) il resto delle nostre vacanze.

da www.campeggiitalia.net

esercizi | unità 3 — modulo uno | geografia

2 *Completa i dialoghi con il passato prossimo o l'imperfetto dei verbi* **sapere** *e* **conoscere**.

- Maria è diventata mamma per la seconda volta.
- Da chi lo __hai saputo__?

- Ti vedo contenta. Ti sei innamorata?
- Sì. Quest'estate __ho conosciuto__ un ragazzo meraviglioso. Ci sposiamo a novembre.

- Mi dispiace, ma non __sapevo__ che non mangi il pesce. Posso cucinarti un po' di carne, se vuoi.
- No grazie, va bene così.

- __Hai saputo__ la notizia? È morto il papà di Mauro.
- Sì, ieri ho parlato con Mauro e me l'ha detto. Io lo __conoscevo__ bene, quando andavo a casa di Mauro era sempre molto gentile.

- Stefano ha speso duecentomila euro per una Ferrari.
- Davvero? __Sapevo__ che era appassionato di macchine, ma non fino a questo punto!

- Stasera ho invitato anche due miei amici ungheresi.
- Come li __hai conosciuti__?

3 *Scrivi per ogni definizione la parola giusta, aggiungendo ai termini della lista i suffissi* -ista *e* -ismo, *come nell'esempio. Alla fine, nelle caselle grigie, apparirà la soluzione dell'esercizio 4.*

(automobil-) (budd-) (cicl-) (ego-) (fasc-) (giornal-) (moral-) (ottim-) (~~terror-~~) (tur-)

1. Ha provocato l'attentato dell'11 settembre 2001 a New York. — **terrorismo**
2. Persona che va in bicicletta — **ciclista**
3. Lo sport con le macchine — **automobilista**
4. Reporter — **giornalista**
5. Persona che critica i comportamenti e i costumi — **moralista**
6. Chi pensa solo a se stesso — **egoista**
7. Il movimento politico di Mussolini — **fascismo**
8. Chi viaggia per piacere — **turista**
9. Persona che ha una visione positiva della vita — **ottimista**
10. La religione del Dalai Lama — **buddismo**

4 *Scrivi la parola giusta.*

Il movimento che promuove la difesa dell'ambiente:

ecologismo

test

modulo uno | geografia

24.02.2014

1 Rimetti in ordine le battute della telefonata e inserisci le **espressioni**, *come negli esempi.*

(delle ore) (è la seconda volta che) (entro un'ora) (ora) (~~quanto~~) (un'ora fa)

n° 7	Operatore	Quello _delle ore_ 11.45?
n° 12	Cliente	Ma _quanto_ devo aspettare?
n° 3	Operatore	Può dire a me.
n° 10	Cliente	Verratti Paolo. Vuole anche il numero del biglietto?
n° 1	Operatore	Servizio clienti Alitalia.
n° 8	Cliente	Sì esatto.
n° 5	Operatore	Ah. Su che volo era?
n° 11	Operatore	No, non c'è bisogno. Dunque, _ora_ faccio la ricerca e poi ci risentiamo.
n° 2	Cliente	Buongiorno. Senta, _è la seconda volta che_ chiamo, stavo parlando con un Suo collega ma è caduta la linea...
n° 13	Operatore	La richiamo io _entro un'ora_, non si preoccupi. (call back)
n° 4	Cliente	Allora, io sono atterrato _un'ora fa_, ma ora che sono arrivato a casa mi sono accorto che ho dimenticato una borsa sull'aereo.
n° 6	Cliente	Il volo Londra-Milano.
n° 9	Operatore	Mi dà il suo nome?

- Ogni battuta riordinata correttamente 1 punto — Totale: ___ / 8
- Ogni espressione inserita correttamente 2 punti — Totale: ___ / 10

2 Completa la telefonate inserendo nello spazio _____ uno dei nomi della lista e negli spazi ( ) i **pronomi** della lista.

AA

(banca Unicredit) (carabinieri) (pompieri) (pronto soccorso) (pronto soccorso stradale)

24.02.2014

(ce l') (glielo) (l') (la) (La) (Le) (mi) (mi)

Operatore	Pronto, _soccorso stradale_, sono Aldo, come posso aiutar(_La_)?
Cliente	Senta, ho un problema con la macchina. Ho bucato una gomma ma non riesco a cambiar(_la_), (_mi_) può mandare un carro attrezzi?
Operatore	Certo, (_glielo_) chiamo subito. Prima però (_mi_) dice dove si trova?
Cliente	Sono sulla via Aurelia, al trentaduesimo chilometro, in direzione nord. Ho una Fiat rossa.
Operatore	La tessera dell'ACI (_ce l'_) ha?
Cliente	Sì. (_Le_) do il numero: 4553901K.
Operatore	Allora, sì eccola qui... però... risulta scaduta.
Cliente	Ma se (_l'_) ho appena rinnovata!
Operatore	D'accordo, aspetti lì e non si muova.

- Nome inserito correttamente 2 punti — Totale: ___ / 2
- Ogni pronome inserito correttamente 1.5 punti — Totale: ___ / 12

test

modulo uno | geografia

3 *Scegli il verbo giusto.*

Ciao a tutti. Vorrei avere una vostra opinione su un problema che (**ho avuto** / ce l'avevo) con HELPCAR. Sabato 20 Agosto, mentre (**sono stata** / **ero**) in viaggio verso Genova, la mia macchina si è fermata in autostrada a 500 metri dall'uscita di Novi Ligure.
Sono socia HELPCAR e ho chiamato l'assistenza dicendo che avevo un bambino di 8 mesi a bordo. Dopo oltre un'ora è arrivato il carro attrezzi, che mi (**ha portato** / aveva portato) in un'autofficina di Novi Ligure. Qui il proprietario mi ha detto che per riparare la macchina (ne volevano / **ci volevano**) almeno tre giorni. Così ho chiesto di avere una macchina in sostituzione, ma neanche questo è stato possibile. Quando ho detto che secondo il contratto con HELPCAR io (ho avuto / **avevo**) diritto alla macchina in sostituzione, il proprietario dell'autofficina mi ha risposto: "E io che (**c'entra** / c'entro)? Parli con HELPCAR."
Allora (**ho chiamato** / chiamavo) un taxi che mi ha portato alla stazione di Novi Ligure. Purtroppo l'ultimo treno per Genova (è appena partito / **era appena partito**), così ho chiamato HELPCAR e ho chiesto di mettermi a disposizione una macchina a noleggio (anche questo è previsto dal contratto). Ma mi hanno risposto che l'agenzia di noleggio più vicina era a... Genova! A quel punto, siccome il bambino piangeva e io non (**ci potevo** / ne potevo) più, ho deciso di prendere un altro taxi. Ho pagato l'assurda cifra di 250 euro e (**sono arrivata** / arrivavo) a Genova.
Dopo tre giorni ho chiamato l'autofficina e il proprietario mi (**ha detto** / aveva detto) che la macchina era pronta e che il costo era di 2000 euro! "Paga HELPCAR?" – ho domandato. "No, paga Lei, il contratto (**prevede** / è previsto) solo l'assistenza fino all'officina." – ha risposto. "Ma perché non mi ha telefonato per dirmi che il prezzo era così alto?" "Lei non (**me l'ha chiesto** / me ne aveva chiesto)!" Insomma, alla fine (**ho dovuto** / dovevo) pagare il conto ma non (**ho fatto** / farò) mai più un contratto con HELPCAR! *Martina*

• Ogni verbo coniugato correttamente 2 punti   Totale: ___ / 30

4 *Completa il testo con i verbi della lista coniugati al* **passato prossimo**, **imperfetto** *o* **trapassato prossimo** *(i verbi NON sono in ordine).*

(arrivare) (concludersi) (decidere) (dovere) (montare) (riuscire) (sapere) (trasformarsi)

Disavventura in campeggio, giovani attaccati dai cinghiali

È successo a Fiuggi, in campagna, ad un gruppo di amici che _aveva deciso_ di trascorrere qualche giorno a contatto con la natura, con tende e sacchi a pelo. I ragazzi, che erano alla loro prima esperienza di campeggio, non _sapevano_ di trovarsi in una zona frequentata da cinghiali. Così, quando _è arrivata_ la notte, l'allegra vacanza _si è trasformata_ in una vera e propria disavventura. Un gruppo di cinghiali, probabilmente attirato dall'odore del cibo, ha circondato le tende da campeggio che i giovani _avevano montato_ vicino al fiume. Dopo il panico iniziale, i ragazzi _sono riusciti_ a dare l'allarme alla guardia forestale, che è intervenuta in loro aiuto. Per fortuna l'avventura _si è conclusa_ bene. Ma alla fine, i ragazzi _hanno dovuto_ pagare una multa per campeggio non autorizzato.

• Ogni verbo inserito e coniugato correttamente 4 punti   Totale: ___ / 32

5 *Completa con le particelle pronominali* **ci** *o* **ne**.

Ecco cosa ha dichiarato uno dei ragazzi una settimana dopo: "È stata una brutta avventura. Adesso, ogni volta che _ne_ parliamo, _ci_ ridiamo su. Ma la prossima volta, prima di andare di nuovo in campeggio, _ci_ penseremo bene!"

• Ogni particella inserita correttamente 2 punti   Totale: ___ / 6

☞ Totale test: ___ / 100

bilancio

modulo uno | geografia

Cosa so fare?

Dire cosa so fare	☐	☐	☐
Chiamare i numeri di emergenza	☐	☐	☐
Interagire al telefono con un servizio informativo	☐	☐	☐
Raccontare un fatto	☐	☐	☐
Raccontare una disavventura	☐	☐	☐
Scrivere una lettera ad un giornale	☐	☐	☐
Trovare uno slogan	☐	☐	☐
Raccontare un aneddoto	☐	☐	☐

Cosa ho imparato

Pensa a quello che hai imparato e scrivi...

- 5 espressioni molto utili:

  Cos' hai?

- una espressione o una regola molto difficile:

  idiom

- una forma tipica della lingua parlata:

- una curiosità culturale sull'Italia e gli italiani:

Cosa faccio... | raccontare la tua storia

1 *Sei in un gruppo di italiani e gli altri hanno raccontato qualcosa di divertente delle loro vacanze. Anche tu hai una storia da raccontare! Cosa fai? Il tuo comportamento è perfetto solo se riesci a raggiungere l'arrivo.*

PARTENZA → Sei stressato, non vuoi raccontare la tua estate perché il tuo racconto sicuramente sarà troppo lento e pieno di errori e non vuoi fare una brutta figura.

Sei un po' stressato perché tra poco dovrai parlare tu, ma vuoi raccontare la tua storia.

Se gli altri non mostrano interesse a quello che stai dicendo lasci la parola. **STOP**

Se qualcuno ti interrompe per fare una domanda o commentare, rispondi alle curiosità dei tuoi amici.

Aspetti pazientemente il tuo turno. Quando uno finisce aspetti che ti diano la parola.

Quando qualcuno sta finendo il suo racconto, cominci a raccontare velocemente, finché non sono tutti attenti.

Cerchi di rendere interessante quello che racconti con aneddoti e storie curiose.

ARRIVO **STOP**

Se qualcuno ti interrompe per commentare o fare una domanda, rispondi velocemente e riprendi il tuo racconto.

Alla fine dici "ho finito, tocca a te" indicando un'altra persona.

Alla fine chiudi con una battuta simpatica e cerchi di far ridere tutti.

Mi metto alla prova | trovare uno slogan

*Ogni studente della classe sceglie una regione d'Italia (differente da quelle dell'unità **3** punto **1**). Cerca su internet le caratteristiche di quella regione e immagina uno slogan per una campagna pubblicitaria. Poi esponi il tuo slogan (e cosa significa) ai tuoi compagni e ascolta quelli degli altri.*

esercizi | unità 4 — modulo due | società

1 Completa lo schema dei verbi irregolari al **congiuntivo presente**. Tutti i verbi da inserire sono nel crucipuzzle (→ e ↓).

09.04.2014

A	S	S	C	V	C	A	V	F	G	H	T	O	F	Q	U	A	S	T	O
D	S	T	I	A	T	E	A	R	F	A	C	C	I	A	T	E	M	E	E
D	C	R	O	D	T	E	L	L	I	A	T	I	N	P	I	A	A	R	R
A	A	E	S	A	P	P	I	A	G	D	I	C	I	A	M	O	P	E	L
S	M	A	U	N	L	O	D	V	H	E	D	I	S	S	G	A	O	P	A
F	M	I	P	O	S	S	A	O	I	B	A	S	C	E	O	U	R	A	V
I	A	D	O	R	L	S	C	R	L	B	S	V	A	D	A	L	Q	S	A
C	R	I	S	R	F	A	C	C	I	A	M	O	H	I	T	O	U	A	L
I	I	A	S	O	L	N	H	E	P	N	F	G	H	C	O	R	O	P	A
V	E	N	I	A	M	O	I	T	V	O	G	L	I	A	N	O	A	P	T
A	A	O	H	N	D	R	O	M	M	B	P	I	A	N	S	O	S	I	A
L	S	C	A	D	D	I	D	O	B	B	I	A	M	O	Q	D	I	A	M
S	F	I	N	I	A	T	E	M	I	E	F	M	O	G	U	I	L	T	M
U	A	P	A	A	P	O	B	O	S	T	P	O	S	S	I	A	T	E	E
I	N	I	P	T	U	L	B	N	S	T	R	O	T	A	A	M	E	I	G
N	N	R	O	E	S	C	A	N	I	U	S	C	I	A	M	O	T	O	G
A	I	O	L	Z	A	H	S	A	K	I	U	G	A	J	L	A	L	S	O

	Volere	**Sapere**
io – tu – lui/lei	voglia	sappia
noi	vogliamo	sappiamo
voi	vogliate	sappiate
loro	vogliano	sappiano

	Dovere	**Fare**
io – tu – lui/lei	debba	faccia
noi	dobbiamo	facciamo
voi	dobbiate	facciate
loro	debbano	facciano

	Dare	**Andare**
io – tu – lui/lei	dia	vada
noi	diamo	andiamo
voi	diate	andiate
loro	diano	vadano

	Dire	**Uscire**	**Potere**	**Stare**	**Venire**	**Finire**
io – tu – lui/lei	dica	esca	possa	stia	venga	finisca
noi	diciamo	usciamo	possiamo	stiamo	veniamo	finiamo
voi	diciate	usciate	possiate	stiate	veniate	finiate
loro	dicano	escano	possano	stiano	vengano	finiscano

2 Completa le frasi con i verbi al **congiuntivo presente**.

1. Penso che Francesco non (volere) __voglia__ spendere troppi soldi.
2. Spero che il tuo esame (andare) __vada__ bene!
3. Mi chiedo da dove (venire) __venga__ quella ragazza: il suo accento è stranissimo.
4. È proprio necessario che (venire) __veniamo__ anche noi?
5. Spero proprio che voi (stare) __stiate__ tutti bene.
6. È meglio che loro non (dire) __dicano__ niente, visto che non hanno studiato.
7. Voglio che (voi – sapere) __sappiate__ che sono innocente!
8. Preferisco che Elisa (finire) __finisca__ i compiti, prima di portarla al parco.
9. Mi sembra che voi (essere) __siate__ troppo stanchi per uscire subito.
10. Purtroppo credo proprio che tu (dovere) __debba__ preparare la relazione entro domani, mi dispiace.

esercizi | unità 4   modulo due | società

3 Scegli tra **presente indicativo** e **presente congiuntivo**.   3 subjunctives / 3 indicatives

Credo che le idee di Pasolini (sono / **siano**) più che mai attuali! In questa epoca il soddisfacimento dei bisogni, che (**è** / sia) l'anima, la radice del consumismo, è contraddistinto dalle logiche del marketing. Il bisogno cioè deve essere soddisfatto solo in parte, in modo che il consumatore, immediatamente dopo l'acquisto, (riprende / **riprenda**) a desiderare qualcos'altro, ovvero quella quota di soddisfacimento che non ha avuto. Questo è il motivo per cui ci sono i prodotti che (**vengono** / vengano) messi sul mercato e poi dopo 6 mesi sono sostituiti dalla versione 1.2, 1.3, 1.4: il computer, il tablet, lo smartphone (**sono** / siano) esempi molto tipici. Questo è il modo drogato con cui questa società è andata avanti nello sviluppo di questo mercato e di questa cultura mercantile che invece dovrebbe essere cambiata.
Oggi più che mai penso che tutti (devono / **debbano**) ridurre i propri bisogni, renderli più essenziali e consumare meno, producendo meno rifiuti, impattando meno sull'ambiente e diventando fatalmente anche più felici.

4 Completa il testo con i verbi al **presente indicativo** o al **presente congiuntivo**. Attenzione: i verbi al congiuntivo sono due.

Siamo tre famiglie riunite, parecchio tempo fa vivevamo a Desenzano del Garda, ma un giorno abbiamo avuto l'occasione di acquistare una grossa fattoria in campagna. Ci siamo organizzati bene e, con l'aiuto di una signora esperta, abbiamo quasi raggiunto l'autonomia alimentare ed (avere) _abbiamo_ quattro botti piene di circa 1200 litri di ottimo vino.
Abbiamo anche creato un magazzino di ogni genere alimentare con una cella di surgelazione, piena di carni pregiate della zona. Se questo non basta, (essere) _siamo_ in contatto con degli ingegneri della Uni di Padova, perché vogliamo avere anche una forte indipendenza energetica con le nuove tecnologie.
Cari professori, economisti, politicanti, banchieri, la nostra produzione (nascere) _nasce_ e muore senza conoscere le tasse ed altra burocrazia contabile, nasce dalla terra e (finire) _finisce_ direttamente nella nostra pancia.
Voi (continuare) _continuate_ pure a parlare di crisi, di banche, di spread, di bond; noi invece avremo sempre la pancia piena. Qui in provincia di Brescia poi mi pare che le persone (avere) _abbiano_ tutte sempre una gran voglia di mangiare, così abbiamo costruito un grosso camino ed ogni sabato (invitare) _invitiamo_ in media 20/25 persone che, per sdebitarsi un po', ci portano delle ceste colme di ogni ben di Dio che ci basta per dieci giorni.
Credo che vivere in campagna (essere) _sia_ la dimensione che più ci avvicina all'essenza e al senso della vita, anche perché in città conoscevo sì e no dieci famiglie, qui in campagna ne (conoscere) _conosco_ 500!

da www.beppegrillo.it

esercizi | unità 4
modulo due | società

5 *Ascolta l'inizio di questo servizio televisivo e scegli l'affermazione che esprime meglio i concetti espressi.* — DVD esercizi 2

- ☐ a. Il problema del cibo dipende dal fatto che c'è poca produzione. La merce dei supermercati infatti, dopo la data di scadenza, non va nei rifiuti. Questo significa che il cibo prodotto è poco.
- ☐ b. Il problema del cibo non dipende dal fatto che c'è poca produzione. La merce dei supermercati infatti, dopo la data di scadenza, va nei rifiuti. Questo significa che il cibo prodotto è troppo.

6 *Come funziona un GAS (Gruppo di Acquisto Solidale)? Ascolta la seconda parte dell'audio e rimetti in ordine le varie fasi.* — DVD esercizi 3

- ☐ i consumatori scrivono sul forum i prodotti preferiti
- ☐ l'azienda fa la semina dei prodotti
- ☐ l'azienda indica su un forum i prodotti che intende produrre
- ☐ l'azienda ogni giorno prepara le buste con prodotti misti
- ☐ l'azienda raccoglie i prodotti
- ☐ ogni giorno le buste vanno ai vari gruppi di acquisto
- ☐ un gruppo di consumatori organizza un gruppo di acquisto comune insieme ad un'azienda produttrice

7 *Ascolta e metti una ☒ alle parole presenti nell'audio, come nell'esempio. Attenzione, le parole sono in ordine.* — DVD esercizi 4

1. ☐ formaggio	2. ☒ agricoltura	3. ☐ carenza	4. ☐ macchia	5. ☐ terminale
6. ☐ scarto	7. ☐ carne	8. ☐ scadenza	9. ☐ mani	10. ☐ tiramisù
11. ☐ banane	12. ☐ insalata	13. ☐ pane	14. ☐ minestrone	15. ☐ prato
16. ☐ azienda	17. ☐ rete	18. ☐ ordine	19. ☐ ponte	20. ☐ ortaggi
21. ☐ sedani	22. ☐ cavolfiori	23. ☐ finocchi	24. ☐ insalate	25. ☐ banco
26. ☐ compratore	27. ☐ semina	28. ☐ campo	29. ☐ interno	30. ☐ forma
31. ☐ coordinatrice	32. ☐ note	33. ☐ anguria	34. ☐ bietola	35. ☐ carciofi
36. ☐ pronto	37. ☐ verdure	38. ☐ buste	39. ☐ carote	40. ☐ insalate
41. ☐ verdure	42. ☐ cipolle	43. ☐ famiglia	44. ☐ misto	45. ☐ castagna

8 *Tra tutte le parole presenti nell'audio, evidenzia quelle che indicano cose da mangiare. Se non sei sicuro del significato di qualche parola usa il dizionario.*

9 *Vuoi formare un GAS con un gruppo di amici. Scrivi ad uno di questi amici per convincerlo. Spiegagli come funziona il GAS e perché è più ecologico del supermercato.*

centosessantatré

esercizi | unità 5 — modulo due | società

1 *Completa il testo con i verbi al presente indicativo o al presente congiuntivo.*

Gino è un perfetto salutista e un consumatore consapevole. È sempre attento a quello che mangia e cerca di seguire principi naturali nello stile di vita. Penso che (essere) __sia__ grazie a gente come lui che la specie umana può avere una possibilità di salvarsi.
La mattina (fare) __fa__ un'abbondante colazione a casa, possibilmente con frutta e cereali.
A pranzo sta molto attento a cosa mangia, infatti crede che una buona salute (dipendere) __dipenda__ prima di tutto da una buona alimentazione.
A cena mangia a casa e preferisce cose cucinate da lui o da qualcuno che (abitare) __abita__ con lui.
Se possibile (fare) __faccia/fa__ la spesa direttamente dai produttori o in piccoli negozi.
Pensa che (essere) __sia__ giusto comprare solo cibo biologico.
È meglio che la frutta (essere) __sia__ di stagione. Non (mangiare) __mangia__ mai o quasi mai la carne. A tavola odia che il piatto (rimanere) __rimanga__ mezzo pieno, il cibo costa e lui (avere) __ha__ l'abitudine di finire sempre tutto, anche se non gli piace o non ha molta fame. Dopo mangiato mette sempre in frigo gli avanzi e li (conservare) __conserva__ con cura per il giorno dopo. Fuori dai pasti (mangiare) __mangia__ qualcosa di leggero, basta che non (essere) __siano__ snack, dolci o cibi confezionati.

2 *I cinque messaggi tra Marta [M] e Luigi [L] di questo forum si sono mischiati. Rimettili nella giusta sequenza come nell'esempio e completali con i verbi al presente indicativo o al presente congiuntivo.*

a Io invece credo che i convenevoli (essere) __siano__ un segno di civiltà, che indica il modo di comportarsi all'interno di una comunità. Pensateci bene: anche gli animali seguono degli schemi precisi e fissi per presentarsi o accostarsi ad un individuo a seconda di rango, sesso, età, ecc. Sono cose che si fanno anche se non (piacere) __piacciono__. Non credo che ai lupi (fare) __faccia__ piacere mettersi con le orecchie basse o pancia all'aria ogni volta che passa il maschio dominante, ma lo fanno comunque perché sanno che quel gesto di sottomissione (essere) __sia/è__ importante per mantenere un posto nel branco.

b No, dai, penso solo che il tuo comportamento (indicare) __indichi__ il desiderio di non creare imbarazzo e far finire il prima possibile quella serata, senza troppe ripercussioni.

c Sì, penso che tu (avere) __abbia__ ragione.

d Uffa, non ce la faccio più con questi convenevoli. Nonostante io, per il mio lavoro, (dovere) __debba__ sempre misurare le cose che faccio, certe volte non ce la (fare) __faccio__ proprio! Ieri sera sono andata a cena da amici di mio marito e... ho dovuto mangiare il pesce perché mio marito si era dimenticato di dirglielo! Io non ho detto niente e ho mangiato tutto... bevendo molta acqua. Poi sono stata tutta la sera a chiacchierare di cose che non mi interessano. Ma perché?

e Vorresti dire che l'ho fatto perché (essere) __sono__ sottomessa?

1. d [M] 2. a [L] 3. e [M] 4. b [L] 5. c [M]

… esercizi | unità 5 … modulo due | società

3 *Completa il testo con i verbi alla* **forma impersonale**, *come nell'esempio.*

> ✏️ Esempio
> Cosa (*fare*) **si fa** con i materiali riciclati?

Con 500 lattine (*costruire*) si costruisce una bicicletta.

Con le bottiglie di plastica (*fare*) si fanno dei bellissimi maglioni:
con 15 bottiglie (*potere*) si può realizzare un maglione. jumper

Con 13 scatolette in acciaio (*fabbricare*) si fabbrica una pentola. pressure cooker a pressione

Nove scatoloni su dieci sono prodotti con cartone riciclato.

Il 60% delle bottiglie è di vetro riciclato.

Dalle buste di plastica (*potere*) si possono creare vestiti da sposa o costumi da bagno.

4 *Elimina i soggetti* **evidenziati** *e riscrivi il testo usando il* **si** *impersonale.*

> Quando **gli italiani** si mettono a tavola, cosa fanno oltre a mangiare?
> Il pranzo o la cena sono anche un'occasione per stare con la propria famiglia, gli amici o i colleghi?
> Sembrerebbe di sì. Infatti, secondo l'indagine "Gli italiani a tavola", svolta dalla società Somedia:
> il 27,1% quando è a tavola non risponde al telefono;
> il 42,7% spegne la televisione;
> il 73% non si alza da tavola fino a quando tutti gli altri non hanno finito;
> l'88,4% aspetta gli altri per cominciare a mangiare tutti insieme.
> Secondo la stessa ricerca, quando **le persone** vanno al ristorante, mangiano di più: normalmente infatti ordinano 3 portate (antipasto, primo e secondo) e spesso prendono anche il dessert, mentre a casa di solito **la gente** consuma un piatto unico (un primo o un secondo).

Quando in Italia ci si mette a tavola, cosa fanno oltre a mangiare?

Secondo la stessa ricerca, quando si va al ristorante, si mangia di più; normalmente infatti si ordinano 3 portate e spesso si prende anche il dessert, mentre a casa di solito si consuma un piatto unico.

esercizi | unità 5 — modulo due | società

5 Completa il testo. Otto verbi della lista vanno alla **forma impersonale dell'indicativo presente**, *due vanno* al **congiuntivo presente**, *come negli esempi. Attenzione: i verbi NON sono in ordine.*

abbra~~c~~ciarsi · abbra~~c~~ciarsi · avere · baciarsi · fare · potere · salutarsi · scambiarsi · stare · usare

Addio baciamano, adesso __ci si abbraccia__ e __ci si scambiano__ messaggi sms e mail. Cambiano le forme di saluto nella società contemporanea, come rivela il mensile *Focus*. Meno convenevoli e più baci. Sembra proprio che la gente __abbia__ sempre più voglia di contatti fisici. Sono praticamente scomparsi, rileva il mensile *Focus*, gesti una volta comuni come sollevarsi il cappello per gli uomini e fare il baciamano, mentre sono aumentati i contatti fisici: __ci si abbraccia__ e __ci si bacia__ di più. Pare che il bacio sulla guancia si __stia__ diffondendo anche negli Stati Uniti, dove i saluti sono generalmente informali e affettuosi.
In altre culture invece, non ci sono contatti: in India __ci si saluta__ con i palmi delle mani unite davanti al petto mentre in Giappone si usano gli inchini, ma non solo, la persona di status inferiore si inchina in genere più profondamente e più a lungo.
Nascono inoltre nuovi saluti come *bella*, usato al posto di *ciao* tra i ragazzi. "C'è poi una mescolanza tra le lingue: l'inglese *hi* viene importato dai ragazzi italiani, il nostro *ciao* è arrivato all'estero", spiega Micaela Cortelazzo, docente di linguistica italiana all'università di Padova e studiosa di linguaggio giovanile.
"Ma allo stesso tempo __si fa__ una selezione tra le formule già esistenti", continua Cortelazzo. "__Si usa__ molto di più *salve* per esempio: è una forma intermedia, che può adattarsi a ogni tipo di rapporto quando manca una norma precisa sull'uso del *tu* o del *Lei*, inoltre __si può__ usare anche via mail, evitando così di sbagliare. Allo stesso modo si stanno diffondendo *buona serata* o *buona giornata* poiché sembrano più amichevoli di *buongiorno* o *buonasera*.

esercizi | unità 6 — modulo due | società

1 Completa i titoli dei film con i verbi della lista al **presente indicativo** o al **presente congiuntivo**. *Attenzione: i verbi NON sono in ordine.*

essere · essere · sapere

SPERIAMO CHE __SIA__ FEMMINA

Mario Monicelli 1986

BASTA CHE NON SI __SAPPIA__ IN GIRO

L. Comencini, N. Loy, L. Magni 1976

ANCHE SE __È__ AMORE NON SI VEDE

Paolo Buonvino 2011

esercizi | unità 6 — modulo due | società

2
Ricostruisci il testo rimettendo i **soggetti** della lista al posto giusto, come nell'esempio.

- il 29% dei tifosi italiani infatti
- i milanisti
- i tifosi delle varie squadre
- la Juventus
- l'Inter
- la squadra con più tifosi
- un italiano su due

Le squadre di calcio più amate

__Un italiano su due__ è tifoso di calcio. __La squadra con più tifosi__ è la Juventus, detta "la vecchia signora". __Il 29% dei tifosi italiani infatti__ è juventino. Al secondo posto c'è __l'Inter__, che raccoglie il 18% dei tifosi. __I milanisti__ sono il 16%, seguiti dai napoletani (9%) e dai romanisti (7%). __La Juventus__ è anche la squadra che ha vinto più scudetti (28 campionati), seguita da Milan e Inter con 18. __I tifosi delle varie squadre__ si chiamano in modi diversi: Juventus → juventini; Inter → interisti; Milan → milanisti; Napoli → napoletani; Roma → romanisti; Lazio → laziali; Fiorentina → fiorentini.

3
Scegli la parola più adatta al testo.

L'Italia è una repubblica fondata sul pallone

È questo il titolo di un interessante articolo-provocazione (ma la provocazione non si discosta molto dalla realtà!) (**pubblicato** / fatto / stampato) sul settimanale *l'Espresso*, che prende (idea / **spunto** / suggerimento) dall'uscita del terzo volume della Storia d'Italia: "L'Italia del tempo presente", dello storico Paul Ginsborg (Ed. Einaudi). In uno dei paragrafi del capitolo "Società e cultura di massa", Ginsborg prende in (valutazione / prova / **esame**) il rapporto degli italiani con lo sport nazionale. Secondo Ginsborg non si deve considerare il calcio come metafora della società italiana perché "significherebbe correre il rischio di una trasposizione eccessivamente meccanica. Ma osservare il fenomeno (**sotto** / sopra / dentro) questa angolazione può far emergere una serie di connessioni e di aspetti suggestivi.

Da un certo punto di vista il calcio è il gioco (ottimo / **ideale** / giusto) per una nazione come l'Italia, in cui la famiglia (**riveste** / tiene / copre) un ruolo così centrale, in quanto collega quasi senza sforzo l'infanzia e l'età adulta, sia nella stessa persona (che nel guardare la partita di serie A ricorda i propri giochi di bambino o di ragazzo), sia in (settore / ramo / **ambito**) familiare, soprattutto per quanto riguarda il rapporto tra padre e figlio maschio. Allo stesso tempo si può considerare il calcio come una delle molte espressioni di una cultura a (**predominio** / prevalenza / superiorità) maschile".

4
Scegli tra **congiuntivo** e **infinito**.

(...) Lo storico infatti pensa che, dalle reazioni nei confronti dell'arbitro (verso il quale si riversano rabbia, disprezzo e di frequente il sospetto di corruzione), non (**sia** / essere) difficile individuare sentimenti quali diffidenza, disprezzo, cinismo o addirittura l'odio, che caratterizzano anche il rapporto degli italiani con lo Stato. Bisogna (che aggiunga / **aggiungere**) che quella del calcio è ormai una vera e propria forma di psicosi collettiva, condizionata dalle trasmissioni televisive che sezionano, vivisezionano, analizzano, setacciano le partite che, da domenicali, sono diventate quasi quotidiane! Per questo, d'altra parte, sono sempre di più i genitori che sperano che i propri figli (**si avvicinino** / avvicinarsi) ad altri sport e i ragazzi che scelgono (che pratichino / **di praticare**) uno sport che non si vede in televisione sette giorni su sette.

esercizi | unità 6 — modulo due | società

5 *Scegli tra* indicativo, congiuntivo *e* infinito.

Domanda aperta

Roberto

Io penso che il calcio come sport (è / sia / essere) davvero molto bello, ma non trovate che oggi se ne (parla / parli / parlare) troppo (e spesso in maniera errata dal punto di vista sportivo) provocando solo inutili e noiose polemiche? Sono sempre più numerose le domeniche in cui preferisco (faccio / faccia / fare) una passeggiata piuttosto che (resto / resti / restare) a casa a guardarmi le partite.

6 ore fa

Risposte

Luca

Il calcio è nel nostro DNA, non possiamo farne a meno... e poi scusa... siamo stati tante volte CAMPIONI DEL MONDO!!!

Ale

Non lo so... ma spero tanto che il calcio (torna / torni / tornare) ad essere lo sport bello di una volta... quello di quando mio padre mi portava allo stadio in motorino con la bandiera. Ora preferisco (seguo / segua / seguire) altri sport più "veri", come il rugby, la pallavolo e il basket. Nel calcio ci sono troppi interessi! ciao

Dora

Con quello che è successo negli ultimi anni (Calciopoli, il doping, gli scandali sulle scommesse) e con quello che sta accadendo tutt'ora non vedo come si (può / possa / potere) ancora essere calcio-dipendenti. Ormai tutto ruota attorno alle pay-tv. Basta che ognuno di noi (spegne / spenga / spegnere) la TV! Allora tutto cambierebbe: tv, presidenti di club, calciatori, giornalisti ecc.

Cosmos

Il calcio è qualcosa che scorre dentro me, nella mia mente e nel mio cuore. Faccio il tifo per una squadra e ogni domenica vado allo stadio per sostenere l'Udinese! Penso di essere davvero un tifoso modello e credo che il mio segreto (è / sia / essere) questo: sono convinto che la mia squadra (vince / vinca / vincere) anche quando stiamo perdendo. Tifare l'Udinese o giocare per me è quasi la stessa cosa: non sento niente, la tensione sale, una forza incredibile entra in me e voglio segnare a tutti i costi, fare un dribbling pazzesco, giocare in modo magnifico! E, anche se non faccio gol, mi basta (gioco / giochi / giocare) bene e che la mia squadra (vince / vinca / vincere), per essere felice. Per questo il calcio mi fa stare bene: perché lo vivo in prima persona e non me ne sto tutto il giorno davanti alla TV!

test

modulo due | società

1 *Completa l'intervista con i verbi al **presente indicativo** o al **presente congiuntivo**.*

- L'"igiene comportamentale" di cui Lei (*parlare*) __parla__ in un suo recente articolo, implicherebbe dunque consumi più sostenibili, anche dal punto di vista ambientale e sociale?
- Ho il sospetto che la nostra esistenza (*essere*) __sia__ accompagnata da un sacco di oggetti che non ci rendono felici. Ci siamo resi un po' schiavi lavorando tantissimo per guadagnare i soldi che servivano per comprarli, ma fatalmente non li usiamo mai, stanno lì in casa nostra a occupare spazio e anche quando li utilizziamo non ci (*rendere*) __rendono__ felici. Questa constatazione non (*essere*) __è__ solo una provocazione, basta guardarsi intorno, ognuno nel proprio ambiente, per verificarlo. Se vogliamo davvero cambiare le cose è necessario che il benessere (*realizzarsi*) __si realizzi__ attraverso questo alleggerimento dei nostri ambienti, delle nostre case, dei luoghi dove viviamo.
- Riusare le cose inutilizzate potrebbe davvero farci vivere meglio? Non pensa che (*essere*) __sia__ noioso avere la stessa macchina o lo stesso aspirapolvere per vent'anni?
- Secondo me (*essere*) __è__ noioso il contrario! Io a casa mia sto sempre molto attento a comprare qualcosa perché ogni volta che (*comprare*) __compro__ qualcosa spendo soldi e poi dovrò lavorare per guadagnarli di nuovo, quindi prima di essere del tutto convinto di dover comprare qualcosa ci penso e ci ripenso mille volte. Quando un oggetto si rompe, lo tengo, lo aggiusto, lo modifico. E mi diverto molto nel fare questo, non (*annoiarsi*) __mi annoio__ per niente, non vivo la noia tipica di questa epoca in cui la gente, avendo spesso poco da fare, (*avere*) __ha__ troppo spesso la faccia spenta.

- Ogni verbo coniugato correttamente 2 punti   Totale: ___ / 20

2 *Rimetti in ordine le risposte dell'intervista e coniuga i verbi al **presente indicativo** o al **presente congiuntivo**.*

domande	risposte
a. Scusa, una domanda. Volevo sapere: tu (*fare*) __fai__ la raccolta differenziata?	n° __6__
b. Ma il contenitore ce l'hai vicino o...	n° __1__
c. Questa è una bella idea.	n° __4__
d. Ma vivi a Palermo?	n° __7__
e. Pensavo in Piemonte!	n° __3__
f. Senti, si (*parlare*) __parla__ di ritornare nei supermercati a vendere i prodotti sfusi. Cioè il latte, l'olio, il vino. Sei d'accordo?	n° __5__
g. Grazie!	n° __2__

risposte:

1. Ce l'abbiamo direttamente nel condominio, dentro casa.
2. Ciao, buona serata.
3. No no no no no. Queste piccole realtà ci sono pure qua.
4. Ogni condominio hai i propri bidoni per il vetro, la carta...
5. Penso che far risaltare la nostra territorialità (*essere*) __sia__ la cosa più giusta.
6. Sì, certo che la faccio.
7. Sì sì sì... sì sì!

- Ogni risposta riordinata correttamente 2 punti   Totale: ___ / 14
- Ogni verbo coniugato correttamente 2 punti   Totale: ___ / 6

test
modulo due | società

3 Sostituisci nel testo le parti evidenziate con la costruzione impersonale, come nell'esempio. Attenzione: in due casi devi lasciare la forma personale così com'è.

Sport più praticati in Italia: il calcio ora è secondo!
Secondo un'indagine ISTAT **gli italiani fanno** _si fa_ sport più per piacere che per tenersi in forma. Se sei anni fa **festeggiavamo** _si festeggiava_ l'esplosione della pratica sportiva in Italia, aumentata di ben 3,4%, ora **registriamo** _si registra_ un'inversione di tendenza. Forse a causa della vita frenetica che **conduciamo** _si conduce_, ci **dimentichiamo** _si dimentica_ dell'importanza di condurre una vita sana, o più semplicemente non **riusciamo** _si riesce_ a trovare il tempo per praticare un'attività sportiva, e il quadro che **esce** _esce_ dalla recente indagine è infatti desolante (41% di sedentari in più). CALCIO SORPASSATO Clamorosamente il calcio ha perso il primato di sport italiano per eccellenza. Al primo posto c'è la ginnastica, che **comprende** _comprende_ anche fitness e culturismo, con oltre 4 milioni di appassionati, circa 200.000 in più rispetto al calcio. Se alla ginnastica-fitness **affianchiamo** _si affianca_ poi per affinità la danza, il primato diventa eclatante. C'è da dire però che tra gli sport che **gli italiani praticano** _si praticano_ di più, negli ultimi sei anni è quasi raddoppiato il calcetto, che ora ha oltre 1 milione di adepti. TENNIS IN CRISI Infine perde molto la pallavolo, mentre **notiamo** _si nota_ un vero e proprio crollo del tennis.

- Ogni trasformazione corretta 2 punti   Totale: ___ / 20

4 Completa i consigli con la lista di destra e coniuga i verbi al **presente indicativo** o al **presente congiuntivo**.
Quando sei invitato ad una cena formale, per non fare una brutta figura, devi seguire questi consigli:

a. È meglio che tu non (mettere) _metta_ i gomiti sul tavolo quando... _mangi_
b. È importante che ti (pulire) _pulisca_ la bocca prima... _di bere_
c. Se il cibo è molto buono, è probabile che tu (volere) _voglia_ leccare... ④
d. Pare che (essere) _sia_ meglio lasciare un po' di cibo... _nel piatto_
e. Sebbene (essere) _sia_ difficile, non fare rumore con la bocca... _mentre mangi_
f. Comincia a mangiare, a condizione che tutti gli altri (avere) _abbiano_ già...
g. Anche se (avere) _hai_ fame, mangia... _lentamente_ _il piatto davanti_
h. Puoi parlare, purché tu non lo (fare) _faccia con la bocca_
i. Mangia con la bocca chiusa, altrimenti (essere) _sei un maleducato_ _pera_
l. Alla fine (essere) _è_ consigliabile fare sempre i complimenti... _alla cuoca_

1. ...alla cuoca.
2. ...con la bocca piena!
3. ...il piatto davanti!
4. ...il piatto. Non farlo!
5. ...lentamente!
6. ...mentre mangi!
7. ...nel piatto!
8. ...mangi!
9. ...di bere!
10. ...un maleducato!

- Ogni consiglio ricostruito correttamente 1 punto   Totale: ___ / 10
- Ogni verbo coniugato correttamente 2 punti   Totale: ___ / 20

5 Completa l'intervista con i verbi al **congiuntivo** (preceduto da "che") o all'**infinito** (preceduto da "di").

Giornalista Lei pensa (esserci) _che ci sia_ qualche altro sciatore bravo come lei in questo momento?
Alberto Tomba Veramente penso di no. Credo proprio (essere) _di essere_ il migliore, altrimenti non avrei vinto tutto quello che ho vinto quest'anno.
Giornalista Che cosa c'è nello sci dopo Tomba?
Alberto Tomba L'oltre Tomba.

- Ogni forma corretta 5 punti   Totale: ___ / 10

☞ Totale test: ___ / 100

bilancio

modulo due | società

Cosa so fare?

Esprimere la mia opinione su qualcosa	☐	☐	☐
Dire cosa è più importante per me	☐	☐	☐
Esprimere sentimenti, speranze e stati d'animo	☐	☐	☐
Parlare delle mie abitudini	☐	☐	☐

Cosa ho imparato

Pensa a quello che hai imparato e scrivi...

- un piccolo testo sul tema:
  "A cosa serve il congiuntivo nella lingua italiana?"

Cosa faccio... | organizzare una cena per amici italiani

1 *Organizzi una cena con amici italiani a casa tua. Vuoi che sia tutto perfetto. Cosa fai?*

Prima della cena:
1. chiedi prima ai partecipanti se ci sono cose che non amano mangiare e prepari di conseguenza.
2. prepari le cose che piacciono a te.
3. chiedi a qualcuno di portare il vino.
4. non prepari il dolce.

A tavola:
5. tieni il cellulare lontano dal tavolo.
6. tieni il cellulare acceso sul tavolo.
7. aspetti gli altri per cominciare a mangiare.

Ti aspetti che:
8. qualcuno porti il dolce.
9. gli invitati ti aiutino per apparecchiare e sparecchiare.
10. tutti arrivino puntuali.

Da fare!

Da non fare!

2 *Confronta con un compagno le cose da fare e da non fare e aggiungete altre cose che è meglio fare e altre che è meglio evitare.*

Mi metto alla prova | energie sostenibili

Insieme ad un gruppo di compagni fai una ricerca su quanto è ecologica l'Italia. Uso di energie non inquinanti, economia sostenibile, riciclo, eliminazione degli sprechi, inquinamento dell'aria, ecc. Ogni gruppo sceglie un tema specifico e lo approfondisce. Alla fine fate un cartellone da appendere alla parete.

centosettantuno

esercizi | unità 7   **modulo tre** | lingua

1 Abbina le **parole inglesi** alle loro traduzioni in italiano.

attachment	allegato
download	cliente
meeting	pubblico
audience	riunione
customer	scaricare

Handwritten answers:
- attachment – allegato
- download – scaricare
- meeting – riunione
- audience – pubblico
- customer – cliente

2 Completa l'intervista al giornalista Beppe Severgnini: coniuga i **verbi** al tempo giusto e inserisci negli spazi gli **interrogativi** della lista.

(che cosa) (come) (come mai) (qual) (quanto)

• _Come mai_ nel mondo del lavoro si usano tante parole inglesi?

■ L'abuso di anglismi è irritante. Non sono un purista e credo che (essere) _sia_ bene che l'italiano cambi nel tempo. Non penso certo a tradurre parole come *computer*, *marketing* o *link*, ma dico *allegato* e non *attachment*, *scaricare* e non *download*, *riunione* e non *meeting*, *pubblico* e non *audience*, *cliente* e non *customer*. Troppi anglismi significano pigrizia, conformismo e complesso di inferiorità. Chi dice "Devi venire *asap* perché dobbiamo fare un *brainstorming* con il *ceo* per *settare* la nuova *mission*" è un poveretto. L'italiano è una bella lingua ed è anche efficace: usiamola. Ve lo dice uno che (parlare) _parla_ e (scrivere) _scrive_ in inglese, quando serve.

• _Qual_ è la soluzione?

■ Bisogna costringere la gente a pensare. All'inizio di un corso di scrittura, (io – mettere) _ho messo_ nell'aula un cestino: un euro di multa per ogni parola inglese inutile, col ricavato saremmo poi andati a mangiare la pizza. Ci sono state persone che hanno pagato moltissimo. Uno studente (riuscire) _è riuscito_ a spendere 8 euro al primo intervento. Poi (capire) _ha capito_ che doveva cambiare qualcosa nel suo modo di parlare.

• _Quanto_ Internet e sms hanno influenzato il nostro linguaggio?

■ Il linguaggio degli sms è condizionato da fattori particolari: la fretta, l'utilizzo di una piccola tastiera, il fatto di scrivere in condizioni spesso non facili. Anche il linguaggio in *chat* segue lo stesse non-regole. Negli *sms* e nelle *chat*, quindi, ognuno scrive come (volere) _vuole_. Per le *mail*, è diverso. Le considero figlie legittime delle lettere di carta. Devono seguire alcune regole: maiuscole, punteggiatura, ortografia, sintassi. Altrimenti perdono efficacia. Le regole esistono e vanno rispettate.

• E _che cosa_ pensa del congiuntivo? È importante saperlo usare?

■ Sapere usare il congiuntivo è come sapere usare il cambio dell'automobile: si (potere) _può_ guidare anche con l'automatico, ma occorre conoscere anche il cambio manuale. Chi sa usare il congiuntivo ha il cervello con le marce. Aggiungo: la crisi del congiuntivo – che c'è – è legata al momento del Paese. C'è in giro una grande presunzione diffusa: siamo circondati da persone che sanno tutto di tutto. _Come_ possono usare il congiuntivo, il modo del dubbio e della soggettività?

• Le *mail* fanno bene o fanno male alla lingua?

■ Chi pensa che la scrittura (essere) _sia_ in crisi, sbaglia. Per me la scrittura sta conoscendo un momento esaltante. Il motivo? Semplice. Una *mail* può decidere un lavoro, mantenere o rompere un'amicizia, conquistare o irritare una persona, complicare o facilitare ogni rapporto sociale. La scrittura è diventata un'indispensabile forma di comunicazione. Quelli che l'(capire) _hanno capito_ sono più avanti. Gli altri, lo capiranno.

da alice.it

esercizi | unità 7   modulo tre | lingua

3 *Riscrivi la frase in italiano, sostituendo le **parole inglesi** con le parole della lista e facendo tutti i cambiamenti necessari.*

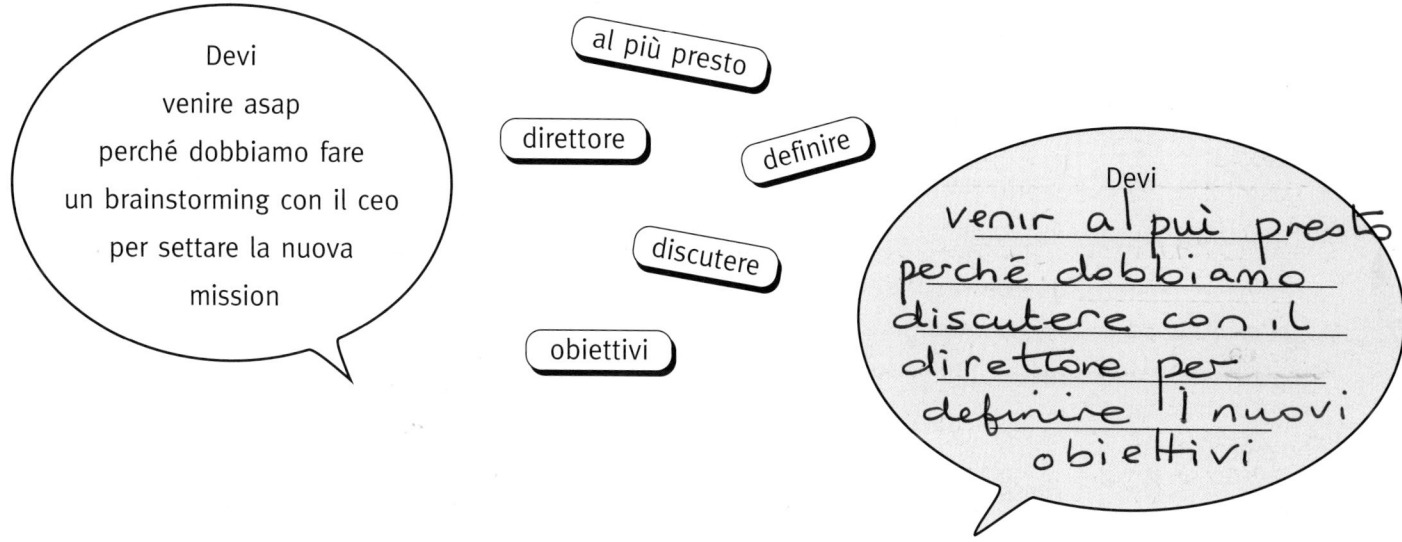

4 *Riscrivi le frasi sostituendo il pronome relativo **chi** con **quelli che** o **le persone che**, e viceversa, facendo tutti i cambiamenti necessari.*

	chi	quelli che	le persone che
1	<u>Chi</u> dice "Devi venire asap perché dobbiamo fare un brainstorming con il ceo per settare la nuova mission" è un poveretto.		
2			Ci sono state **persone che** hanno pagato moltissimo.
3	<u>Chi</u> sa usare il congiuntivo ha il cervello con le marce.		
4			Siamo circondati da **persone che** sanno tutto di tutto.
5	<u>Chi</u> pensa che la scrittura sia in crisi, sbaglia.		
6		<u>Quelli che</u> l'hanno capito sono più avanti.	

centosettantatré   173

esercizi | unità 7

modulo tre | lingua

5 *Ascolta il linguista Giuseppe Antonelli e rispondi alla domanda.*

Che errore ha fatto lo scrittore Roberto Saviano?
Ha scritto: ☐ qual è   ☐ quale   ☐ qual'è   ☐ qualè

6 *Ascolta di nuovo o rispondi alle due domande.*

a. Cosa ha risposto Roberto Saviano a chi lo ha criticato?
b. Perché il linguista Giuseppe Antonelli non è d'accordo con la risposta di Saviano?

7 *Ascolta di nuovo e completa con gli esempi del linguista Giuseppe Antonelli.
Poi scrivi quali sono oggi le forme corrette.*

In passato	Oggi
"Promessi sposi" di Alessandro Manzoni	

In passato	Oggi
"Operette morali" di Giacomo Leopardi)	

8 *In ogni frase c'è un errore. Trovalo e correggilo.*

1. Ho incontrato Anna e ~~gli~~ **le** ho dato il regalo.
2. Sono un pò **po'** stanco stasera, non vengo ~~al~~ **in** cinema.
3. Oggi fà **fa** proprio freddo, copriti bene!
4. Stasera vado a cena con un'amica brasiliana. Vuoi venire anche tu?
5. Ma chi ti ha imparato **insegnato** a parlare italiano?
6. Paolo è un'uomo molto interessante.

(due giorni fa)

esercizi | unità 8 — modulo tre | lingua

1 *Completa con i* **modi di dire** *della lista.*

(apriti cielo) (chi s'è visto s'è visto) (l'abito non fa il monaco) (mai e poi mai) (ridi sotto i baffi)

1. Tua moglie ha deciso che questa estate andrete in vacanza in campeggio. Tu odi il campeggio.
   Dici: "_____!"

2. Hai appena saputo che il tuo vicino, che sembrava una persona gentile e rispettabile, in realtà è un pericoloso criminale. Pensi: "_____."

3. Non sai che tuo figlio ti ha fatto uno scherzo.
   Tu lo guardi e gli dici: "Perché _____?"

4. Sei con un tuo amico e stai parlando della tua ragazza. Racconti: "Non accetta le critiche. Ieri le ho detto che non mi piaceva il suo vestito: _____!"

5. Stai aspettando di sapere se tua moglie vuole andare in vacanza a luglio o ad agosto, ma passa il tempo e lei non si decide. Alla fine dici: "Andiamo a luglio e _____!"

2 *Leggi questa storia, poi rispondi alla domanda.*

> La differenza tra dare del Tu e dare del Lei non è solo formale, ma, in alcuni casi, sostanziale.
> Un Direttore di banca era preoccupato per un suo giovane collaboratore che, dopo un periodo di lavoro insieme, in cui non si era mai fermato neanche per la pausa pranzo, comincia ad un certo punto ad assentarsi tutti i giorni a mezzogiorno.
> Il Direttore Generale chiama quindi un detective privato:
> "Segua il Sig. Bianchi per una settimana, temo che sia coinvolto in qualcosa di strano o di poco chiaro."
> Il detective fa il suo lavoro.
> Poi torna dal direttore e racconta:
> "Allora Direttore, Bianchi esce normalmente a mezzogiorno, prende la sua macchina, va a pranzo a casa sua, fa l'amore con sua moglie, fuma uno dei suoi eccellenti sigari e torna a lavorare."
> Risponde il Direttore:
> "Benissimo, allora mi sbagliavo. Non c'è niente di male in tutto questo!"
> Il detective quindi domanda:
> "Posso darle del tu, Direttore?"
> Sorpreso il Direttore risponde:
> "Sì certo!"
> E il detective:
> "Allora ti ripeto: Bianchi esce normalmente a mezzogiorno, prende la tua macchina, va a pranzo a casa tua, fa l'amore con tua moglie, fuma uno dei tuoi eccellenti sigari e torna a lavorare."

- Perché il Direttore non capisce subito il vero significato del racconto del detective?

esercizi | unità 8 — modulo tre | lingua

3 Completa il testo con la **forma passiva** dei verbi (al presente indicativo), come nell'esempio.

Breve storia della lingua italiana

In questo testo (*essere / sintetizzare*) ___sono sintetizzate___ le fasi più importanti della storia della lingua italiana. Durante l'Impero romano la lingua parlata è il latino, anche se con il passare del tempo si distingue sempre più dal latino letterario.

Nel 476 d.C. l'Impero (*essere / sconvolgere*) _____ dall'arrivo di nuove popolazioni. Ogni regione comincia a vivere una vita per conto proprio, perdendo per lunghi periodi i contatti con le regioni vicine. Nella lingua parlata il latino (*essere / sostituire*) _____ dalle lingue neolatine, mentre il latino (*essere / usare*) _____ ancora come lingua amministrativa e scolastica.

Nel 960 d.C. (*venire / scrivere*) _____ il primo documento in lingua neo-latina. A Firenze nel 1300 Dante Alighieri, Petrarca e Boccaccio scrivono le loro opere letterarie nel "dialetto" fiorentino. Da quel momento altri letterati anche non fiorentini cominciano a scrivere usando la lingua di Firenze. Con il passare dei secoli il fiorentino si impone sempre più come lingua unitaria, anche se, fuori da Firenze, ancora non (*essere / accettare*) _____ come lingua parlata.

Nei primi decenni dell'Ottocento si manifesta l'esigenza di una lingua comune. Contemporaneamente si comincia anche a diffondere l'idea di un'Italia unita.

Nel 1861 l'Italia (*venire / unificare*) _____ politicamente e questo porta anche ad avere una unità linguistica.

Dal 1945, dopo la fine della seconda guerra mondiale, il cinema, la radio e la televisione consentono alla lingua italiana di diventare il codice linguistico usato dalla maggior parte della popolazione.

È grazie a questi nuovi mezzi di comunicazione che (*venire / sconfiggere*) _____ l'analfabetismo.

esercizi | unità 8 — modulo tre | lingua

4 *Ordina le parole e ricostruisci la frase dello scrittore Leonardo Sciascia su Pier Paolo Pasolini.*

(anche) (aveva) (con) (ero) (lo) (molto) (Pasolini) (quando) (torto)

_____ _____ _____ _____ d'accordo, _____ _____ _____ _____ .

Leonardo Sciascia

5 *Completa il testo: negli spazi _____ scrivi tu la parola mancante e completa il **modo di dire**, negli spazi ( ) inserisci le parole della lista.*

(fastidio) (indietro) (lavorativi) (qualcuno) (stress) (studio) (tu)

Oggi voglio chiedervi: cosa vi dà (_____) della lingua italiana? Io ad esempio detesto i formalismi e non sopporto quando mi chiamano "Dottoressa"! In Italia chi ha un titolo di (_____) universitario è un "Dottore", ma per me "Dottore" dovrebbe essere una parola riservata solo ai medici!
Invece ho notato che questa usanza, tipicamente italiana, è molto radicata, soprattutto negli ambienti (_____). "Dottor Gigioni ci vediamo domani per la riunione eh?, "Ma certo Dottor Pupazzi, non mancherò!", quando magari i due lavorano insieme da anni, ma non sia _____ che si chiamino semplicemente Stefano e Giorgio.
Inoltre il "Dotto'" in Italia può essere anche un modo per arruffianarsi (_____) che sembra importante. Ricordo una volta in cui mio fratello mi ha invitata in un ristorante piuttosto elegante.
Tutti i camerieri chiamavano lui, in giacca e cravatta, non laureato, "Dottore" mentre chiamavano me, laureata ma vestita in jeans e maglietta, "signorina". Che tristezza. E mio fratello che rideva sotto i _____!
Insomma, in questo caso non si potrebbe dire che l'abito non fa il _____!
Per non parlare poi degli "altri" titoli, quelli più importanti. Provate a chiamare "dottore" un "ingegnere".
Apriti _____! E provate a chiamare "dottore" un "professore". Ok, provateci, ma non durante un esame!
Un altro aspetto della lingua che odio, e che secondo me provoca (_____) sociali non indifferenti nei parlanti, è quello del dover scegliere tra "tu" e "Lei" quando si parla con una persona. Non vi è mai capitato, ad esempio, di non sapere se dare del "(_____)" o del "Lei" ad una persona?
Immagino di sì, e una volta che abbiamo dato il "Lei", è difficilissimo tornare (_____)!
Che imbarazzo nel proporre "ci diamo del tu?". Insomma, sarebbe molto meglio fare come gli inglesi: "you" per tutti, dall'operaio alla principessa. E chi s'è visto s'è _____!

esercizi | unità 8 — modulo tre | lingua

6 Trasforma le frasi dall'*attivo* al *passivo*, usando **essere** e **venire** dove possibile, come nell'esempio.

		essere	venire
1.	Non sopporto quando mi chiamano "Dottoressa"!		
2.	Mio fratello mi ha invitata in un ristorante piuttosto elegante.		
3.	Tutti i camerieri chiamavano mio fratello "Dottore".		
4.	Tutti i camerieri mi chiamavano "signorina".		
5.	Una volta che abbiamo dato il "Lei", è difficilissimo tornare indietro!	Una volta che il "Lei" è stato dato, è difficilissimo tornare indietro!	/

7 Scrivi per ogni frase la **forma attiva** o **passiva** come nell'esempio.

	frase attiva	frase passiva
1.	Il padre accompagna a scuola i bambini.	I bambini sono accompagnati a scuola dal padre.
2.	Sua madre l'ha allattato fino a 6 mesi.	
3.		Da bambino venivo lasciato spesso solo dai miei genitori.
4.	Di solito l'azienda offre il pranzo.	
5.		L'assassino è stato visto da un testimone.
6.	Moltissimi italiani guarderanno la partita.	
7.		Ieri sera siamo stati invitati a cena dai genitori di Paolo.
8.	Il pubblico ha votato il film che ha vinto il festival.	
9.		Il suo nome è Francesco ma dagli amici è chiamato Ciccio.
10.	Da piccolo mio fratello mi aiutava a fare i compiti.	
11.		Il direttore dell'ufficio non è amato dai dipendenti.
12.	Il medico mi ha visitato nel suo studio.	
13.		La lingua inglese è conosciuta da milioni di persone.

test

modulo tre | lingua

1 *Completa il testo con gli* **interrogativi** *della lista.*

(che cosa) (come) (come) (perché) (perché) (qual è) (quanto)

> Nel web c'è chi sa scrivere e chi no. C'è chi conosce la lingua italiana e chi fa di tutto per distruggerla.
> _____, ad esempio, molti parlano di *experience* lavorativa? _____ è? È forse l'esperienza lavorativa? E allora _____ scrivere *experience* e non esperienza?
> _____ la ragione per cui nelle offerte di lavoro si richiedono delle determinate *skills* per un certo lavoro? Non sarebbe forse più giusto, corretto, comprensibile, italiano richiedere delle competenze?
> _____ mai a qualcuno viene l'idea di scrivere che un certo incontro di lavoro si terrà in una *location* ben attrezzata? Non si terrà forse in un posto, in un luogo attrezzato?
> Non è solo la lingua, ma la cultura stessa a risentirne. Le aziende italiane, da qualche anno a questa parte, non hanno più concorrenti, bensì solo *competitor*. Non so perché i concorrenti italiani siano morti e siano subentrati loro i *competitor* d'oltre confine.
> La verità è che questo linguaggio non è indice di competenza lavorativa ma soltanto una forma di inganno. È una sorta di esca, lanciata per far abboccare il pesce che naviga nel *web*.
> _____? Mi state dicendo che anch'io ho usato una parola straniera? _____ siete pignoli! Ok: nella rete!

- Ogni interrogativo inserito in modo corretto 4 punti   Totale: ____ / 28

2 *Riscrivi le frasi sostituendo il pronome relativo* **chi** *con* **quelli che** *e* **le persone che***, e viceversa, facendo tutti i cambiamenti necessari.*

chi	quelli che	le persone che
Saviano risponde su Twitter a <u>chi</u> lo criticava per il refuso in un tweet precedente: «Come Pirandello e Landolfi»		
1.		MILANO – Roberto Saviano non chiede scusa <u>**alle persone che**</u> lo avevano criticato per il refuso in uno dei suoi seguitissimi messaggi su Twitter (quasi 80 mila follower).
2.	Anzi rilancia: dopo le critiche di <u>**quelli che**</u> lo avevano attaccato per il suo "Qual'è" (con l'apostrofo),	

l'autore di Gomorra ha affidato la replica ovviamente a Twitter: «Ho deciso :-) continuerò a scrivere qual'è con l'apostrofo come #Pirandello e #Landolfi. r.

da *www.corriere.it*

- Ogni frase trasformata in modo corretto 4 punti   Totale: ____ / 24

test

modulo tre | lingua

3 *Abbina le* **parole inglesi** *alle loro traduzioni in italiano.*

attachment — download — meeting — allegato — pubblico — ambientazione — audience — monitor — riunione — gradimento — satisfaction — customer — location — schermo — scaricare — cliente

- Ogni parola abbinata in modo corretto 1 punto   Totale: ____ / 8

4 *Completa il testo: negli spazi* ⬚ *scrivi tu la parola mancante e completa con i verbi al* **passivo**.

Perché in Italia gli uomini sono tutti "dottori"?

Cari amici, vi chiedo aiuto per un dubbio da cui (*assalire*) _____ qualche tempo fa. Mi sono laureata in Economia e Commercio, titolo di ⬚ conseguito alla Bocconi col massimo dei voti. Tuttavia, ai colloqui di lavoro, (*chiamare*) _____ sempre "signorina" e mai "⬚".
La cosa non mi faceva né caldo né freddo fino a quando ho notato che gli uomini, specialmente se in giacca e ⬚, (*chiamare*) _____ puntualmente "dottori".
Si tratta di banale maschilismo tipico della società e cultura italiana che relega le donne al solo ruolo di madri e mogli oppure si tratta di un problema più complesso?
Pertanto, in attesa di saperne di più, siccome non sono una signora perché non sposata, e non sono neppure signorina perché felicemente accompagnata, chiamatemi semplicemente Mafalda che è anche più apprezzato, anche in ambiente ⬚. Grazie.

- Ogni parola mancante inserita in modo corretto 2 punti   Totale: ____ / 8
- Ogni verbo corretto 4 punti   Totale: ____ / 12

5 *Trasforma le frasi* **evidenziate** *da attivo a* **passivo** *o viceversa.*

Giornalista	Quindici o vent'anni fa **gli italiani parlavano l'italiano** in realtà?
Pasolini	Nemmeno ora si parla l'italiano. Quando gli italiani aprono bocca, parlano ognuno un italiano particolare, regionale, cittadino, individuale.
Giornalista	Poi ci sono anche i dialetti veri e propri.
Pasolini	Certo. Che sono delle lingue potenziali che non sono arrivate al grado di lingua lingua perché **sono state soppiantate dal prestigio letterario del fiorentino**.
Giornalista	Senta, un'ultima domanda. L'italiano sta cambiando?
Pasolini	Sì, fino a quindici, vent'anni fa, trent'anni fa **gli italiani non parlavano un italiano veramente unitario**. Lo cominciano a parlare adesso, anche per merito della televisione perché **viene vista da milioni di persone**. Dobbiamo essere tutti consapevoli del fatto che oggi **la lingua italiana è unita dalla tecnica e non, come una volta, dalla letteratura**.

- Ogni frase trasformata in modo corretto 4 punti   Totale: ____ / 20

☞ Totale test: ____ / 100

bilancio

modulo tre | lingua

Cosa so fare?

Usare parole straniere in italiano	☐	☐	☐
Usare titoli e appellativi	☐	☐	☐
Rivolgermi in modo giusto alle persone, in base al contesto	☐	☐	☐
Riuscire a capire il grado di formalità di un ambiente	☐	☐	☐

Cosa ho imparato

Pensa a quello che hai imparato e scrivi...

- 5 parole o espressioni molto utili:

- un modo di dire:

- un'espressione esclamativa:

- tre errori che ancora commetto parlando in italiano:

Cosa faccio... | i tuoi errori in italiano

1 *Quando parli italiano, come ti comporti di fronte ai tuoi errori e davanti a quelli degli altri?*
- ☐ Io faccio molta attenzione a non commettere errori, non voglio essere giudicato male, soprattutto quando parlo con italiani.
- ☐ Se commetto un errore e me ne accorgo cerco subito di correggermi.
- ☐ Se commetto un errore, vorrei subito essere corretto dalla persona con cui parlo. Anche io correggo sempre chi parla con me e fa errori.
- ☐ Ho capito che anche gli italiani commettono errori o, a volte, non sono sicuri di qualche forma. Questo mi ha molto rilassato.
- ☐ È normale fare errori: non voglio essere corretto e correggere perché questo non aiuta la comunicazione, che è la cosa più importante.
- ☐ Se parlo con un italiano e sento un errore, glielo dico subito.
- ☐ _____

2 *Lavora con un gruppo di compagni. Confrontate le vostre scelte e decidete qual è l'atteggiamento migliore di fronte ad un errore vostro o dell'interlocutore (straniero come voi o italiano).*

Mi metto alla prova | Pier Paolo Pasolini

Pier Paolo Pasolini è stato uno degli intellettuali più influenti nella cultura italiana del XX secolo. I suoi studi e le sue opere hanno toccato molti campi.
La classe si divide in cinque gruppi, ogni gruppo sceglie un ambito differente tra quelli della lista e fa una ricerca. Poi espone i risultati davanti al resto della classe.
Alla fine potete fare un cartellone da appendere al muro in classe.

(Pasolini nella poesia) (Pasolini nella letteratura)
(Pasolini nel teatro) (Pasolini linguista) (Pasolini nel cinema)

centoottantuno

esercizi | unità 9 — modulo quattro | arti

1 *Ricostruisci i nomi degli strumenti e abbinali ai disegni, come negli esempi.*

1. Ar — ba
2. Chi — buro
3. Corna — cello
4. Fisar — fono
5. Sasso — fono
6. Tam — monica
7. Trom — musa
8. Trombo — ne
9. Violon — pa
10. Xilo — tarra

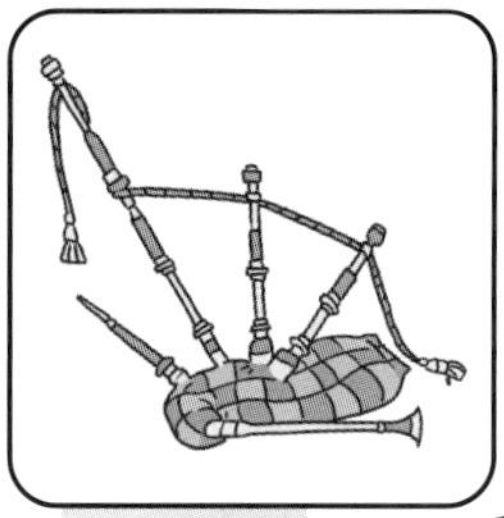

a. la cornamusa 
b. 1 l'arpa
c. il violoncello
d. il trombone
e. il tamburo
f. il sassofono 
g. la chitarra 
h. la fisarmonica
i. il xilofono
l. la tromba

2 *Completa il paragrafo con le parole della lista al posto più appropriato. Attenzione: le parole sono in ordine.*

Opera: parola conosciuta come sinonimo di musica, tragedie, amori, cori di 200 persone, costumi. Un genere musicale, ma che ha sempre appassionati e continua ad affascinare anche le generazioni.

- universalmente
- grandiosa
- impossibili
- sfarzosi
- antico
- tanti
- che
- nuove

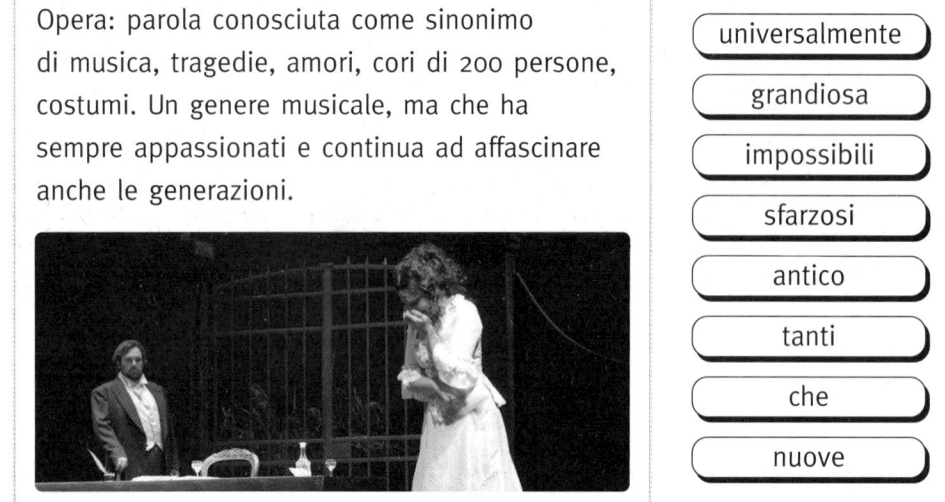

3 *Completa gli aggettivi del test con i suffissi* -ale, -bile, -ico, -oso, -ario, -ese.

INIZIA DA QUI

- sei un autore prolif____ (scrivi molto, sei un compositore instanca____, ecc.)?
- sì → la campagna è preferi____ alla città?
- direi di no
- non è possi____ !
- sì → sei attivo a livello polit____ e soci____?
- ti capita di essere crit____ e a volte polem____?
- no
- eri un bambino dispett____ e un ragazzino incontrolla____?
- no
- direi di no
- sì
- capita che ti dicano che sei coraggi____?
- sì
- sei gol____ o fumi?
- a volte
- sempre
- no
- sì

Sei Arturo Toscanini, direttore d'orchestra di inizio 900. Quando ti arrabbi sei inconteni____.

uno sguardo orgogli____ e magnet____
[1867-1957]

Sei Vincenzo Bellini, *Norma* è la tua opera più fam____. Fin da bambino dimostravi un talento eccezion____ al pianoforte.

un'aria aristocrat____ e nostalg____
[1801-1835]

Sei Giacomo Puccini. Hai una compagnia di amici a cui piace scherzare. Hai una passione irrefrena____ per le automobili e la caccia.

un ritmo inarresta____
[1858-1924]

Sei Giuseppe Verdi, compositore 'nazion____'. Sei curi____ di ciò che avviene al di fuori del tuo paese, e allo stesso tempo ami le realtà tradizion____.

una musica trionf____ e patriott____
[1813-1901]

esercizi | unità 9   modulo quattro | arti

4 *Completa il testo con i verbi al* **gerundio**. *Attenzione: i verbi* NON *sono in ordine e uno va al* **gerundio** *composto.*

(ascoltare) (cantare) (nascere) (volere)

_____ essere precisi, quando parliamo del *Rigoletto* o di *Madama Butterfly* si dovrebbe specificare "opera lirica". Ma la forza della musica è così grande che quando diciamo "opera" tutti intendono "bel canto", "composizione musicale".
_____ in Italia, l'opera ovviamente è cantata in italiano. Forse è per questo che gli stranieri trovano la nostra lingua tanto musicale? Mistero. Però è sicuro che cercare di imparare l'italiano _____ la *Norma* può essere un'impresa difficile. Il lessico utilizzato è così poetico e antiquato che a volte anche noi abbiamo difficoltà a capire e abbiamo bisogno di una traduzione in un linguaggio più comune.
(...) Chi non è educato da giovane all'ascolto, difficilmente diventa poi un appassionato.
Mi piacerebbe un'Italia dove tutti camminano per la strada _____ "Casta Diva", ma purtroppo non è così.

5 *Completa il testo con i verbi della lista al* **gerundio** *o all'***infinito**. *Attenzione: i verbi sono in ordine.*

(stabilizzare) (instaurare) (arricchire) (imparare) (coinvolgere) (rispondere) (restare)

Musicainfasce®: musica per piccoli e piccolissimi da 0 a 36 mesi

I primi tre anni di vita sono i più importanti per lo sviluppo dell'attitudine musicale del bambino; attitudine che si andrà _____ poi con la crescita.
Musicainfasce® si svolge in un ambiente protetto e accogliente, nel quale _____ un dialogo musicale con bambini da 0 a 3 anni e con chi sta loro abitualmente vicino. Si offre ai piccoli la possibilità di _____ con la musica il proprio patrimonio espressivo e ai grandi l'occasione di _____ brani e attività da riproporre a casa.
Durante il corso si eseguiranno per i bambini melodie cantate di diversa natura e provenienza, _____ anche gli accompagnatori. L'esperienza in questo settore ha dimostrato il fortissimo interesse che la musica suscita nei bambini e la sorprendente capacità di reagire agli stimoli musicali dei neonati. I bambini infatti, _____ in modo intonato alle proposte dell'adulto, creano un vero, commovente, dialogo musicale.
Gli incontri saranno di 30 minuti (età 0-12 mesi e 12-24 mesi) e di 40 minuti (24-36 mesi). È richiesta la presenza di un adulto. Numero limitato di bambini per gruppo. La durata delle lezioni è calibrata sulla capacità di _____ attenti da parte dei bambini.

da concertostudiomusica.com

esercizi | unità 9 — modulo quattro | arti

6 *Completa il testo con i verbi al* **gerundio** *(***semplice** *o* **composto***) o all'***infinito***. Attenzione: in tre casi devi aggiungere un pronome indiretto.*

Alfredo Germont è innamorato di Violetta Valery, una nota donna di mondo. Quando finalmente riesce a (*dichiarare*) _____ il suo amore, lei è molto colpita, non (*innamorarsi*) _____ mai, prima di quel momento. Violetta e Alfredo vanno a vivere insieme ma lui non sa che lei, per (*mantenere*) _____ il tenore di vita dispendioso che hanno, sta (*vendere*) _____ tutti i suoi beni in Francia. Quando apprende la notizia, Alfredo corre a Parigi. Durante la sua assenza, il padre di Alfredo affronta Violetta, (*dire*) _____ che il rapporto scandaloso che ha con Alfredo sta (*danneggiare*) _____ il buon nome del giovanotto e della sua famiglia.
Violetta promette al vecchio di lasciare Alfredo, anche se questo le costerà la vita: (*essere*) _____ ammalata di tubercolosi, sa che il dolore del distacco le sarà fatale. Il padre di Alfredo, ammirato del suo sacrificio, la lascia (*esprimere*) _____ la sua stima per l'atto generoso che compie e promette di (*rivelare*) _____ il suo sacrificio al figlio nel caso lei dovesse morire.
Violetta quindi con una scusa abbandona Alfredo che però, di ritorno dal suo viaggio, raggiunge la donna ad un ricevimento nel quale viene accompagnata dal barone Douphol, che già in passato era stato rivale di Alfredo. Alfredo scoppia di gelosia, insulta Violetta e giunge a (*sfidare*) _____ Douphol a duello. È troppo per la debole Violetta, che crolla a terra malata.
Alfredo ferisce il barone ed è costretto a (*fuggire*) _____ all'estero. Prima che lui parta, il padre gli confessa che l'abbandono di Violetta è stato un atto d'amore estremo della donna nei confronti di lui e della sua famiglia. Appena possibile Alfredo torna dalla sua amata, ma ormai è troppo tardi: Violetta è moribonda e muore (*perdonare*) _____ tutti tra le braccia del suo grande amore.

7 *Ascolta l'inizio dell'audio su Arturo Toscanini e scegli la risposta alla domanda.* 📀 esercizi 6

- Chi era Arturo Toscanini?
  ☐ Un politico   ☐ Un direttore d'orchestra   ☐ Uno scrittore   ☐ Un pittore

8 *Indica in quali continenti ha diretto Toscanini e poi scrivi accanto ad ogni data cosa è successo nella vita di Toscanini. Attenzione: una data non viene menzionata.* 📀 esercizi 6

- In quali continenti ha suonato Toscanini?
  ☐ Africa
  ☐ America Nord
  ☐ America Sud
  ☐ Asia
  ☐ Australia
  ☐ Europa

Anno	
1867	
1871	
1876	
1885	
1901	

esercizi | unità 10　　　　　　　　　　　　　　　　　　　　　　　**modulo quattro | arti**

1 *Scegli la parola che accompagna meglio i sostantivi* evidenziati.

> A Bonito, città d'arte e di moda, dal 1995 ha sede il Museo Ferragamo, nel quale si possono ammirare calzature che sono entrate nella storia non solo della **moda** (straniera / totale / internazionale), ma anche dell'arte. Il museo, nato per iniziativa della famiglia Ferragamo, documenta (la totale / l'intera / la completa) **attività** del "calzolaio dei sogni", dal suo ritorno in Italia nel 1927 (appena ventinovenne) dopo l'esperienza di Hollywood, fino al 1960, anno della sua (anticipata / prematura / presto) **scomparsa**. E permette di conoscerne non solo le opere ma anche la vita, ricca di episodi incredibili, come l'apertura di un primo negozio di calzature a soli quindici anni, proprio nella sua **città** (natale / originale / nata), a Bonito, in Campania, ed un secondo, il *Boot shop*, a venticinque anni, nientemeno che a Hollywood.
> Grazie alla disponibilità della prima figlia, la marchesa Fiamma di San Giuliano, ripercorriamo l'innovativa e creativa attività del più celebre calzolaio del mondo, che durante la sua (favorita / fortunata / benefica) **carriera** è arrivato a soddisfare le richieste dei più famosi divi di Hollywood (tra i quali Sophia Loren e Greta Garbo) e dei più importanti e discussi **uomini** (politici / governativi / istituzionali) del suo tempo (tra cui Mussolini).

2 *Completa il testo: negli spazi* ( ) *scegli dalla lista la parola mancante e completa il modo di dire, negli spazi* _____ *inserisci il verbo al* **congiuntivo imperfetto**.

(eredità) (moda) (qualcosa) (strada)

1. Chi era Salvatore Ferragamo?
   Mio padre amava definirsi un calzolaio e non voleva che lo (*chiamare*) _____ in un altro modo.

2. La sua ricerca aveva qualche rapporto con l'arte contemporanea?
   Sicuramente. Sebbene mio padre non (*conoscere*) _____ personalmente gli artisti dell'epoca e non (*frequentare*) _____ i circoli intellettuali, tutte le sue creazioni dimostrano i contatti con le avanguardie di quel periodo, da Matisse a Salvador Dalì.

3. Quanto ha influito il "gusto Ferragamo" sulla calzatura dei nostri anni?
   Salvatore Ferragamo è considerato il più grande calzolaio del Novecento. Tutti i modelli da lui realizzati sono di (_____) ancora oggi. Le sue ricerche tecniche per rendere la calzatura comoda e funzionale costituiscono un'eredità fondamentale per le aziende di oggi, in tutto il mondo. Inoltre, è stato il primo nome conosciuto della calzatura *made in Italy*. Ha aperto la (_____) al successo del settore nella produzione di lusso del dopoguerra.

4. Le creazioni di Ferragamo sono veri e propri oggetti di design. Lui ne era consapevole? O pensava che le sue scarpe (*essere*) _____ dei semplici accessori di abbigliamento, anche se di alta classe?
   Non so... Il design nasce da un concetto completamente diverso in quanto legato all'industria mentre lui è sempre stato convinto che il suo (*dovere*) _____ rimanere un prodotto puramente artigianale. Proprio per questo penso che le sue calzature non siano degli oggetti di design e neanche solo delle scarpe di qualità, ma vere e proprie opere d'arte.

5. A Suo parere chi ha raccolto l'(_____) di Ferragamo?
   Tutti gli devono (_____), in modo particolare nel nostro paese. Oggi la calzatura italiana è al primo posto nel mondo per qualità e design. Quando ha iniziato mio padre, le scarpe erano considerate un accessorio di secondaria importanza. Per lo stile il polo di riferimento era Parigi, per la calzatura sportiva erano gli Stati Uniti. Ferragamo è stato il primo nome italiano ad imporsi nel mondo della moda internazionale.

esercizi | unità 10 modulo quattro | arti

3 Completa il testo: coniuga i due verbi all'**imperfetto indicativo** o **congiuntivo** e inserisci negli spazi i **pronomi relativi** della lista.

(che) (nei quali) (nel quale) (tra i quali)

Gianni Versace: l'omicidio dello stilista entra nella storia

Lo stilista Gianni Versace è stato ucciso con due colpi di pistola alla testa, a Miami Beach (Florida, USA) il 15 luglio 1997, di fronte all'ingresso della sua villa. Aveva 50 anni.

L'assassino si chiamava Andrew Cunanan ed era un gigolò gay il cui curriculum criminale si era gonfiato negli ultimi tre mesi, (_____) aveva commesso altri quattro omicidi. Il corpo senza vita dell'assassino è stato ritrovato in un barcone galleggiante, (_____) cercava riparo per sfuggire alla polizia che lo stava braccando.

Il suicidio di Cunanan ha subito chiuso il caso, anche perché è stato dimostrato chiaramente che i due non (*conoscersi*) _____. E così la polizia ha ipotizzato che le motivazioni del folle gesto (*essere*) _____ legate esclusivamente a deliri personali legati all'omosessualità: Versace infatti era gay dichiarato e aveva un compagno da oltre quindici anni.

A tanti anni di distanza, il suo omicidio viene ora ricordato per un triste primato: è stato infatti inserito nella classifica dei "Venticinque maggiori crimini del secolo" stilata dal prestigioso settimanale americano *Time*. L'omicidio dello stilista è stato incluso infatti nell'Olimpo dei casi celebri, (_____) figurano storie (_____) sono entrate nell'immaginario popolare e hanno ispirato libri e film, come quella della Dalia Nera o il caso di O.J. Simpson.

4 Completa il testo: coniuga i **verbi** nel modo e tempo appropriati e inserisci negli spazi (__) i **pronomi relativi**.

Il Parmesan

Pare che i prodotti italiani (*essere*) _____ così buoni che all'estero un po' tutti provano a copiarli. (__) è entrato in un supermercato in Spagna, Germania, Stati Uniti o in altri Paesi avrà infatti notato la stranezza dei prodotti "italiani", (__) sono simili, ma mai uguali, a quelli originali.

Secondo quanto risulta infatti dall'ultimo rapporto della Coldiretti, il 75% dei prodotti (__) all'estero si (*vendere*) _____ come italiani, o (__) hanno qualche riferimento all'Italia come il nome, le immagini della confezione o simili, sono falsi.

Tra gli alimenti più copiati all'estero ci sono il Parmigiano Reggiano e il Grana Padano (__) sono anche tra i prodotti più "taroccati" al mondo. Famosissimo il caso del *Parmesan*, venduto in tutto il mondo come italiano, ma (__) in realtà è prodotto all'estero. Questo poi prende diverse denominazioni a seconda del Paese (__) nasce. Se si trova in Brasile si chiama *Parmesao*, se è in Argentina diventa *Regianito*, in Belgio *Pamesello* ed in Romania *Parmezan*. Il caso più eclatante risale al 2009, quando il *Sarvecchio Parmesan*, prodotto in Wisconsin, è stato premiato come miglior formaggio degli Stati Uniti, questo nonostante il formaggio in questione (*essere*) _____ chiaramente un clone del noto prodotto emiliano.

La Coldiretti sottolinea che la "clonazione" dell'originale Parmigiano Reggiano *made in Italy*, realizzata dall'azienda americana *Sartori Food Corporation*, è stata scelta da una giuria (__) figuravano ben 24 esperti di formaggi artigianali.

esercizi | unità 11   modulo quattro | **arti**

1 *Completa l'intervista con i verbi al* **congiuntivo presente, passato** *o* **imperfetto**.

- Come sei diventata cuoca?
- Ho iniziato per caso, seguendo dei corsi di cucina amatoriali in un periodo in cui invece facevo tutt'altro, cioè insegnavo la lingua italiana a studenti stranieri. Per circa cinque anni ho lavorato come cuoca fissa, come aiutante di uno chef, e credo che (*essere*) _____ fondamentale per me perché mi ha permesso di avere le basi.

- Ci hai detto che le tue maestre in cucina sono state le tue nonne. Com'era cucinare ai loro tempi?
- Credo veramente che (*essere*) _____ molto faticoso, però a giudicare dalla gioia che vedevo sul loro viso credo che (*dare*) _____ anche grande soddisfazione.

- Allora, eri un'insegnante, poi sei diventata una cuoca, poi hai unito le due cose, se non ricordo male.
- A un certo punto, dopo un periodo di apprendistato in cui ho imparato a cucinare ho pensato che (*potere*) _____ essere interessante fare delle lezioni di cucina.

- Pensi che (*esserci*) _____ degli utensili da cucina indispensabili per cucinare bene?
- Penso che (*essere*) _____ molto importante avere tre o quattro cose.

2 *Inserisci in ogni riga al posto giusto le* **espressioni** *della colonna di destra, come nell'esempio.*

Allora, eri un'insegnante, poi sei diventata una cuoca, poi hai unito le due cose, se non ricordo male.	
A un certo punto, dopo un periodo di apprendistato ho imparato a cucinare,	in cui
ho pensato che potesse essere interessante fare delle lezioni di cucina, e ho iniziato	quindi
contattare amici e conoscenti	a
avevano tutti voglia chiaramente di migliorare la loro competenza in cucina.	che
Quindi ci sono generalmente per signore,	esempio
che chiedono di fare dei dolci e approfondire l'argomento "dolci"	quindi
che è sempre al numero uno della classifica degli interessi, per le donne.	soprattutto
Quindi si fa una lezione, io vado a casa e faccio una lezione	loro
magari prepariamo tre dolci diversi,	in cui
generalmente provenienti o tipici di regioni diverse dell'Italia.	tre

esercizi | unità 11 — modulo quattro | arti

3 Cosa pensano e cosa hanno pensato i coinquilini di Mario? Vai a pagina 94 del libro e scrivi qui sotto cosa pensano o hanno pensato. Usa il **congiuntivo** presente, imperfetto o passato.

Come ogni sera, anche <u>stasera</u>…	Come ogni sera, anche <u>ieri sera</u>…
Pino l'uccellino pensa che Mario cucini l'arrosto.	Pino l'uccellino ha pensato che Mario cucinasse l'arrosto.
Mattia e Teresa	Mattia e Teresa
Francesca	Francesca
Il piccolo Andrea	Il piccolo Andrea
La signora Anselmi	La signora Anselmi
Alice	Alice
Il mago Giorgio	Il mago Giorgio
John e Maggie	John e Maggie
Il signor Sala	Il signor Sala
Marco	Marco
L'avvocato Rossi	L'avvocato Rossi
Adele	Adele
Alessia	Alessia

centoottantanove

esercizi | unità 11 — modulo quattro | arti

4 *Completa i messaggi del forum svolgendo i compiti nella colonna di destra.*

Marta	Oddio! Ragazzi, AIUTOOO… Non pensavo che (*essere*) _____ così complicato fare i carciofi alla giudia! Credevo che (*essere*) _____ sufficiente prendere i carciofi, pulirli e metterli nell'olio caldo… invece… (*venire*) _____ tutti bruciati e neri e (*dovere*) _____ buttarli via!!!

Completa con i verbi al congiuntivo o indicativo.

Rodrigo	Ma cosa diavolo sono i carciofi alla giudia?
Aria	@Rodrigo Sono un piatto della cucina ebraica romana. Buonissimi!!!

Giovanna	Allora, _____ ti dico che per cucinare i carciofi alla giudia, i carciofi li devi preparare bene. Devi usare uno spelucchino e tagliarli in modo molto accurato: giri intorno ad ogni carciofo tagliando le foglie, _____ crei una specie di spirale intorno alla testa del carciofo. _____ devi preparare una ciotola con acqua e limone, dove devi mettere ogni carciofo pulito con lo spelucchino, altrimenti diventano neri. Dopo una mezzoretta, apri le foglie dei carciofi in modo da allargarli, _____ senza romperli. *Nel frattempo* metti molto olio in un tegame con uno spicchio d'aglio e una tazzina d'acqua. _____ aggiungi i carciofi, che devono quasi galleggiare sull'olio! Copri con un coperchio e fai cuocere a fiamma alta per 15 minuti. Questa è la fase più delicata: prendi i carciofi per il gambo e, su un piano, schiacciali _____ la testa si apra per bene come una rosa. _____ metti altro olio in una padella, scaldalo e metti i carciofi a testa in giù finché sono ben dorati. Scolali e servili! Buoni!!!

Completa con le espressioni della lista, come nell'esempio.

- così
- in modo che
- infine
- ma
- ~~nel frattempo~~
- prima però
- quando l'olio è ben caldo
- tanto per cominciare

Ivan	Sì ma cos'è uno spelucchino?
Giovanna	_____, uno spelucchino è un coltellino a lama ricurva e corta, _____ il becco di un uccello. _____ la lama è anche seghettata. Si usa per pulire le verdure, i carciofi (_____) e per tante altre cose.

Completa con le parole della lista. tipo, allora, appunto, generalmente

Marta	Grazie Giovanna! Intanto vado subito a comprare uno spelucchino, e poi cercherò di fare i carciofi con la tua ricetta, che mi sembra fantastica!

test

modulo quattro | arti

1 *Scrivi i nomi degli strumenti rappresentati.*

1.

2.

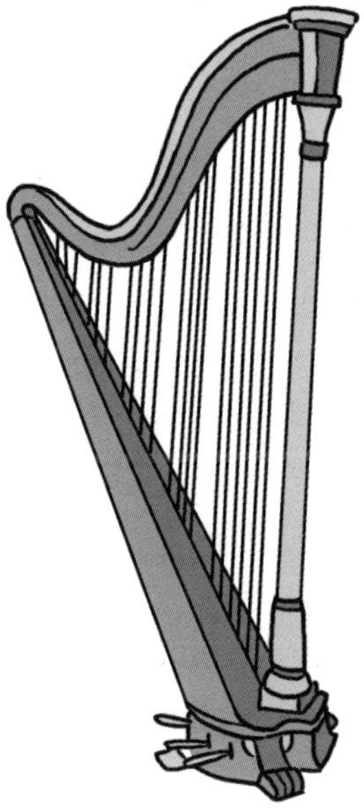

3.

4.

• Ogni nome corretto 1 punto   Totale: ____ / 4

2 *Completa il balloon con le due espressioni, al posto giusto e con i verbi coniugati in modo corretto.*

(difendere a spada tratta)   (passarne di tutti i colori)

VOGLIO RINGRAZIARTI PERCHÉ SEI L'UNICO
CHE MI _____
NEL MOMENTO IN CUI
_____ .

• Ogni espressione inserita correttamente 3 punti   Totale: ____ / 6

centonovantuno

test — modulo quattro | arti

3 *Completa gli aggettivi del testo con i suffissi -ale, -bile, -ico, -oso. Attenzione: i suffissi della lista sono alla forma base.*

L'Opera lirica è un genere music_ale_ conosciuto in tutto il mondo. Tutti quelli che la conoscono almeno un po', identificano l'Opera con una musica grandi_osa_ e poet_ica_. Dal punto di vista dei contenuti, sono sempre estremi: amori impossi_bili_, tragedie strappacuore, personaggi forti.
Gli spettacoli di opera hanno sempre allestimenti sfarz_____, con ricchissimi costumi e scenografie eccezion_____.
Tra i maggiori interpreti di questo genere ci sono molti italiani: dal patriott_____ Giuseppe Verdi (*La Traviata*, *Aida*) al passion_____ Puccini (*La bohème*, *Turandot*), dal virtu_____ Bellini (*Norma*) a quello che forse è stato il più grande direttore d'orchestra di tutti i tempi: l'inconteni_____ Arturo Toscanini.

- Ogni suffisso inserito correttamente 2 punti

Totale: _____ / 20

4 *Completa il testo: coniuga i verbi tra parentesi al* **gerundio** *(***semplice** *o* **composto***) o all'***infinito** *e inserisci sulle righe (_____) i pronomi relativi.*

La *Norma*, l'opera che oggi è la più famosa e importante di Vincenzo Bellini, ha un inizio abbastanza problematico. Bellini stesso, (*comporre*) _____ l'Opera in meno di tre mesi, è piuttosto nervoso il giorno della prima. Il debutto è fissato per il 26 dicembre 1831 al Teatro alla Scala di Milano, il tempio della musica italiana.
Bellini mette in mostra in quest'Opera la sua vena di innovatore, (*dare*) _____ all'orchestra un ruolo meno importante e (*mettere*) _____ al centro della scena la voce degli interpreti.
Ma la scelta, almeno per la sera della prima, non è tra le più fortunate perché il soprano Giuditta Pasta, (_____) ha il ruolo di protagonista, deve (*rinunciare*) _____ per un improvviso problema di salute poco prima di andare in scena. Al suo posto una giovane sostituta, (_____) viene affidata una enorme responsabilità. Se a questo si aggiunge la presenza in platea di un gruppo di spettatori ostili a Bellini, non è difficile immaginare l'insuccesso.
La *Norma*, (_____) (*essere*) _____ uno dei ruoli più difficili per voce di soprano, viene anche oggi poco rappresentata, è stata molto amata da alcuni soprano particolarmente virtuosi, come la grande Maria Callas.

- Ogni verbo corretto 3 punti
- Ogni pronome relativo corretto 5 punti

Totale: _____ / 15
Totale: _____ / 15

test

modulo quattro | arti

5 *Completa l'intervista: coniuga i verbi al **congiuntivo presente, imperfetto** o **passato** e inserisci sulle righe le **espressioni** della lista con i verbi coniugati in modo corretto.*

(aprire la strada) (dovere qualcosa) (essere di moda) (raccogliere l'eredità)

Cuochi si nasce. E lui, quarantotto anni fa, sembra proprio che (*venire*) _____ al mondo col "sentimento gastronomico". L'espressione è di Bruno Barbieri, chef noto a livello internazionale che, dopo aver lavorato negli Stati Uniti, nei Caraibi, in Sud America, ha deciso di fermarsi a Verona.
In questa intervista il cuoco si racconta. Barbieri pensa che la sua infanzia in un piccolo borgo del Bolognese (*segnare*) _____ il suo destino. Barbieri è infatti nato a Medicina, un piccolo comune famoso per le cipolle, per due giovani scrittori e per l'allenatore della nazionale di pallavolo russa Caprara, suo ex compagno alle scuole elementari.

- **Come ha scoperto la sua passione?**
▸ Fin da bambino mi sono dovuto sempre arrangiare. La mamma, sarta, era fuori tutto il giorno. Mio padre viveva in Spagna. Io cucinavo per mia sorella più grande, a cui (_____) del mio successo, quindi. Che tempi!

- **Lei ha deciso di rimanere a Verona? Perché?**
▸ La trovo meravigliosa, piena di storia e come tutte le città bagnate dal fiume, ha qualcosa in più. Magica come Roma, Parigi, Londra. Da quando ci ho messo piede, dieci anni fa, ho desiderato sempre che questa (*restare*) _____ la mia città, e credo proprio che (*essere*) _____ la scelta giusta, anche perché Verona stessa in un certo modo mi ha adottato. Per me (_____) sempre.

- **Quali sono gli aspetti più pesanti dell'attività di cuoco?**
▸ Faccio molte rinunce. La famiglia, innanzitutto. Quando sei impegnato, come lo sono io con la televisione, i viaggi, la scrittura, la scuola, l'Università, hai poco tempo per gli altri.

- **Qual è la sua specialità?**
▸ Amo più il salato che il dolce. Mi piace individuare il limite gastronomico dentro me stesso. Non amo le cucine bizzarre, estreme, cerco di (_____) di cuochi semplici, delle casalinghe. Uso molte spezie scoperte nella cucina libanese, che adoro. La considero una delle cucine più interessanti del mondo.

- **Quali consigli dà a chi vuole fare lo chef?**
▸ Non do consigli. Penso che chef si (*nascere*) _____ e non si (*diventare*) _____. Nel corso degli anni puoi imparare dei particolari. E affinarti. Ma questo mestiere lo devi sentire dentro. Vorrei, però, dire una cosa.

- **Dica!**
▸ Non bisogna mollare mai.

- **Quali gli errori da non commettere?**
▸ Pensare di saper fare tutto. Non è così in questo mestiere. Il talento ti (_____) ma bisogna sapere che non si finisce mai di imparare.

- Ogni verbo corretto 4 punti — Totale: ____ / 24
- Ogni espressione inserita correttamente 4 punti — Totale: ____ / 16

☞ Totale test: ____ / 100

bilancio

modulo quattro | arti

Cosa so fare?

Riconoscere gli strumenti musicali	☐	☐	☐
Riconoscere i marchi italiani	☐	☐	☐
Esprimere un'opinione nel passato	☐	☐	☐
Riassumere un testo	☐	☐	☐
Fare un'intervista	☐	☐	☐
Descrivere oggetti con perifrasi	☐	☐	☐

Cosa ho imparato

Pensa a quello che hai imparato e scrivi...

- cinque nomi di strumenti e cinque marchi italiani:

- una cosa particolarmente difficile:

- alcune espressioni che non conoscevi:

- una curiosità culturale sull'Italia e gli italiani:

Cosa faccio... | al ristorante con gli amici

Vai a cena al ristorante con un gruppo di amici. Secondo te hai dei comportamenti "italiani"?
Dai ai comportamenti tipici degli italiani un voto da 1 a 5 (1 se non lo fai per niente, 5 se lo fai molto).

Comportamenti tipici degli italiani	1	2	3	4	5
1. Sono disposto a sedermi al ristorante alle 13.00 e ad alzarmi alle 18.00, soprattutto per una festa importante.	☐	☐	☐	☐	☐
2. Mentre mangio amo parlare di cibo, cucina e piatti particolari che ho mangiato in passato.	☐	☐	☐	☐	☐
3. Il conto si divide per il numero di persone che erano a tavola. Chi ha mangiato di più mette un po' di più.	☐	☐	☐	☐	☐
4. Durante le pause tra un piatto e l'altro cambio posto per parlare un po' con tutti.	☐	☐	☐	☐	☐
5. Se il cibo non è buono quanto mi aspetto, comincio a criticare il cuoco con gli altri amici.	☐	☐	☐	☐	☐
6. C'è qualche piatto che sicuramente cucino meglio io e lo dico chiaramente agli altri.	☐	☐	☐	☐	☐
7. Se la pasta è scotta (troppo cotta) non la mangio!	☐	☐	☐	☐	☐

Mi metto alla prova | andiamo all'opera

La "Norma" è una delle opere liriche più difficili da cantare per un soprano.
Vai su Youtube, cerca "Maria Callas: Casta diva (1958)" e guarda il video dell'interpretazione di Maria Callas della più famosa aria tratta da quest'opera. Rilassati, non pensare a niente e lasciati andare alle emozioni. Poi, insieme ad un gruppo di compagni, raccontatevi cosa avete provato e come vi siete sentiti.

esercizi | unità 12 — modulo cinque | società

1 *Completa il testo con le* **espressioni** *della lista.*

agnostici | divorzio | fecondazione artificiale | finanziamenti pubblici | geografia | laici | morte "dolce" | maggioranza | partiti | preti | pillola del giorno dopo | razzismo | religione cattolica | tasse

In un'epoca come questa, in cui la _____ ha perso potere e importanza in tutto l'Occidente, l'Italia resta ancora sotto l'influenza costante dello Stato più piccolo del mondo? – si chiede *Le Monde*. Il quotidiano francese raccoglie pareri di cattolici e _____ e conclude: la Chiesa cattolica in Italia riesce sempre a dare grande visibilità e peso alle sue posizioni e lo Stato le concede una forza che non ha in altri Paesi.

"Nonostante abbia perso delle battaglie, la Chiesa si sente ancora molto forte in Italia." – spiega Marco Impagliazzo, uno dei responsabili della Comunità di Sant'Egidio. "E anche se perde alcune battaglie, deve combatterle ugualmente."

Le battaglie perse? L'autorizzazione al _____ nel 1975 e all'aborto nel 1981. Ma molte di più sono le battaglie vinte, che dimostrano come la Chiesa abbia ancora un ruolo centrale nella società italiana: la _____ è legale ma è introvabile; i pacs (le unioni civili fra due persone, anche dello stesso sesso) non sono stati approvati, così come la legge sulla possibilità di scegliere una _____ in caso di grave malattia. E molto difficile è anche la situazione di chi, non potendo avere figli naturali, decide di ricorrere alla _____: sono talmente tanti i limiti imposti dalla legge che la maggior parte delle coppie è costretta ad andare all'estero.

"Se pensiamo alla storia e alla _____, riusciamo a capire bene la specificità dell'influenza della Chiesa in Italia. Il Vaticano è in Italia, non ci si può fare nulla." – spiega Gian Maria Vian, direttore dell'*Osservatore Romano*, il giornale ufficiale del Vaticano.

Questa specificità è dimostrata anche dal fatto che lo Stato italiano paga lo stipendio dei _____, le attività della Chiesa pagano meno _____ dei normali cittadini e le scuole cattoliche e gli oratori ricevono ogni anno molti _____.

La Chiesa è ancora molto influente e forse è per questo che tutti i politici, sia di destra che di sinistra, sono sempre disponibili a ricevere le richieste dei rappresentanti del Vaticano, su ogni argomento della vita sociale e politica. Tutti i _____ pensano infatti che la Chiesa abbia un ruolo importante nell'orientare le scelte politiche degli italiani, e che sia meglio avere dei buoni rapporti con il Vaticano.

"Tuttavia" – come spiega il giornalista Marco Politi, autore del libro *La Chiesa dei no* – "i partiti sopravvalutano il peso di questo ruolo: se fossero più in contatto con la gente, si accorgerebbero che la _____ degli italiani non dà importanza alle indicazioni della Chiesa al momento di votare. Inoltre, è sbagliato immaginare che la Chiesa esprima solo opinioni di destra. Su alcuni punti (immigrazione, _____, sicurezza), è infatti molto più vicina alle posizioni della sinistra."

Secondo l'Unione degli atei e _____ razionalisti (UAAR) molti italiani ne hanno abbastanza dell'influenza del cattolicesimo, e se potessero scegliere con un referendum, metterebbero dei limiti più netti all'azione del Vaticano.

centonovantacinque — 195

esercizi | unità 12 — modulo cinque | società

2 *Sostituisci nelle frasi le espressioni tra parentesi con le espressioni della lista. Attenzione: i verbi all'infinito devono essere coniugati.*

- averne abbastanza
- dare importanza
- non poterci fare nulla
- perdere delle battaglie
- raccogliere pareri
- sopravvalutare il peso

1. So che Mario è in una situazione difficile, ma (*non è una cosa che posso cambiare io*) _____.

2. Non (*penserò*) _____ a quello che mi hai detto ieri sera, perché avevi bevuto troppo.

3. (*Ho ascoltato le opinioni*) _____ e ho parlato con tutti quelli che non erano d'accordo, ma alla fine deciderò io.

4. In Italia si (*valuta in modo esagerato l'influenza*) _____ della Chiesa nella vita politica.

5. (*Mi sono proprio stancato*) _____ di questo lavoro! Non ce la faccio più.

6. Negli ultimi anni la sinistra (*ha avuto degli episodi negativi*) _____ ma ora c'è un nuovo leader.

3 *Trasforma le frasi usando la costruzione* **così come**, *come nell'esempio.*

> ✏ **Esempio**
> I partiti di destra vogliono avere buoni rapporti con il Vaticano **e anche** i partiti di sinistra vogliono avere buoni rapporti con il Vaticano.
>
> I partiti di destra vogliono avere buoni rapporti con il Vaticano **così come** i partiti di sinistra.

1. In Italia il divorzio è legale, **e anche** l'aborto è legale.

2. La Chiesa è contro le unioni civili **ed è anche** contro la pillola del giorno dopo.

3. Le scuole cattoliche ricevono ogni anno molti finanziamenti pubblici **e anche** gli oratori ricevono ogni anno molti finanziamenti pubblici.

4. Sull'immigrazione la Chiesa cattolica è molto vicina alle posizioni della sinistra, **e anche** sul razzismo è molto vicina alle posizioni della sinistra.

esercizi | unità 12   modulo cinque | società

4 *Collega le parti di sinistra con le parti di destra, coniuga i verbi e forma delle frasi con la costruzione* **talmente... che,** *come nell'esempio.*

1. Maria (*desiderare*) un figlio
2. Ieri sera (*essere*) arrabbiato
3. Il loro matrimonio (*essere*) in crisi
4. Sofia (*essere*) una persona religiosa
5. Ieri quando sono uscito dall'ufficio (*piovere*) forte
6. In Italia la Chiesa cattolica (*essere*) influente
7. Luigi (*essere*) una persona generosa

a. tutti i politici (*essere*) interessati alla sua opinione.
b. (*andare*) in chiesa tutte le mattine.
c. sicuramente ti (*prestare*) i soldi di cui hai bisogno.
d. (*bagnarsi*) dalla testa ai piedi
e. stanno (*pensare*) seriamente al divorzio.
f. (*decidere*) di ricorrere alla fecondazione artificiale.
g. (*andare*) via senza salutare nessuno.

1. _f_   Maria <u>desidera</u> **talmente** un figlio <u>che</u> <u>ha deciso</u> di ricorrere alla fecondazione artificiale.
2. ___ _____
3. ___ _____
4. ___ _____
5. ___ _____
6. ___ _____
7. ___ _____

5 *Completa i* **periodi ipotetici** *con i verbi al congiuntivo imperfetto o al condizionale presente.*

> **Domanda per i forumisti**
> Se la religione non ci fosse, bisognerebbe inventarla?
> Mauro • 18 ore fa
>
> *opinione di* <u>troppatrippa</u> alle 19.45
> Se la religione non (*esserci*) _____ noi (*vivere*) _____ tutti meglio, questo è il mio pensiero.
>
> *opinione di* <u>zia Laura</u> alle 20.05
> Non sono d'accordo. Tutte le società hanno bisogno di una religione per vivere in pace. Chi crede in un Dio è più felice.
>
> *opinione di* <u>alemazzini</u> alle 20.06
> Io non sono religiosa, ma se un giorno (*cambiare*) _____ idea e (*diventare*) _____ credente, (*chiedere*) _____ a Dio di spiegarmi perché nel mondo c'è tutta questa sofferenza.
>
> *opinione di* <u>rufus</u> alle 20.06
> Secondo me il problema è l'egoismo. Se gli uomini non (*essere*) _____ così egoisti, non (*avere*) _____ bisogno di religione.
>
> *opinione di* <u>tolomeo68</u> alle 20.08
> È vero, ma se la gente (*riuscire*) _____ a fare del bene senza pensare a un premio finale come propongono tutte le religioni, (*essere*) _____ meglio.

esercizi | unità 12 — modulo cinque | società

6 Collega le frasi di sinistra con quelle di destra, coniuga i verbi e forma dei **periodi ipotetici** del primo tipo (R) o del secondo tipo (P), come negli esempi.

P	1.	Se (tu – studiare) _studiassi_ di più,
R	2.	Se (noi – volere) _vogliamo_ partire presto,
P	3.	Se Ugo (essere) _____ più gentile,
P	4.	Se Gloria (mangiare) _____ di meno,
P	5.	Abito in un monolocale, ma se (guadagnare) _____ di più,
R	6.	Se il pesce non ti (piacere) _____,
P	7.	Non so dove sono i tuoi occhiali. Se lo (sapere) _____,
P	8.	Se io (potere) _____ risposarmi,
R	9.	Se (avere) _____ caldo,
R	10.	Se non (conoscere) _____ Napoli,
P	11.	Se la gente (usare) _____ meno la macchina,
P	12.	Se (noi – avere) _____ un figlio,

a. (prendere) _____ una casa più grande.
b. (avere) _____ molti più amici.
c. (potere) _____ toglierti la giacca.
d. (parlare) _parleresti_ meglio italiano.
e. non (scegliere) _____ te come marito! Questo è sicuro.
f. (essere) _____ più magra.
g. ti (consigliare) _____ di andarci, è una città bellissima.
h. lo (chiamare) _____ Antonio.
i. allora (io – preparare) _____ un po' di carne.
l. (dovere) _dobbiamo_ alzarci prima delle 7.
m. te lo (dire) _____. Hai già visto nel cassetto?
n. (esserci) _____ meno traffico e le città (diventare) _____ più vivibili.

7 Ascolta tutte le volte che è necessario il servizio del telegiornale sul miracolo di San Gennaro, Santo Patrono di Napoli, e metti in ordine le varie fasi della giornata. Scrivi nella colonna di sinistra quello che succede di solito, e nella colonna di destra quello che è successo quest'anno. *DVD esercizi 8*

Di solito		Quest'anno
___	I fedeli applaudono	___
___	I fedeli vanno a Piazza del Plebiscito	___
1	I fedeli pregano San Gennaro nel Duomo di Napoli	1
___	Il cardinale di Napoli annuncia che il miracolo è avvenuto	___
___	Il Cardinale di Napoli prende le ampolle con il sangue di San Gennaro	___
___	Il fazzoletto bianco viene sventolato	___
___	Il sangue del Santo, si scioglie (liquefazione)	___

8 *Ascolta ancora il servizio e rispondi alla domanda.*   📀 esercizi 8

Il giornalista dice che la festa dell'anno prossimo sarà spostata alla domenica.
Qual è l'opinone del Cardinale Sepe?

☐ 1. secondo il Cardinale la festa può essere spostata ogni anno a un giorno diverso.

☐ 2. secondo il Cardinale la festa deve rimanere sempre nello stesso giorno.

9 *Scegli uno di questi argomenti e componi un* **testo argomentativo**. *Prima di cominciare raccogli le tue idee sull'argomento riempiendo lo schema.*

- ora di religione nella scuola pubblica
- simboli religiosi a scuola
- divorzio
- finanziamento pubblico alle istituzioni religiose
- sacerdozio per le donne
- aborto
- fecondazione artificiale
- eutanasia

Introduci il tema in forma interrogativa

_____?

↓

Presenta una lista di argomenti che possono essere sostenuti da chi è a favore
e una lista di argomenti che possono essere sostenuti da chi è contro

↙   ↘

Argomenti sostenuti da chi è a favore   Argomenti sostenuti da chi è contro

_____   _____
_____   _____
_____   _____

↘   ↙

Esprimi una tua conclusione

_____
_____
_____

esercizi | unità 13

modulo cinque | società

1 *Trasforma le frasi del testo dal discorso diretto al discorso indiretto o viceversa.*

① *Katia:* "Nel mio palazzo c'erano un paio di famiglie con dei bambini, quindi ci conoscevamo, andavamo a giocare insieme, ci vedevamo giù nei vari cortili dei palazzi, giocavamo."

② *Un'amica di Katia:* "Adesso _____".

③ *Un'amica di Katia:* "_____".

④ *La mamma di Katia:* "_____".

Katia ha detto che _____

Una mia amica mi ha raccontato che adesso lì è cambiato tutto.

Lei mi ha raccontato che porta sua figlia in palestra, a danza, a fare varie attività in posti chiusi, anche perché non si fida.

Mia madre mi ha detto che sua madre ci giocava quando era piccola.

2 *Completa con il discorso diretto o indiretto.*

1. La bambina dice che non si vuole alzare, ha ancora sonno.

2. La signora dice che quello è suo figlio.

3. Il ragazzo dice che _____.

4. La signora dice che _____.

esercizi | unità 13   modulo cinque | **società**

3 *Trasforma il* discorso diretto *in* discorso indiretto.

Tu che giochi facevi da bambino?

Claudio • Giocavo soprattutto con mio fratello più grande e i suoi amici, di solito d'estate andavamo in strada a giocare a pallone. D'inverno invece ci riunivamo tutti qui a casa nostra per fare dei giochi più tranquilli (carte, monopoli, ecc.).

Claudio ha detto che...

Luca • Io non giocavo a calcio, non mi è mai piaciuto. Preferivo giocare con il lego o con i soldatini.

Luca ha detto che...

Anna • Il gioco a cui giocavo di più da piccola erano le Barbie... Mi piaceva anche vestirmi e truccarmi come mia madre.

Anna ha detto che...

Rita • Io ricordo gli interi pomeriggi passati in strada a giocare a nascondino o a palla avvelenata, oggi non gioca più nessuno in strada... Se ci penso, mi viene una grande nostalgia.

Rita ha detto che...

Aldo • Io ho sempre abitato qui in città, quindi non giocavo in strada, ad eccezione delle domeniche al parco e dei fine settimana in montagna. Devo ammettere che neanche io mando mio figlio a giocare in strada, perché è troppo pericoloso.

Aldo ha detto che...

duecentouno   201

4 *Ricostruisci la frase mettendo in ordine le parti della colonna destra.*

- sa
- di
- è
- non sapere
- quanto più
- tanto più saggio
- Un
- uomo

5 *Trasforma le frasi usando la struttura* **tanto più... quanto più**, *come nell'esempio.*

> ✏ Esempio
> Un bar Sport possiede un richiamo grande quando possiede attrazioni → Un bar Sport possiede un richiamo <u>tanto più</u> grande, <u>quanto più</u> possiede attrazioni.

1. Un lavoro richiede un impegno grande, quando hai responsabilità.

2. Una lingua è facile, quando la pratichi.

3. Un uomo è felice, quando è libero.

4. Monica si sente triste, quando è sola.

5. Il pesce è buono, quando è fresco.

6. Un Paese è interessante, quando lo conosci.

7. Si vive a lungo, quando si mangia in modo sano.

8. Ho capito profondamente l'animo umano, quando ho viaggiato.

6 *Scegli l'*espressione *giusta nella prima parte del testo e completa la parte dei giochi con le parole mancanti.*

Riscoprire i giochi di una volta

(In / Negli) ultimi anni i cambiamenti nello stile di vita hanno modificato le abitudini di tutta la popolazione e anche di quella infantile, con una sensibile riduzione del movimento fisico. Dagli ultimi dati (di / del) Ministero della Salute, si vede come la sedentarietà sia un problema che riguarda tantissimi bambini: (maggior parte / la maggior parte) di loro, infatti, passa la settimana seduta a scuola, a casa per fare i compiti o per guardare la tv, lasciando poco tempo al movimento, tanto che ben il 70% dei bambini tra gli 8 e i 9 anni non va neanche a scuola (a / in) piedi e 1 su 5 pratica sport per non più di un'ora (a / in) settimana.

Approfittare della bella stagione è (la meglio occasione / l'occasione migliore) per muoversi e riunire la famiglia in un momento divertente e rilassante. Dal nascondino alla mosca cieca, dal ruba bandiera a guardie e ladri: sono tantissime le idee (da / di) riscoprire.

- **Ruba bandiera**: due squadre gareggiano tra loro per prendere una _____ tenuta da un altro giocatore. Richiede abilità nella corsa, prontezza di riflessi, capacità di fingere.

- **Acchiapparella**: è un gioco molto semplice, una parte dei giocatori _____ e l'altra insegue. È un gioco che spinge i bambini a correre e a essere sempre i più veloci.

- **Guardie e ladri**: è un'altra versione di _____. In questo gioco i _____ scappano e le guardie devono prenderli.

- **Nascondino**: a turno, un bambino chiude gli _____ e conta fino a 10 (o 20 o 30....), mentre gli altri si nascondono. Quando ha finito di _____ deve scoprire dove sono nascosti gli altri. Sviluppa le capacità relative alla tattica e alla strategia sempre in relazione al movimento.

- **Mosca cieca**: si gioca all'aperto o in una stanza abbastanza grande vuota. Un giocatore viene bendato (e diventa quindi la "mosca cieca") e deve riuscire a toccare gli altri, che possono muoversi liberamente intorno a lui. Quando la _____ tocca un giocatore, quest'ultimo prende il suo posto.

da *www.mondokids.it*

test

modulo cinque | società

1 *Completa il testo: sulle righe* _____ *inserisci le* **espressioni** *della lista, sulle righe* ⬭ *inserisci le* **espressioni** *verbali al modo e tempo corretti.*

espressioni	espressioni verbali
così	averne mai abbastanza
talmente	dare grande importanza
tanto più	sottovalutare il peso

Il cibo nel conclave

Gli uomini di fede sono lontani dalle cose terrene. Sarà anche vero, ma quando si tratta di mangiare sembra proprio che anche i cardinali (_____) più alla qualità del cibo che alla preghiera. La storia più famosa in questo senso risale al 1549, quando un cuoco, Bartolomeo Scappi, è stato accusato di aver prolungato il conclave perché cucinava _____ bene che nessun cardinale voleva rinunciare ai suoi piatti: i primi _____ come i secondi e i dolci... Scappi portava personalmente i suoi piatti e i cardinali non (_____). Proprio per questa presenza esterna, i cibi erano sottoposti ad un rigido controllo per non far arrivare ai cardinali qualche messaggio: le sfogliate ripiene, ad esempio, erano proibite perché si prestavano a contenere bigliettini.

D'altro canto, che la qualità del cibo avesse un suo peso lo dimostra anche la storia di Gregorio X, che non (_____) del cibo nell'elezione del Papa e che nel 1274 ha introdotto una serie di restrizioni per evitare conclavi troppo lunghi. Tra le norme, una stabiliva che _____ durava il conclave quanto più diventava povero il menù a disposizione dei cardinali: dopo 3 giorni di votazioni inutili veniva dato solo 1 pasto al giorno e dopo altri 5 erano messi a pane e acqua. Il conclave successivo è durato un solo giorno.

- Ogni espressione inserita correttamente 2 punti — Totale: ____ / 6
- Ogni espressione verbale inserita correttamente 3 punti — Totale: ____ / 9

2 *Forma i* **periodi** *ipotetici (del* **primo** *o del* **secondo** *tipo) coniugando i verbi al modo e tempo corretti, come nell'esempio.*

E (la religione **servire** all'uomo solo per il suo bisogno di credere / cosa **succedere**)
se la religione servisse all'uomo solo per il suo bisogno di credere, cosa succederebbe?

Risponde Athos Turchi, docente di filosofia

((io) **dire** che su questo argomento ci sono intere biblioteche di libri / (io) **minimizzarlo**) 1. _____. Il tema è quanto mai dibattuto: nessuno c'era all'origine dell'umanità per sapere come sono andati i fatti. Di sicuro invece c'è solo che il sacro e l'idea di Dio sono antichi quanto l'uomo, e le primitive manifestazioni dell'uomo sono rivolte al sacro, e (**esserci** qualche antica traccia umana sparsa per il mondo / questa **parlare**) 2. _____ del culto per il divino. Quindi è possibile fare qualsiasi tipo di supposizioni. E infatti da sempre gli uomini si sono domandati perché nella mente umana è presente questa idea: «Dio». (l'idea **essere** un'invenzione umana / (l'idea **dovere** essere diversa) 3. _____ nei popoli e nei tempi, e invece è diverso il «modo» di rappresentarla (la religione), ma non il concetto (l'oggetto di fede).

- Ogni frase formata correttamente 5 punti — Totale: ____ / 15

test

modulo cinque | **società**

3 *Completa i **periodi ipotetici** con i verbi al condizionale e al congiuntivo, come negli esempi.*

Se fosse un animale, (*essere*) ___sarebbe___ un cane, se ___fosse___ un cane,
(*correre*) _____ felice per i campi, se _____ felice per i campi,
(*chiamarsi*) _____ Cesare (come mio figlio), se _____ Cesare,
(*vivere*) _____ nell'antica Roma, se _____ nell'antica Roma,
(*portare*) _____ una tunica, se _____ una tunica,
in inverno (*avere*) _____ freddo, se _____ freddo,
(*coprirsi*) _____, se _____,
non (*essere*) _____ più nudo, se non _____ più nudo,
(*indossare*) _____ un bel vestito, se _____ un bel vestito,
(*andare*) _____ a ballare, se _____ a ballare,
(*incontrare*) _____ una bella ragazza e (*innamorarsi*) _____.

- Ogni verbo corretto 1 punto   Totale: ____ / 20

4 *Trasforma le frasi del testo dal **discorso diretto** al **discorso indiretto**.*

1. Katia:
"Io sono stata a Piazza Armerina fino ai diciotto anni, poi sono andata all'Università però tornavo il sabato e la domenica. Quindi comunque ho fatto tutte le scuole lì."

Katia ha detto che _____

2. Katia:
"Quando giocavamo a nascondino ci nascondevamo dietro le macchine… quindi poteva essere pericoloso, attraversavamo la strada per nasconderci da una parte all'altra, correvamo."

Katia ha detto che _____

3. Katia:
"Nel nostro paese ci conoscevano tutti, non c'era la paura che qualcuno potesse essere rapito altrimenti non ci avrebbero mai lasciati da soli."

Katia ha detto che _____

- Ogni frase trasformata correttamente 5 punti   Totale: ____ / 15

duecentocinque

test

modulo cinque | società

5 *Trasforma nel testo i* **discorsi indiretti** *tra parentesi in* **discorsi diretti.**

Ogni anno da bambine, io e mia sorella festeggiavamo il compleanno insieme. Tre giorni di differenza, lei un anno più piccola. Ho tanti ricordi di quei tempi, ma oggi mi va di ricordare mio padre, che stava sempre in disparte, con la cinepresa in mano.
Già: cinepresa. Perché allora c'era il mitico Super 8.
Ricordo ancora nitidamente mio padre che tira giù dall'armadio lo scatolone rosso con la cinepresa, e risuonano nella mia testa le sue parole che mi facevano sempre sorridere:
(diceva che doveva leggere le istruzioni perché non voleva rovinare quei nastri)

1. "_____."

Ogni anno c'era questo rito, impiegava una buona mezz'ora o più per caricare la pellicola, accendeva la lampada alogena da 1000 Watt che ti perforava gli occhi, e …Ciak, si gira… ricordo ancora il rumore della pellicola sul rocchetto e prima che iniziassero le riprese mio padre diceva:
(diceva che quelli erano i nostri ricordi più belli)

2. "_____!"

Io e mia sorella eravamo le prime attrici. Dietro di noi i luoghi, le persone care e gli amici dell'infanzia: l'asilo, il mare, l'acqua limpida della Sardegna, le montagne e la neve di Casamaina… e poi di nuovo la voce di papà:
(diceva che era quasi finito! E che mancavano solo tre minuti di fotogrammi)

3. "_____!"

Questo rito del compleanno in Super 8 è durato fino all'inizio degli anni '90, poi, senza che ce ne rendessimo conto, tutto è cambiato. Siamo cambiati noi, è cambiata la tecnologia e ora tutti hanno i loro filmini nei computer. Anche oggi è il mio compleanno, ma sono sola. Così sono andata a riprendere lo scatolone, ho letto le istruzioni, l'ho montato, ho messo la pellicola e… eccola lì, la piccola Valeria. La riconosco, riconosco i suoi imbarazzi, le sue guance rosse. Da bambina non ero timida, però mi imbarazzavo molto. Ed eccolo, papà.
E alla fine del filmino la sua voce, dietro la camera:
(diceva che eravamo due regine! E che ci voleva bene)

4. "_____."

Forse abbiamo detto qualcosa anche noi dopo, ma il nastro si interrompe. E io piango. Grazie papà.

- Ogni frase trasformata correttamente 5 punti   Totale: ____ / 20

6 *Trova nel testo del punto* **5** *il verbo che può essere sostituito dall'espressione* **"non è che fossi".**

- Il verbo individuato correttamente 15 punti   Totale: ____ / 15

☞ Totale test: ____ / 100

bilancio

modulo cinque | **società**

Cosa so fare?

Riflettere sul proprio rapporto con la religione	☐	☐	☐
Iniziare, sviluppare e concludere un discorso	☐	☐	☐
Fare ipotesi	☐	☐	☐
Parlare dei giochi che facevo da bambino	☐	☐	☐
Riportare il discorso di qualcun altro	☐	☐	☐
Leggere un testo letterario	☐	☐	☐

Cosa ho imparato

Pensa a quello che hai imparato e scrivi...

- alcune espressioni verbali che ti piacciono:

- una regola molto difficile:

- un'espressione che non conoscevo:

- un elemento culturale completamente diverso dalle tradizioni del tuo Paese:

Cosa faccio... | l'Italia e la religione

1 Scrivi in tutti e due gli schemi le parole che ti vengono in mente.
Associa le parole che scrivi ad altre parole ancora, se vuoi puoi aggiungere anche altre associazioni.

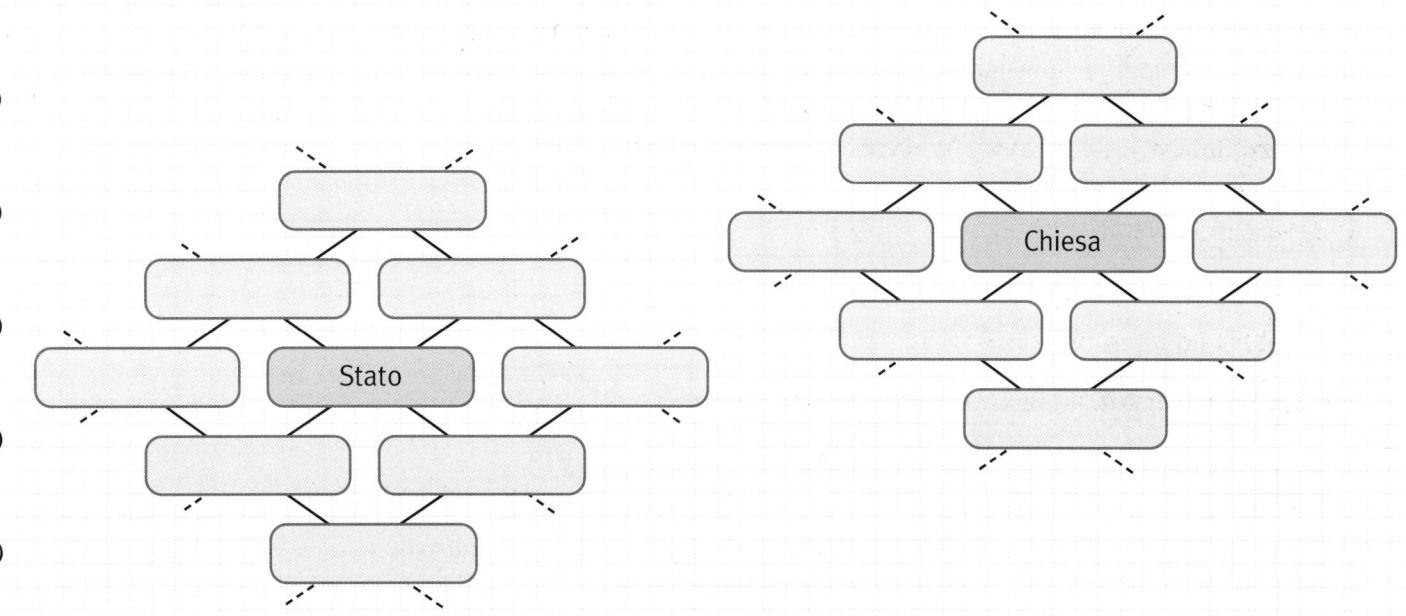

2 Condividi le associazioni con un gruppo di compagni.

Mi metto alla prova | bar sport

Acquista il libro "Bar Sport" di Stefano Benni, oppure cerca in internet degli estratti scrivendo su Google "Stefano Benni. BAR SPORT" + pdf. Scegli un racconto e leggilo.

esercizi | unità 14

modulo sei | storia

1 *Completa il cruciverba.*

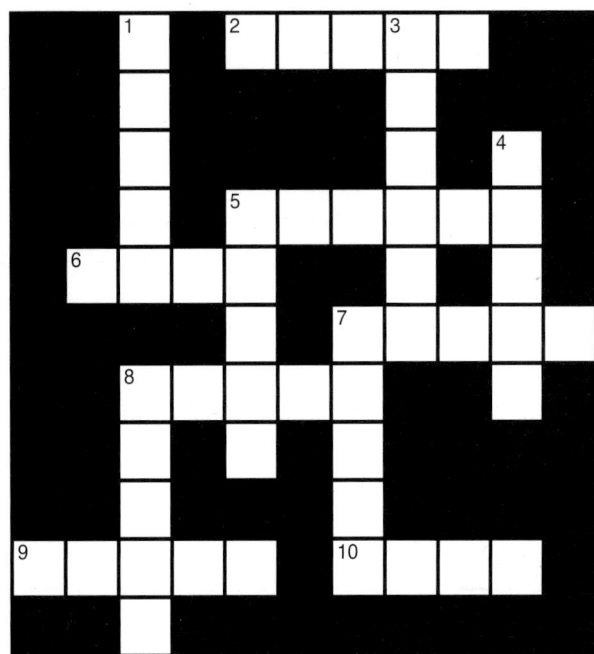

Orizzontali →

_____ porto   porta_____

asciuga_____   attacca_____

copri_____   cassa_____

_____ bottiglie

Verticali ↓

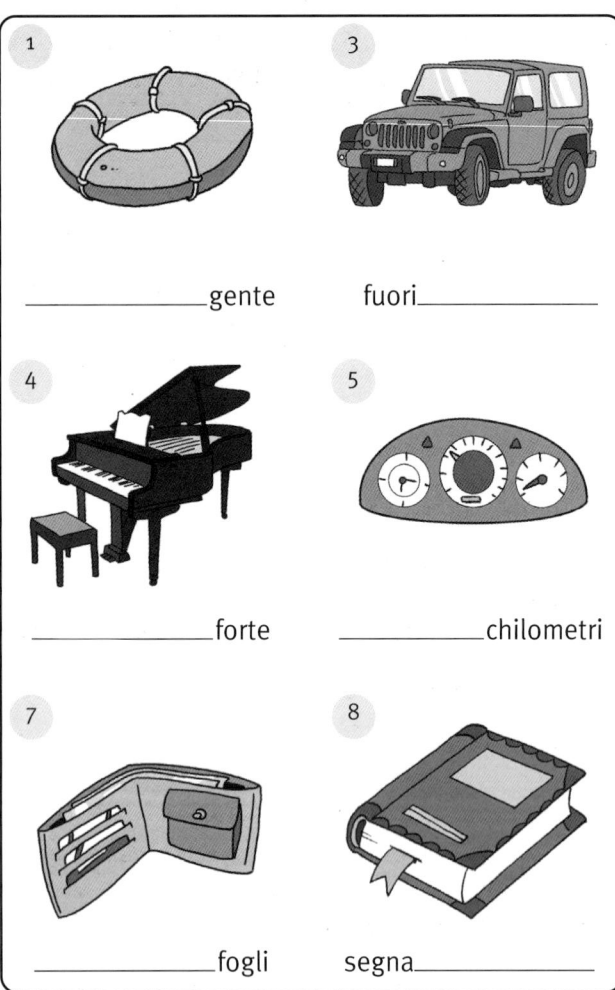

_____ gente   fuori_____

_____ forte   _____ chilometri

_____ fogli   segna_____

esercizi | unità 14 — modulo sei | storia

2
Completa il testo con i pronomi della lista.

(che) (che) (che) (il cui) (in cui) (la) (le) (le) (le)

Maria Montessori

Il mese della cultura italiana a New York ha celebrato la sua personalità, sul pianeta Venere _____ è stato dedicato un cratere di 42 km, in Italia le ultime banconote da 1.000 lire avevano impresso il suo volto, la compagnia aerea KLM _____ ha dedicato un aereo, è stata la prima donna medico in Italia.

Il suo nome è ben noto in tutto il mondo, o almeno nei 110 paesi _____ si trovano le 22000 scuole _____ applicano il suo metodo.

La maggior parte degli italiani _____ conosce come una signora dall'aria materna e rassicurante _____ volto era disegnato sui biglietti da mille lire, ma nella sua lunga vita è stata una donna trasgressiva e inquieta, tanto che, quando _____ veniva chiesto di che nazionalità fosse, rispondeva: "Il mio paese è una stella _____ gira attorno al sole e _____ si chiama Terra".

3
Trasforma le frasi come nell'esempio, usando il cui.

> ✏ **Esempio**
> Maria Montessori era una signora dall'aria materna e rassicurante +
> <u>Il volto di Maria Montessori</u> era disegnato sui biglietti da mille lire.=
> Maria Montessori era una signora dall'aria materna e rassicurante <u>il cui volto</u> era disegnato sui biglietti da mille lire.

1. Ieri ho visto un vecchio film di Lina Wertmuller. +
   <u>Il cinema di Lina Wertmuller</u> è sempre molto divertente. =

2. Sto leggendo tutti i libri di Elsa Morante. +
   <u>Il ruolo di Elsa Morante</u> è centrale nella storia della letteratura italiana. =

3. Artemisia Gentileschi è una pittrice italiana del 1600. +
   <u>I quadri di Artemisia Gentileschi</u> ricordano molto l'opera di Caravaggio. =

4. Fiorella Mannoia ha pubblicato il suo nuovo album.
   <u>Le canzoni del nuovo album di Fiorella Mannoia</u> sono state scritte dai più importanti musicisti italiani.

5. Mi piace il teatro della commediografa Emma Dante.
   <u>L'opera di Emma Dante</u> possiede un carattere originalissimo.

6. Il bellissimo museo MAXXI a Roma è stato realizzato dall'artista Zaha Hadid.
   <u>Il progetto di Zaha Hadid</u> ha vinto un concorso a cui hanno partecipato i migliori architetti.

esercizi | unità 14 — modulo sei | storia

4 *Collega le tre colonne e forma delle frasi con la preposizione **senza**, come nell'esempio.*

Non posso vivere		aspettarci.
Vorrei un caffè		guerre.
Mi piacerebbe un mondo		di lei.
Puoi ascoltare	senza	*di te!*
L'autobus è partito		interrompere?
Non era la donna giusta per te. Vedrai che starai meglio		invitare nessuno.
Non riesco a leggere		occhiali.
Lo studente ha risposto a tutte le domande		sbagliare.
Ci siamo sposati in segreto		zucchero.

5 *Coniuga i verbi al **participio passato** e completa il testo. Collega anche ogni testo al nome del personaggio a cui si riferisce.*

1. (*Arrivare*) _____ al successo a 19 anni con la canzone *La solitudine*, e (*conquistare*) _____ in poco tempo i più importanti premi musicali italiani e internazionali con il suo pop melodico, è attualmente una delle cantanti italiane più amate.

Federica Pellegrini

2. (*Nascere*) _____ da una famiglia potente e (*vivere*) _____ al centro di intrighi e lotte di potere, è stata una delle donne simbolo del Rinascimento.

Laura Pausini

3. (*Mettersi*) _____ in luce giovanissima battendo tutti i record nelle gare di nuoto, è stata la prima nuotatrice italiana ad aver vinto una medaglia d'oro alle Olimpiadi.

Maria Montessori

4. (*Dipingere*) _____ da Leonardo da Vinci e (*custodire*) _____ al museo del Louvre, è diventata l'opera d'arte più famosa del mondo.

Monica Bellucci

5. (*Usare*) _____ in migliaia di scuole in tutto il mondo, il suo metodo educativo ha rivoluzionato il modo di insegnare, mettendo al centro l'autonomia del bambino.

La Gioconda

6. (*Partire*) _____ per la Francia, dopo gli inizi difficili in Italia, ha raggiunto il successo con film di livello internazionale, che hanno messo in rilievo la sua bellezza tipicamente mediterranea.

Lucrezia Borgia

esercizi | unità 14 — modulo sei | storia

6 *Trova in ogni riga (+) la parola in più e inseriscila nella riga precedente (–), come nell'esempio.*

- Lussuria, intrighi, delitti. È l'Europa di 1400: un mondo di complotti continui.
+ Al centro di quel mondo c'è una (fine) donna misteriosa:
- Lucrezia Borgia, la regina veleno.
+ Il suo del segreto? È ancora nascosto nei palazzi di Roma.
- Figlia di Alessandro VI, un potente e ambiguo,
+ Lucrezia è il Papa simbolo della donna diabolica: bella, attraente e perversa.
- Colleziona tre mariti e innumerevoli e tutti, stranamente,
+ muoiono amanti in circostanze violente o misteriose.
- Secondo i racconti del tempo, Lucrezia, i suoi uomini,
+ posseduti li uccide per poi gettarli da un balcone.
- La sua arma? Un misterioso anello che, però, è stato mai ritrovato.
+ I Borgia non sono una famiglia che uccide senza pietà:
- Lucrezia usa il veleno, suo fratello Cesare preferisce spada.
+ Il padre, invece, paga i suoi soldati per la uccidere i nemici.
- Lucrezia è anche accusata avere rapporti sessuali con il padre e con il fratello Cesare.
+ E di molti dei delitti di Cesare sembrano dovuti alla gelosia per la sorella.
- Il musicista Gaetano Donizetti, nell'opera ispirata a Lucrezia, ha scritto:
+ "Fuggite i Borgia, o giovani, dove è Lucrezia è morte lirica."
- Eppure, per alcuni, Lucrezia è stata solo una vittima di giochi di potere grandi di lei.
+ La verità rimarrà più nascosta, per sempre, negli antichi palazzi della Città Eterna.

da *luisareali.giovani.it*

esercizi | unità 15 — modulo sei | storia

1 *Completa il testo con le parole della lista al posto più appropriato. Attenzione: le parole sono in ordine.*

 per che altri  perché senza

Il naufragio della Costa Concordia

La sera del 13 gennaio 2012, un errore di manovra del comandante, la nave da crociera Costa Concordia, trasportava più di 4.000 passeggeri, ha urtato uno scoglio ed è naufragata di fronte all'Isola del Giglio (Toscana). Nell'incidente sono morti 32 passeggeri e molti sono rimasti feriti. La notizia ha suscitato grande emozione e polemiche in tutto il mondo, anche il comandante Francesco Schettino, responsabile del disastro, ha abbandonato la nave aspettare il salvataggio di tutti i passeggeri.

esercizi | unità 15 — modulo sei | storia

2
Completa le frasi come nell'esempio.

> ✏ Esempio
> Conosciamo tipi del genere, ne troviamo a (*100 + 100 + 100, ecc.*) <u>centinaia</u> sulle spiagge italiane.
> Questo parcheggio può contenere (*circa 100*) <u>un centinaio</u> di macchine.

1. Al concerto c'erano (*1000 + 1000 + 1000, ecc.*) _____ di persone.
2. Il test è andato male, ho fatto (*circa 10*) _____ di errori.
3. Era una partita poco importante, allo stadio c'era solo (*circa 1000*) _____ di spettatori.
4. Per trovare un lavoro ho dovuto fare (*10 + 10 + 10, ecc.*) _____ di colloqui.
5. Per fare la frittata mi servono (*circa 12*) _____ uova.
6. Nel libro ci sono (*100 + 100 + 100, ecc.*) _____ di esercizi.
7. Il terrorismo ha causato (*10.000 + 10.000 + 10.000, ecc.*) _____ di vittime innocenti.

3
*Decidi per ogni domanda se è **reale** o **retorica**.*

	reale	retorica
1. Conosci un buon ristorante dove possiamo mangiare?	☐	☐
2. A che ora ci vediamo?	☐	☐
3. Ma come ti permetti di parlarmi in questo modo?	☐	☐
4. Non sarebbe meglio un mondo senza guerre?	☐	☐
5. Sei impazzito?	☐	☐
6. Pronto, chi parla?	☐	☐
7. Quanto costano i biglietti?	☐	☐
8. Possibile che ancora non abbiate capito cos'è una domanda retorica?	☐	☐

4
*Sostituisci gli **aggettivi** tra parentesi con i **contrari** della lista (sono alla forma base). Attenzione: i contrari da inserire negli spazi _____ non sono della lista, devi scriverli tu.*

(bugiardo) (pesante) (spaccone) (stupido) (vigliacco)

Tutti i giornali del mondo hanno parlato della tragedia della Costa Concordia e Schettino, il comandante della nave, è diventato il prototipo dell'italiano medio: (**umile**) _____, (**sincero**) _____, (**responsabile**) _____ e (**coraggioso**) _____. Unico simbolo dell'idea di italianità.
Il più venduto settimanale tedesco ha scritto: "Ma vi sorprendete che il capitano fosse un italiano? Vi potete immaginare che manovre del genere e poi l'abbandono della nave vengano decise da un capitano tedesco o inglese? Conosciamo tipi del genere, ne troviamo a centinaia sulle spiagge italiane: maschi bravi con grandi gesti, (**incapaci**) _____ di parlare con le dita e con le mani, in principio gente incapace di fare del male, ma bisognerebbe tenerli lontani da macchinari (**leggeri**) _____ e (**insensibili**) _____.
Bella figura, è lo sport più (**impopolare**) _____ in Italia."
Che dire? Potremmo rispondere, come ha fatto un giornale italiano, che se noi abbiamo avuto Schettino e la Costa Concordia, i tedeschi hanno avuto Hitler e Auschwitz, ma ci sembra un modo (**intelligente**) _____ di ragionare su una tragedia che dovrebbe stimolare riflessioni di livello un po' più elevato di questi volgari stereotipi.

esercizi | unità 15
modulo sei | storia

5 *Completa la tabella.*

aggettivo	contrario	sostantivo	contrario
umile	spaccone	umiltà	spacconeria
sincero	_____	_____	bugia
responsabile	_____	_____	_____
coraggioso	_____	_____	_____
incapace	_____	_____	_____
leggero	_____	_____	_____
insensibile	_____	_____	_____
impopolare	_____	_____	_____
intelligente	_____	_____	_____

6 *Le espressioni* **evidenziate** *sono state scambiate a coppie. Rimettile al posto giusto, come nell'esempio.*

La prima mappa del pregiudizio
Realizzata da un blogger tedesco a partire dalle ricerche su Google

Gli italiani, si sa, sono famosi per la pasta e il vizio di gesticolare, i francesi per la sofisticatezza e il romanticismo, i tedeschi per la puntualità e la passione per la birra. Più difficile **mentre** è sapere quali stereotipi circondano i boliviani, i kenioti o gli indonesiani. **Secondo**, a soddisfare questa richiesta arriva ora una vera e propria cartina geografica del pregiudizio, un atlante mondiale delle caratteristiche propriamente o impropriamente attribuite ai popoli di ogni latitudine. Realizzata da un blogger tedesco, la mappa raccoglie opinioni e credenze, **anche se** vere, riguardanti quasi tutti i popoli del mondo.
La fonte di questo vero e proprio repertorio dei luoghi comuni applicati allo straniero è **per esempio** Google, il più popolare motore di ricerca della terra.
Ecco dunque che i kenioti risultano noti per il ricorso fantasioso alla metafore e la velocità nella corsa, i sudafricani per l'aggressività, mentre in Svezia, **per fortuna** quanto si legge in rete, si tende troppo spesso a reprimere le emozioni. Internet, come si sa, non è imparziale: alcuni popoli escono meglio da questa antologia dei vizi e delle virtù.
E così, **invece** gli spagnoli amano la vita e hanno un'indole artistica, i boliviani risultano poco svegli e ritardatari. Altre volte invece la saggezza popolare si dimostra poco coerente: gli indiani **ovviamente** sono giudicati ospitali ma anche ingannevoli, mentre gli indonesiani sono considerati «genuinamente caldi» e **insomma** ipocriti. Infine, gli inglesi sono considerati degli aristocratici **più o meno** sono un po' meno apprezzati per la mancanza di pulizia.
Allo stesso tempo, ogni popolo ha una sua immagine e non sempre è quella preferita.

da corriere.it

esercizi | unità 15   modulo sei | storia

7 *Abbina i personaggi di sinistra alle frasi a destra, e forma delle frasi con l'espressione è (una settimana, un mese...) che / sono (due settimane / due mesi...) che, come nell'esempio. Attenzione: l'indicazione del tempo tra parentesi deve essere trasformata in un'altra espressione con lo stesso significato.*

Personaggio		Frase
Innamorato (14 giorni) *Sono due settimane*		abbaio ma il mio padrone non mi sente!
Amici (100 anni)		piango ma la mamma non mi sente!
Ammalato (60 giorni)		piove e sto lavorando moltissimo!
Bambino (120 minuti)	che	studio per questo esame e ancora non riesco a passarlo!
Cane (60 minuti)		*aspetto una telefonata di Francesca!*
Marito e moglie (30 giorni)		siamo sposati e ancora siamo innamorati!
Ombrello (48 ore)		sono in ospedale e ancora non sono guarito!
Studente (365 giorni)		non ci vediamo!

8 *Leggi il testo su Nobile, poi ascolta la continuazione della sua storia e rispondi alle domande.* 📀 esercizi 9

Umberto Nobile è stato un ingegnere, progettista ed esploratore. Nel 1926 raggiunge il Polo Nord guidando una spedizione norvegese e americana, a bordo del dirigibile *Norge*, da lui stesso progettato. Solo due anni dopo progetta un nuovo dirigibile, che chiama *Italia*, con cui pensa di andare nuovamente al Polo Nord in una spedizione tutta italiana composta da un equipaggio di sedici uomini. Il viaggio inizia il 15 aprile 1928 e il Polo Nord viene toccato il 24 maggio. Tutta l'Italia segue l'avventura via radio ma improvvisamente, durante il viaggio di ritorno, il dirigibile scompare nel nulla.

- Cosa succede all'equipaggio?
  - sono feriti sul ghiaccio: ☐ 3 ☐ 6 ☐ 9
  - restano sul dirigibile e scompaiono per sempre: ☐ 3 ☐ 6 ☐ 9
  - muoiono subito nell'incidente*: ☐ 1 ☐ 4 ☐ 10

  * Attenzione: questa informazione non è contenuta nel testo scritto e nell'audio.

- Cosa hanno i sopravvissuti?
  ☐ armi ☐ libri ☐ provviste ☐ una cabina ☐ una radio ☐ una tenda rossa

- Quando viene captato il segnale di soccorso dei sopravvissuti?
  ☐ il 30 maggio ☐ il 9 giugno ☐ il 24 giugno

9 *Ascolta ancora e scegli, tra le due opzioni, come si è conclusa l'avventura di Umberto Nobile.* 📀 esercizi 9

☐ Umberto Nobile viene accolto in patria come un eroe.
☐ Umberto Nobile viene accusato di aver abbandonato i suoi uomini.

esercizi | unità 16 — modulo sei | storia

1 *Completa le frasi con i verbi all'***infinito presente** *o* **passato**.

1. Devi prendere la medicina prima di (*dormire*) _____.
2. Quell'uomo è accusato di (*uccidere*) _____ 10 persone.
3. Lavoriamo per (*vivere*) _____, non viviamo per (*lavorare*) _____.
4. Giulio ancora non è arrivato, deve (*perdere*) _____ il treno.
5. Un mio amico è stato condannato a 3 anni di prigione per (*rubare*) _____ una macchina.
6. Prima di (*parlare*) _____, conta fino a 10!
7. Ieri ho finito di (*lavorare*) _____ alle 4.
8. Quando sono uscito di casa, mi sono accorto di (*lasciare*) _____ le chiavi dentro.
9. Dopo (*riposarsi*) _____, abbiamo ricominciato a studiare.
10. Mi piacerebbe (*visitare*) _____ la Nuova Zelanda, forse l'anno prossimo avrò la possibilità di andarci.

2 *Completa le frasi con i verbi della lista coniugati al* **participio presente**, *come nell'esempio. Attenzione, i verbi NON sono in ordine.*

(mancare) (provenire) (~~dormire~~) (parlare) (rimanere) (splendere) (vivere) (volare)

1. In Oriente si trovano molte statue di Buddha _**dormiente**_.
2. Oggi c'è un sole _____.
3. Completa il testo con le parole _____.
4. Leonardo da Vinci aveva progettato delle macchine _____.
5. Anche le piante sono esseri _____.
6. Il treno _____ da Milano è in arrivo al binario 15.
7. Paghiamo il conto e con i soldi _____ possiamo andare a bere qualcosa.
8. Le persone _____ spagnolo come prima lingua nel mondo sono circa 500 milioni.

3 *Ordina le parole e ricostruisci la famosa frase che Giuseppe Garibaldi ha detto prima di una battaglia.*

(fa) (l') (Italia) (muore) (o) (si) (si)

Qui _____ _____ _____
_____ _____
o _____ _____!

Giuseppe Garibaldi

4 Completa con i **modi impliciti**. *Attenzione: in tre casi devi aggiungere anche le preposizioni della lista (sono in ordine).*

di / a / a

Anita e Giuseppe Garibaldi: amore e guerra

Uno degli amori più famosi e mitizzati della storia è quello tra Giuseppe e Anita Garibaldi. [...]
L'incontro che cambia le loro vite avviene il 21 luglio 1839. Mentre era in Sudamerica a combattere a fianco degli indipendentisti del Rio Grande, Garibaldi, durante un'ispezione nella piccola città di Laguna, nota una ragazza dai lunghi capelli neri (*piangere*) _____ davanti alla porta di un'abitazione.
(*Avvicinarsi*) _____, le chiede il motivo di quel pianto. Lei, disperata, risponde che il marito sta morendo. Giuseppe le offre generosamente il suo aiuto e ordina ai suoi uomini (*trasportare*) _____ il giovane, soldato dell'esercito imperiale gravemente ferito in combattimento, in ospedale. Durante i due mesi in cui l'eroe italiano va (*trovare*) _____ la ragazza, lei si innamora perdutamente di lui e gli chiede di poterlo seguire (*abbandonare*) _____ il marito (*morire*) _____. [...]
Da subito si stabilisce tra lei e Giuseppe un rapporto non solo passionale ma anche politico: imbevuti delle stesse idee patriottiche e libertarie, combattono insieme, l'uno a fianco dell'altra, (*soffrire*) _____ fame e dolori.
Il primo figlio della coppia, Menotti, nasce nel 1840; poi, dopo il trasferimento della coppia in Uruguay, nascono altri tre figli. A questo punto Anita, gelosissima, obbliga il marito (*tagliarsi*) _____ barba e capelli nel tentativo di renderlo meno affascinante agli occhi delle altre donne, che vedeva tutte come potenziali rivali.
(*Tornare*) _____ in Italia, Garibaldi riprende subito a combattere: a Roma, dopo (*cacciare*) _____ il Papa, i giovani patrioti italiani hanno proclamato la Repubblica Romana (febbraio 1849). Insieme ai suoi uomini, Garibaldi corre in loro aiuto.
Al suo fianco, come sempre, c'è Anita.

esercizi | unità 16 — modulo sei | storia

5 *Inserisci al posto giusto gli elementi della lista fino a completare lo schema.*

(qualcuno) (è incinta) (dal timore) (dalla gelosia) (ovunque) (segue) (le porti via)

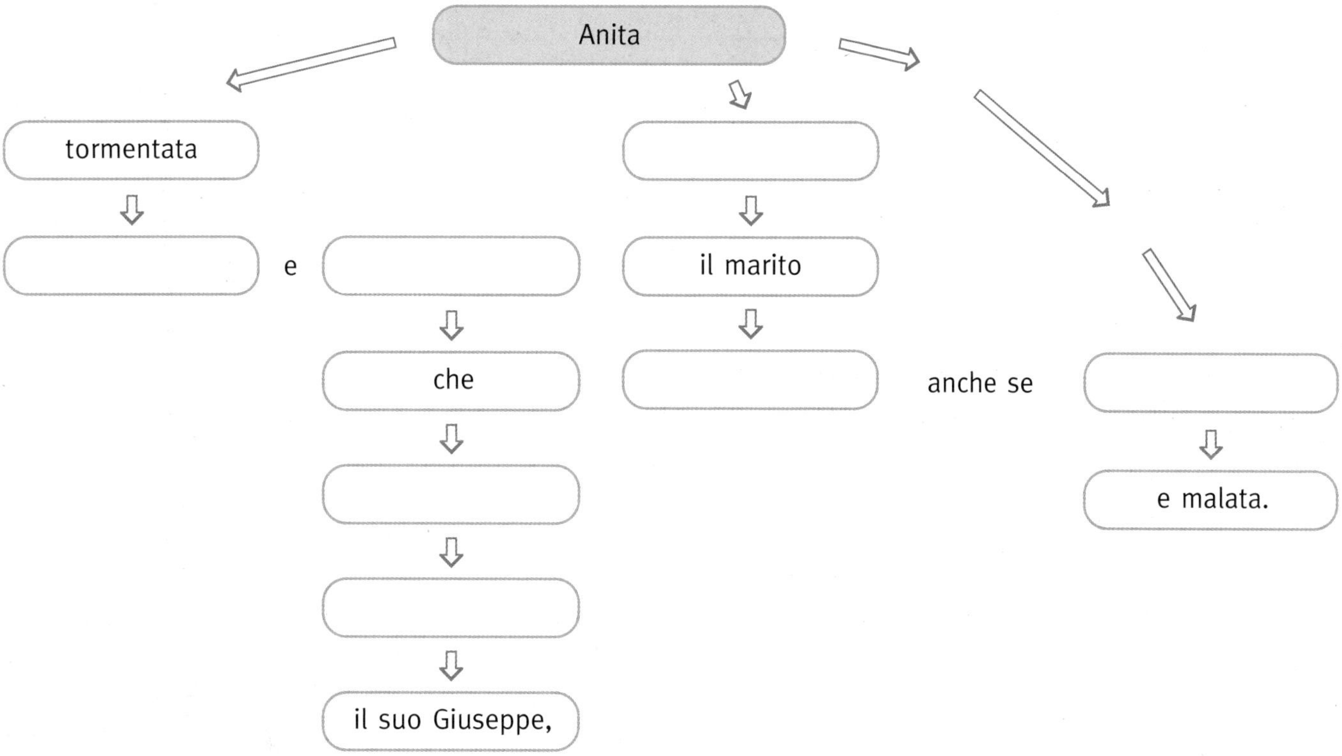

```
                         Anita
         ↙                 ↓                   ↘
   tormentata          [          ]
       ↓                   ↓
   [       ]  e  [       ]    il marito
                   ↓            ↓
                  che        [       ]   anche se   [       ]
                   ↓                                    ↓
                [       ]                           e malata.
                   ↓
                [       ]
                   ↓
            il suo Giuseppe,
```

6 *Inserisci al posto giusto gli elementi della lista fino a completare lo schema.*

(a Roma) (chiamati) (dal Papa,) (di combattimenti,) (dopo) (liberano)

```
                      I francesi
        ↙                ↓            ↘              ↘
   [       ]        [       ]       entrano
       ↓                ↓              ↓
   due mesi         [       ]       [       ]   e   [       ]
       ↓                                                ↓
   [       ]                                        la città.
```

7 Scegli il verbo giusto.

Giacomo Casanova

Giacomo Casanova è stato uno dei personaggi più discussi del settecento italiano ed europeo. Ma la sua fama non è limitata al suo tempo.
(Avendo ispirato / **Ispirato** / Avere ispirato) circa dieci film, tra cui uno del grande regista Federico Fellini, Casanova può essere infatti considerato uno dei personaggi più cinematografici di sempre.
(Essendo nato / Nascendo / **Nato**) a Venezia nel 1725, è stato avventuriero, scrittore, bibliotecario, mago, storiografo, diplomatico e spia, anche se viene ricordato soprattutto per (avendo rappresentato / avere rappresentato / **rappresentando**) per primo la figura del *latin lover*.
Il suo nome viene spesso accostato a quello di Don Giovanni. Come il grande seduttore di Mozart infatti, anche Casanova, dopo (avendo sedotto / **aver sedotto** / sedotto) le sue "vittime", le abbandonava al loro destino. Tuttavia, a differenza di Don Giovanni, che collezionava donne senza (avendo provato / provando / **provare**) alcun sentimento per loro, Casanova ogni volta si innamorava veramente (**essendo stato** / stando / stato a quello che racconta nelle sue memorie).
Uomo di grandissimi appetiti (non solo in senso figurato ma anche letterale: amava infatti la buona cucina per qualità e quantità), ambizioso e brillante, era un (amando / **amante** / amato) di piaceri e comodità che non sempre si poteva (permettendo / permesso / **permettere**). Non era un uomo bellissimo, ma aveva una personalità magnetica ed (**affascinante** / avendo affascinato / affascinare) e capacità intellettive ed oratorie superiori alla media.
(Essere partito / Partente / **Partito**) nel 1750 per un viaggio attraverso le capitali europee e (essere tornato / tornante / **tornato**) a Venezia, viene arrestato con l'accusa di comportamento immorale. Ma il periodo di prigionia dura poco. Casanova riesce infatti a scappare e a lasciare la città.
Dopo (avendo girato / **aver girato** / girando) ancora per l'Europa, trova rifugio nel Castello di Dux in Boemia, ospite del conte Waldstein, suo amico. Prima di (essere morto / morente / **morire**), passa qui gli ultimi anni della sua vita (aver lavorato / **lavorando** / lavorare) come bibliotecario e (avendo scritto / aver scritto / **scrivendo**) le sue Memorie, in cui racconta le sue avventure e i suoi numerosi amori.

da www.innvenice.com

8 Scegli un personaggio della storia o della cultura italiana, fai una ricerca su internet e prepara una relazione per la classe.

test

modulo sei | storia

1 *Inserisci al posto giusto gli elementi della lista fino a completare la frase di Maria Montessori.*

(aiutare) (un compito) (mai) (poter avere) (sente) (sta svolgendo)

Non bisogna
⇩
☐
⇩
☐
⇩
un bambino
⇩
mentre
⇩
☐
⇩
☐

nel quale ☐
⇩
di
⇩
☐
⇩
successo.

- La frase ricomposta correttamente 16 punti Totale: ____ / 16

2 *Ricomponi le parole scambiate a coppie, come nell'esempio.*

1. auto~~mano~~ — *autobiografia*
2. salvapanni
3. capochiavi
4. portalavoro
5. asciuga~~biografia~~ — *asciugamano*
6. attaccagente

- Ogni parola ricomposta correttamente 2 punti Totale: ____ / 8

test

modulo sei | storia

3 *Sostituisci le parole* **evidenziate** *con il giusto* **contrario**, *come nell'esempio.*

Giacomo Casanova, (**impopolare**) ___popolare___ latin lover del Settecento, non era un uomo (**brutto**) _____, ma aveva una personalità magnetica ed affascinante e una (**stupidità**) _____ superiore alla media. Era ambizioso, (**sincero**) _____, brillante, apparentemente (**sensibile**) _____ ma (**incapace**) _____ di grandi passioni e anche di grandi azioni (famosa è la sua fuga dalle prigioni di Venezia).

- Ogni contrario giusto 2 punti   Totale: ____/ 10

4 *Coniuga i verbi nei* **modi impliciti** *e inserisci le* **espressioni** *come nell'esempio (sono in ordine).*

(dall') (le cui) (i quali) (anche se) (a causa di)

Nel 1928 Umberto Nobile, ai comandi del dirigibile *Italia*, da lui (*progettare*) _____, arriva al Polo Nord con una spedizione tutta italiana, due anni dopo (*raggiungerlo*) _____ a bordo del *Norge*, in una spedizione guidata dall' esploratore norvegese Roald Amundsen. Ma durante questo secondo viaggio accade un terribile incidente, cause – a parte le condizioni meteorologiche estreme – non sono mai state chiarite. Dopo (*arrivare*) _____ al Polo, il 25 maggio l'*Italia* precipita sul ghiaccio: dieci uomini, tra Nobile e un uomo dell'equipaggio che muore all'istante, sono gettati a terra. Gli altri sei rimangono prigionieri del dirigibile che riprende quota (*scomparire*) _____ nel nulla. Per (*salvare*) _____ i sopravvissuti si mobilitano piloti, marinai ed esploratori di diversi Paesi: alcuni, come lo stesso Amundsen, muoiono durante le ricerche. (*Riparare*) _____ dentro una tenda rossa, i naufraghi resistono sul pack per 49 giorni (solo il meteorologo svedese Finn Malmgren muore). Nobile, cerca di opporsi, viene salvato prima degli altri, il 23 giugno. Al suo ritorno in Italia questo episodio nascono grandi polemiche: i giornali del tempo lo condannano come un vigliacco e un traditore per (*scappare*) _____ (*abbandonare*) _____ i suoi uomini.

- Ogni verbo coniugato e ogni parola inserita correttamente 3 punti   Totale: ____/ 36

5 *Scegli l'espressione giusta.*

Cristoforo Colombo è forse l'esploratore più famoso di tutti i tempi. Nato a Genova nel 1451, dopo vari studi si convince che la Terra è rotonda e non piatta, come allora si credeva.
(**Pensando / Pensato**) che fosse relativamente breve la distanza tra le coste occidentali europee e quelle orientali (Cina, Giappone, India), e che fra esse non ci fosse alcun continente, comincia a progettare di raggiungere le Indie, (**avendo navigato / navigando**) verso occidente.
Per realizzare l'impresa però Colombo aveva bisogno di soldi e di navi, per questo si rivolge alle corti di Portogallo, Spagna, Francia e Inghilterra senza (**trovando / trovare**) attenzione per anni. Finalmente, la regina di Spagna decide di finanziare il suo progetto, (**dandogli / gli dando**) tre piccole navi (le caravelle Pinta, Niña, S. Maria) e 120 uomini di equipaggio.
Così il 3 agosto 1492 le tre caravelle si avventurano nell'immenso Oceano Atlantico mai (**aver attraversato / attraversato**) da nessuno.
Il viaggio dura oltre due mesi tra il malcontento degli uomini dell'equipaggio (**a cui / il cui**) Colombo spesso doveva nascondere la reale distanza compiuta per non scoraggiarli. Finalmente il 12 ottobre, viene avvistata l'isola di Guanahani, nell'arcipelago delle Bahamas, battezzata da Cristoforo Colombo San Salvador.
Proseguendo la navigazione Colombo scopre Cuba, (**pensando / penserebbe**) si trattasse della Cina e poi Haiti, che chiama Hispaniola. Qui si stabilisce, (**essendo fondata / fondando**) una piccola colonia e chiamando queste terre "Indie Occidentali" e gli abitanti "indiani", ma con grande stupore si accorge che non c'erano quelle enormi ricchezze di cui si parlava in Europa e (**a cui / per le quali**) la spedizione era stata finanziata.
(**Tornando / Tornato**) in Europa, organizza negli anni successivi varie altre spedizioni nel Nuovo Continente. Poi, stanco e malato, Colombo si ritira in Spagna, dove (**per fortuna / però**) nessuno sembra comprendere l'importanza delle sue scoperte. Muore nel 1506, quasi povero, nell'indifferenza generale, convinto di (**aver raggiunto / raggiungere**) l'Oriente navigando verso Occidente.

da *www.windoweb.it*

- Ogni espressione corretta 2 punti   Totale: ____ / 24

6 *Riordina le parole e forma il titolo di un famoso romanzo dello scrittore Fabio Volo.*

(aspetto) (è) (che) (ti) (una) (vita)

_____

- Il titolo ricomposto correttamente 6 punti   Totale: ____ / 6

☞ Totale test: ____ / 100

bilancio

modulo sei | storia

Cosa so fare?

Raccontare e descrivere la vita di un personaggio storico	☐	☐	☐
Fare domande retoriche	☐	☐	☐
Riconoscere gli stereotipi culturali	☐	☐	☐
Trovare i contrari di aggettivi e di nomi	☐	☐	☐
Parlare delle caratteristiche di altre culture che conosco	☐	☐	☐
Ricostruire le fasi di un evento storico	☐	☐	☐
Fare una ricerca	☐	☐	☐
Esporre una ricerca	☐	☐	☐

Cosa ho imparato

Pensa a quello che hai imparato e scrivi...

- alcune parole composte:

- una cosa particolarmente difficile:

- il nome di un personaggio storico italiano particolarmente interessante:

- una curiosità culturale sull'Italia e gli italiani:

Cosa faccio... | confrontarsi con gli sterotipi

1 *Scrivi una lista di 5 nazionalità nella prima colonna.*

nazionalità	colore	oggetto	azione	aggettivo

2 *Senza pensarci troppo scrivi delle parole associate ad ogni nazionalità: scrivi un colore nella seconda colonna, un oggetto nella terza colonna, un'azione nella quarta e un aggettivo nell'ultima.*

3 *Confronta i risultati con i tuoi compagni.*

Mi metto alla prova | una ricerca

Cosa pensano i tuoi connazionali degli italiani? Quante delle cose che pensano sono dei pregiudizi, quante altre sono vere, quante stereotipi? Fai alcune interviste a persone del tuo stesso Paese (possibilmente non studenti di italiano) chiedendo loro cosa pensano degli italiani riguardo a diversi argomenti. Analizza i risultati e scrivi una relazione, da inviare via mail a tutti i tuoi compagni di classe e al tuo insegnante.

grammatica

grammatica | unità 0

● Sono bravo a, sono negato per

Per dire cosa so o non so fare, posso usare varie espressioni.

+++   Sono bravo *a* sciare / Sono bravo *in* matematica
++   So disegnare / Sono capace *di* disegnare
+   Riesco *a* parlare in pubblico
−   Sono negato *per* lo sport

Attenzione, ogni espressione vuole una diversa preposizione. Con *essere capace* si usa la preposizione *di*.
▸ Sei capace *di* cucinare il pesce?

Con *riuscire* si usa la preposizione *a*.
▸ Non riesco *a* dormire con questo caldo!

Con *essere bravo* + infinito si usa la preposizione *a*.
▸ Marco è bravo *a* ballare, *a* cantare, *a* suonare il piano...

Con *essere negato* si usa la preposizione *per*.
▸ Sono negato *per* le lingue.

Con *essere bravo* + nome si usa la preposizione *in*.
▸ Maria è brava *in* chimica, *in* fisica, *in* matematica...

Con il verbo *sapere* non si usano preposizioni.
▸ Sai giocare a calcio?

grammatica | modulo uno

● Il trapassato prossimo

Il trapassato prossimo si usa per indicare un'azione passata compiuta *prima* di un'altra azione avvenuta nel passato.
▸ *Ho fatto* gli esercizi che l'insegnante ci *aveva dato*.

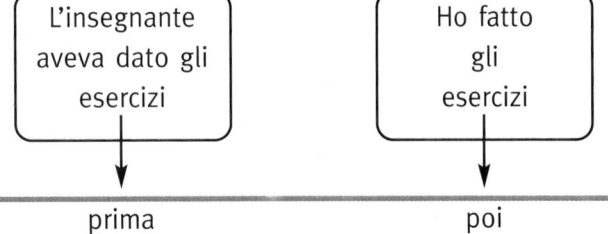

Il trapassato prossimo si forma con l'imperfetto di *avere* o *essere* + il participio passato del verbo.
▸ Mario ci ha raccontato dove *aveva passato* le vacanze.
▸ Ieri sera sono tornato in un ristorante in cui *ero stato* con i miei genitori.

grammatica | modulo uno

◉ I verbi *sapere* e *conoscere* al passato

Sapere e *conoscere* al passato prossimo e all'imperfetto hanno significati diversi.

Sapere

passato prossimo = ricevere una notizia nuova da qualcuno
▸ **Ho saputo** da Giulio che Claudio ha cambiato lavoro.

imperfetto = avere già un'informazione (la notizia non è una novità)
▸ **Sapevo** perché Ugo era venuto da me: voleva dei soldi.

Conoscere

passato prossimo = incontrare qualcuno per la prima volta
▸ Quest'estate **ho conosciuto** una ragazza bellissima.

imperfetto = avere già contatti con qualcuno
▸ Quando sono arrivato a Roma, **conoscevo** solo Rita.

◉ Pronomi diretti e indiretti

I pronomi diretti si usano per non ripetere un nome (un oggetto diretto).
▸ Chi è quella ragazza? • Non **la** conosco.

Quando il passato prossimo con ausiliare *avere* è preceduto dai pronomi diretti *lo, la, li, le,* l'ultima lettera del participio passato concorda con il pronome.
▸ Ho telefonato a Paola e l'ho invitat**a** al matrimonio.
▸ Questi fiori sono bellissimi. Dove **li** hai comprat**i**?

I pronomi indiretti si usano per sostituire una persona o un oggetto preceduti dalla preposizione *a* (complemento di termine).
▸ Puoi dire a Paolo di comprare il biglietto?
• D'accordo, **gli** scrivo subito una mail.

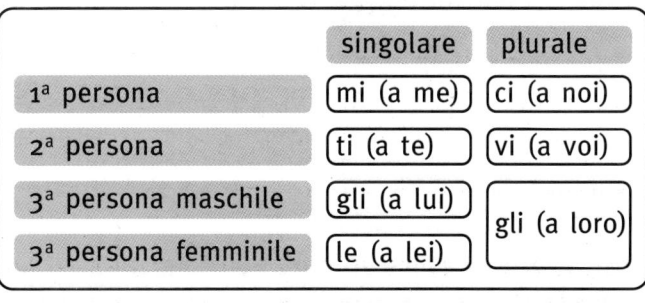

I pronomi diretti e i pronomi indiretti possono formare un pronome doppio.
▸ Dove hai comprato questo vestito?
• **Me l'**ha regalato Fabio.

I pronomi indiretti possono combinarsi anche con il partitivo *ne*.
▸ Hai dato i libri a Ugo?
• **Gliene** ho dati due, il terzo l'ho tenuto per me.

grammatica | modulo uno

● Usi delle particelle *ci* e *ne*

La particella *ne* può essere usata per indicare una parte di una quantità (funzione partitiva).
- *Ho comprato la pizza, **ne** vuoi un pezzo?* (*ne* = di pizza)

Ne può anche riferirsi ad un argomento già conosciuto.
- *Ho un problema, posso parlar**ne** con te?* (*ne* = del problema)

La particella *ci* può riferirsi ad un luogo.
- *Io sono di Firenze, ma non **ci** vado da molti anni.* (*ci* = a Firenze)

Ci è usato anche in molte espressioni verbali: *ci sono, ci vuole, ci metto, ce l'ho, c'entro*, ecc.
- *Nel frigorifero **ci sono** due pomodori.*
- *Quanto tempo **ci vuole** da Roma a Firenze con il treno?* • *Io con la macchina **ci metto** due ore.*
- *Mi presti una penna?* • *Mi dispiace, non **ce l'ho**.*
- *Hai rubato la borsa, di' la verità!* • *No, io non **c'entro**!*

Ci può anche riferirsi ad una persona, una cosa o un argomento già conosciuti.
- *Sei ancora innamorato di Francesca?* • *No, non **ci** penso più.* (*ci* = a Francesca)

● I verbi pronominali con *ci* e *ne*

Alcuni verbi, in combinazione con un pronome, hanno un proprio significato. Generalmente questi verbi si formano:

con il pronome *ci* (invariabile): ▸ *pensarci, entrarci*
con il pronome *ne* (invariabile): ▸ *parlarne, non poterne più*
con i pronomi riflessivi *mi, ti, si, ci, vi, si*: ▸ *pentirsi, vergognarsi*

Non parlarne più — let's forget about it

● I nomi in *-ismo* e gli aggettivi in *-ista*

Gli aggettivi in *-ista* derivano generalmente dai nomi in *-ismo*. Questi nomi indicano di solito idee astratte, mentre gli aggettivi in *-ista* indicano la persona o le persone che seguono o riflettono quelle idee.
- *comun**ismo** → comun**ista***
- *social**ismo** → social**ista***
- *ego**ismo** → ego**ista***
- *femmin**ismo** → femmin**ista***
- *ottim**ismo** → ottim**ista***

Il suffisso *-ista* è usato anche nei nomi di alcuni mestieri: *giornalista, dentista, musicista*, ecc.

● Espressioni di tempo

entro un'ora, un giorno, due settimane, ecc.	▸ *Entro un'ora devo consegnare la relazione.*
in questo momento	▸ *Il treno è arrivato in questo momento.*
tra un'ora, tra due giorni, tra un anno, ecc.	▸ *Ci vediamo al bar tra un'ora, ok?*
venti minuti fa, un'ora fa, due giorni fa, ecc.	▸ *Ho sentito Paolo venti minuti fa.*

grammatica | modulo due

● Il congiuntivo presente

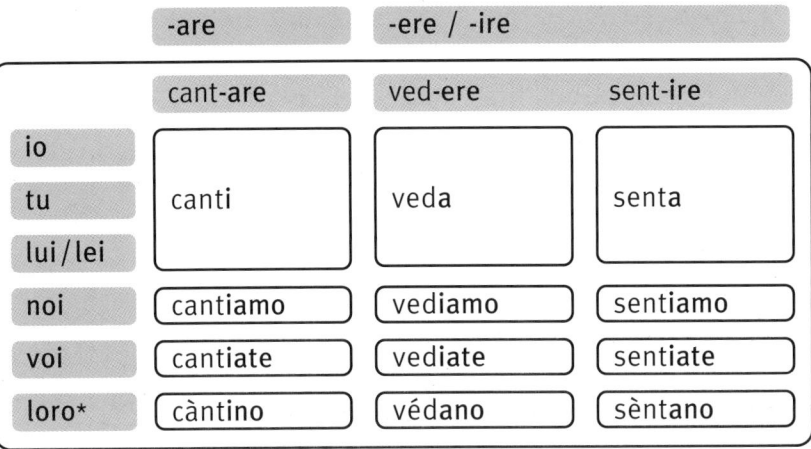

	essere	avere	volere	potere	dovere	andare	fare
io	sia	abbia	voglia	possa	debba	vada	faccia
tu	sia	abbia	voglia	possa	debba	vada	faccia
lui/lei	sia	abbia	voglia	possa	debba	vada	faccia
noi	siamo	abbiamo	vogliamo	possiamo	dobbiamo	andiamo	facciamo
voi	siate	abbiate	vogliate	possiate	dobbiate	andiate	facciate
loro*	sìano	àbbiano	vògliano	pòssano	débbano	vàdano	fàcciano

*La terza persona plurale del congiuntivo presente ha sempre l'accento sulla prima sillaba: càntino, védano, sèntano, sìano, àbbiano, vògliano, pòssano, débbano, vàdano, fàcciano.

Il congiuntivo di solito si usa:

- con verbi che esprimono opinione o situazioni non sicure come *penso, credo, immagino,* ecc.
  - ▸ <u>Penso</u> che Roma **sia** una città troppo caotica.
  - ▸ Non <u>credo</u> che Angelo **dica** la verità.

- con frasi impersonali come *è meglio che, è bene che, è bello che, è importante che, è possibile che, è probabile che, sembra che, basta che, bisogna che,* ecc.
  - ▸ <u>È meglio che</u> tu **vada** a dormire presto, se non vuoi perdere il treno domani.
  - ▸ <u>È possibile che</u> Mara **arrivi** in ritardo.
  - ▸ Ok, vengo anch'io al cinema, <u>basta che</u> poi mi **riportiate** a casa.

- con verbi che esprimono sentimenti, stati d'animo o volontà come *spero, mi auguro, sono felice, sono contento, amo, odio, mi piace, preferisco, voglio,* ecc.
  - ▸ <u>Spero</u> che tu **stia** meglio.
  - ▸ <u>Voglio</u> che tutti **esprimano** la loro opinione.

- dopo alcune congiunzioni o espressioni come *affinché, nonostante, malgrado, sebbene, benché, purché, a patto che, a condizione che, prima che, per quanto,* ecc.
  - ▸ <u>Sebbene</u> non **sia** più così giovane, è ancora una bella donna.
  - ▸ Potete andare a giocare, <u>a patto che</u> **finiate** i compiti.
  - ▸ Dobbiamo assolutamente vederci, <u>prima che</u> tu **parta**.

grammatica | modulo due

● Congiuntivo o indicativo?

Il congiuntivo si usa dopo i verbi che esprimono un'opinione soggettiva.

- *Penso* che Roma **sia** una città troppo caotica.
- *Credo* che Sara **abbia** fame, per questo piange.

A volte si può introdurre l'opinione con altre espressioni. In questo caso si usa l'indicativo.

- *Secondo me* Roma **è** una città troppo caotica.
- *A mio giudizio* Sara **ha** fame, per questo piange.

vogliono il congiuntivo	vogliono l'indicativo
penso che ...	a (mio) giudizio ...
ritengo che ...	secondo (me) ...
credo che ...	per (me) ...
sembra che ...	a quanto pare ...

● Congiuntivo o infinito?

Il congiuntivo di solito si usa nelle frasi secondarie ed è generalmente introdotto dalla congiunzione *che*.

frase principale		frase secondaria
Paolo pensa	*che*	Rocco **sia** un bravo insegnante.

Quando il soggetto della frase secondaria è lo stesso di quello della frase principale, non si usa il congiuntivo ma l'infinito preceduto dalla preposizione *di*.

frase principale		frase secondaria	
Paolo pensa	~~che~~	~~(Paolo) sia un bravo insegnante.~~	NO
Paolo pensa	*di*	**essere** un bravo insegnante.	SÌ

● La forma impersonale

Di solito il pronome *si* è usato in senso impersonale, per indicare un soggetto indefinito (la gente, tutti, qualcuno).

- *In Italia* **si** *vive bene.* (= la gente vive bene)

Quando la frase con *si* non ha un oggetto, il verbo è sempre alla terza persona singolare.

- *Di solito in questo ufficio* **si** *lavora fino alle 6.*

Quando la frase con *si* ha un oggetto singolare, il verbo è alla terza persona singolare.

- *Da questa finestra* **si** *vede un bel panorama.*

Quando la frase con *si* ha un oggetto plurale, il verbo è alla terza persona plurale.

- *A Roma il giovedì* **si** *mangiano gli gnocchi.*

Quando il *si* è riferito a un verbo riflessivo, forma il pronome doppio *ci si*.

- *Quando* **ci si** *siede a tavola è meglio spegnere il telefono.*

grammatica | modulo tre

● Gli interrogativi

Gli interrogativi si usano per introdurre una domanda. Vanno sempre prima del nome. Alcuni sono variabili e altri invariabili.

invariabili

che cosa / cosa / che	▸ *Che cosa / Cosa / Che prendi?*
chi	▸ *Chi ha vinto la partita?*
come mai / perché	▸ *Come mai / Perché Paolo non è venuto?*

variabili

quale/-i	▸ *Quale macchina hai?*
quanto/-a/-i/-e	▸ *Quante persone conosci a Roma?*

Attenzione: con l'espressione interrogativa *qual è* non si usa l'apostrofo.
- ▸ ~~*Qual'è*~~ *il tuo sport preferito?*   NO
- ▸ *Qual è il tuo sport preferito?*   SÌ

● Gli esclamativi

Che, chi, come, quale e *quanto* possono anche introdurre un'esclamazione.

che	▸ *Che bella casa!*
chi	▸ *Senti chi parla!*
come	▸ *Com'è carino il tuo vestito!*
quale/-i	▸ *Vieni anche tu? Quale onore!*
quanto/-a/-i/-e	▸ *Quante parole per non dire niente!*

● Il pronome relativo *chi*

Chi può essere usato come pronome relativo. In questo caso significa "quelli che / le persone che".
- ▸ *Non bisogna arrabbiarsi con chi commette errori.* (= *Non bisogna arrabbiarsi con quelli che / le persone che commettono errori.*)
- ▸ *Non mi piace chi non dice le verità.* (= *Non mi piacciono quelli che / le persone che non dicono la verità.*)

Chi si riferisce sempre a persone. Quando ci si riferisce a <u>esseri inanimati</u> non si usa *chi* ma *quello / ciò che*.
- ▸ *Quello che hai fatto è incredibile.*
- ▸ *Perché non ci dici ciò che pensi veramente?*

grammatica | modulo tre

● La forma passiva

Una frase può essere **attiva** o **passiva**. In genere la forma attiva si usa per dare rilievo alla persona o alla cosa che fa l'azione, mentre la forma passiva si usa per dare rilievo alla persona o alla cosa che subisce l'azione.

frase attiva: di solito c'è un soggetto (chi fa l'azione), un verbo alla forma attiva e un oggetto.

                Gli studenti   ***leggono***   *il libro.*
                soggetto   verbo attivo   oggetto

frase passiva: in genere c'è un soggetto (chi subisce l'azione) e un verbo alla forma passiva. Qualche volta c'è anche un agente (chi fa l'azione).

                Il libro   ***è letto***   *dagli studenti.*
                soggetto   verbo passivo   agente

Per fare una frase passiva si possono usare gli ausiliari ***essere*** o ***venire*** + il participio passato. Gli ausiliari si coniugano allo stesso tempo del verbo della frase attiva.

- Molti turisti <u>visitano</u> Roma. → Roma **è / viene** visitata da molti turisti.
- Penso che molti turisti <u>visitino</u> Roma. → Penso che Roma <u>sia / venga</u> visitata da molti turisti.

L'ausiliare ***venire*** non può essere usato con i tempi composti (passato prossimo, trapassato prossimo, ecc.) ma solo con i tempi semplici. In questi casi bisogna dunque usare l'ausiliare ***essere***.

- L'anno scorso molti turisti **hanno visitato** Roma. → L'anno scorso Roma <u>è stata</u> visitata da molti turisti.
- Ho letto che molti turisti **avevano visitato** Roma. → Ho letto che Roma <u>era stata</u> visitata da molti turisti.

Spesso la scelta tra ***essere*** e ***venire*** può dipendere dal gusto personale di chi scrive o da ragioni stilistiche.

grammatica | modulo quattro

● Il gerundio semplice e composto

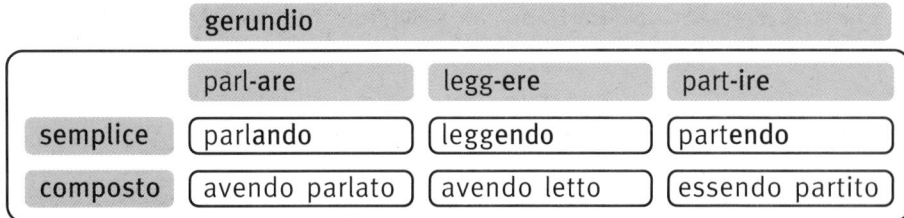

Il gerundio può avere molte funzioni:
- causale (perché)   ▸ ***Essendo*** *stanco, è rimasto a casa.*
- temporale (quando)   ▸ ***Studiando****, ascolto la musica.*
- modale (come)   ▸ *Mi sono fatto male* ***giocando*** *a calcio.*
- ipotetica (se)   ▸ ***Cambiando*** *lavoro, dovresti ricominciare da zero.*
- concessiva (anche se)   ▸ *Pur* ***avendo*** *sonno, non vuole andare a dormire.*

grammatica | modulo quattro

In genere il gerundio semplice nella frase secondaria esprime un'azione **contemporanea** rispetto a quella della frase principale e il gerundio composto un'azione **anteriore**.

Contemporanea:
> Mangio **guardando** la tv.
> (= Nello stesso momento mangio e guardo la tv.)

Anteriore:
> **Avendo incontrato** Nina, l'ho invitata a bere un caffè.
> (= Prima ho incontrato Nina, poi l'ho invitata a bere un caffè.)

Generalmente il soggetto del gerundio nella frase secondaria è uguale a quello della frase principale.
> (io) **Dovendo** prendere l'aereo alle 4, (io) devo partire da casa alle 2.

I pronomi vanno sempre <u>dopo</u> il gerundio.
> Ti ho portato la medicina. **Prendendo<u>la</u>**, ti sentirai meglio.
> **Svegliando<u>ti</u>** alle 7 avrai tutto il tempo di arrivare alla stazione.
> Ecco i libri: **avendo<u>li</u> letti** tutti e due, posso dirti che il primo è più bello.

◉ Il congiuntivo imperfetto

congiuntivo imperfetto

	chiam-are	conosc-ere	part-ire	essere	avere	fare
io	chiam**assi**	conosc**essi**	part**issi**	fossi	avessi	facessi
tu	chiam**assi**	conosc**essi**	part**issi**	fossi	avessi	facessi
lui/lei	chiam**asse**	conosc**esse**	part**isse**	fosse	avesse	facesse
noi	chiam**assimo**	conosc**essimo**	part**issimo**	fossimo	avessimo	facessimo
voi	chiam**aste**	conosc**este**	part**iste**	foste	aveste	faceste
loro	chiam**assero**	conosc**essero**	part**issero**	fossero	avessero	facessero

Il congiuntivo imperfetto si usa soprattutto in frasi secondarie introdotte da una frase principale al passato (passato prossimo o imperfetto).

frase principale		frase secondaria
Penso	che	*Mario **sia** stanco.*
(indicativo presente)		(congiuntivo presente)
Pensavo	che	*Mario **fosse** stanco.*
(passato prossimo o imperfetto)		(congiuntivo imperfetto)

duecentotrentuno

grammatica | modulo quattro

● Il congiuntivo passato

Il congiuntivo passato si forma con il congiuntivo presente dell'ausiliare *avere* o *essere* + il participio passato del verbo.

	chiamare	partire	essere	avere
io	abbia chiamato	sia partito / a	sia stato / a	abbia avuto
tu	abbia chiamato	sia partito / a	sia stato / a	abbia avuto
lui / lei	abbia chiamato	sia partito / a	sia stato / a	abbia avuto
noi	abbiamo chiamato	siamo partiti / e	siamo stati / e	abbiamo avuto
voi	abbiate chiamato	siate partiti / e	siate stati / e	abbiate avuto
loro	abbiano chiamato	siano partiti / e	siano stati / e	abbiano avuto

Il congiuntivo passato si usa soprattutto in frasi secondarie anteriori rispetto a una frase principale al presente.

frase principale		frase secondaria
Credo (ora)	che	*Mario sia andato* a casa (prima).
(indicativo presente)		(congiuntivo passato)

● Concordanze del congiuntivo con frase principale al presente (contemporaneità, anteriorità e posteriorità)

La scelta del tempo del congiuntivo nella frase secondaria dipende dal rapporto temporale tra la frase principale e la secondaria. Questo può essere un rapporto di **contemporaneità** (l'azione della principale e quella della secondaria si svolgono <u>contemporaneamente</u>), **anteriorità** (l'azione della secondaria si svolge <u>prima</u> di quella della principale) o **posteriorità** (l'azione della secondaria si svolge <u>dopo</u> quella della principale).

Contemporaneità: ▸ *Penso che Elio <u>arrivi</u> adesso.*
Anteriorità: ▸ *Penso che Elio <u>sia arrivato</u> due ore fa.*
Posteriorità: ▸ *Penso che Elio <u>arrivi</u> domani.*

Ecco uno schema per orientarsi nella scelta.

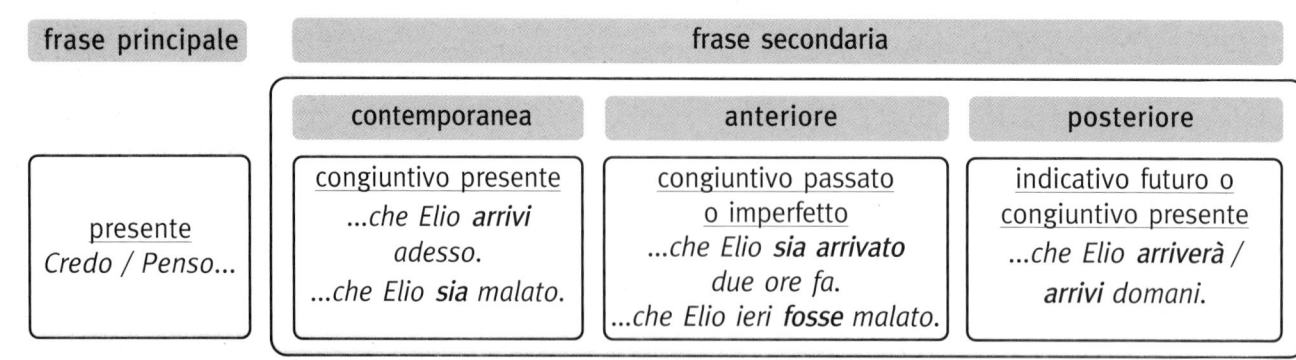

Attenzione: quando il tempo della principale è al presente e l'azione della secondaria è anteriore, la scelta tra congiuntivo passato e imperfetto dipende dal tipo di azione espressa dal verbo: se normalmente all'indicativo per quell'azione si usa il passato prossimo, allora bisogna utilizzare il congiuntivo passato; se invece si usa l'imperfetto, allora si deve utilizzare il congiuntivo imperfetto.

Elio è arrivato due ore fa. → *Penso che Elio sia arrivato due ore fa.*
Ieri Elio era malato. → *Penso che Elio ieri fosse malato.*

grammatica | modulo quattro

◐ Suffissi di aggettivi

Molti aggettivi hanno un suffisso. Tranne che in pochi casi, è molto difficile, se non impossibile, indicarne il significato.

-ese: questo suffisso di solito indica appartenenza ad un luogo geografico.
- *francese* (= della Francia), *milanese* (= di Milano), *torinese* (= di Torino), ecc.

-bile: questo suffisso di solito indica la possibilità.
- *lavabile* (= che si può lavare), *leggibile* (= che si può leggere), ecc.

A volte insieme al suffisso *-bile* si trova anche il prefisso *in*. In questo caso indica la non possibilità.
- *incomprensibile* (= che non è possibile comprendere), ▸ *indefinibile* (= che non è possibile definire),

Altri suffissi:
- **-ale** ▸ *musicale, originale, geniale,* ecc.
- **-ario** ▸ *confusionario, totalitario, reazionario,* ecc.
- **-ico** ▸ *poetico, filosofico, simpatico,* ecc.
- **-oso** ▸ *religioso, noioso, costoso,* ecc.

◐ I pronomi relativi *cui* e *quale*

Il pronome relativo *cui* sostituisce un oggetto indiretto (un oggetto preceduto da una preposizione). *Cui* è invariabile.

Andiamo a mangiare in un ristorante.
+
Marta lavora in quel ristorante.
= *Andiamo a mangiare nel ristorante in cui lavora Marta.*

Queste sono le scarpe.
+
Ti ho parlato delle scarpe.
= *Queste sono le scarpe di cui ti ho parlato.*

Anche il pronome relativo *quale* può sostituire un oggetto indiretto. *Quale* è variabile e vuole l'articolo.

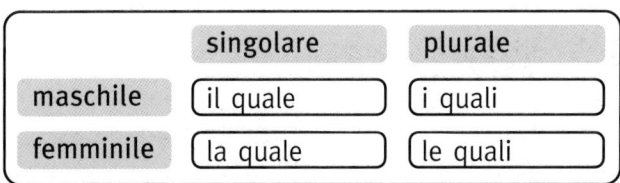

Andiamo a mangiare in un ristorante.
+
Marta lavora in quel ristorante.
= *Andiamo a mangiare nel ristorante nel quale lavora Marta.*

Queste sono le scarpe.
+
Ti ho parlato delle scarpe.
= *Queste sono le scarpe delle quali ti ho parlato.*

Quale può sostituire anche il pronome relativo *che*, ma il suo uso non è molto frequente nella lingua parlata.
- *Ho visto Stefano, che mi ha detto che ha appena cambiato lavoro.*
- *Ho visto Stefano, il quale mi ha detto che ha appena cambiato lavoro.*

grammatica | modulo quattro

◉ Espressioni per introdurre esempi o spiegazioni
Per introdurre esempi o spiegazioni posso usare varie espressioni.

- introdurre un esempio:

per esempio	▸ Parlo spesso inglese, lo uso **per esempio** quando viaggio per lavoro.
come per esempio	▸ Mi piacciono gli sport di squadra, **come per esempio** il calcio e il basket.
tipo (lingua parlata)	▸ Dal punto di vista del traffico, Palermo è una città **tipo** Napoli, molto caotica.

- dire con altre parole, spiegare meglio:

cioè	▸ Sono una persona tranquilla, **cioè** non amo il rumore e la confusione.
quindi	▸ Ora hai 18 anni, **quindi** non sei più un bambino.

grammatica | modulo cinque

◉ Il periodo ipotetico 1° e 2° tipo
Il periodo ipotetico è una costruzione usata per esprimere ipotesi. Generalmente è formato da *se* + frase che esprime la condizione (protasi) + frase che esprime la conseguenza (apodosi).

se	+	protasi	+	apodosi
Se		prendi l'autobus,		non hai problemi con il parcheggio.
Se		lavorassi di meno,		avrei più tempo per me.

Ecco lo schema dell'**ipotesi** nel **presente**: 1° tipo (reale) e 2° tipo (possibile).

Ipotesi nel presente		
1° tipo REALTÀ	L'ipotesi è presentata come reale. Serve a indicare una conseguenza sicura (se l'ipotesi si realizza, la conseguenza sarà automatica). ▸ Se **piove resto** a casa. ▸ Se **piove resterò** a casa. ▸ Se **piove resta** pure a casa.	*se* + indicativo presente + indicativo presente (indicativo futuro semplice) (imperativo)
2° tipo POSSIBILITÀ	L'ipotesi è presentata come possibile. Serve a indicare la possibilità che una certa cosa si realizzi (l'ipotesi potrebbe o non potrebbe realizzarsi). ▸ Se **partissimo** presto domani **arriveremmo** a Milano per pranzo. ▸ Se **arrivasse** una lettera **prendila** tu per favore.	*se* + congiuntivo imperfetto + condizionale semplice (imperativo)

grammatica | modulo cinque

● Il discorso diretto e indiretto
Per riferire le parole o il pensiero di qualcuno ci sono due possibilità:

- **discorso diretto**: riporta direttamente le parole pronunciate, in genere introdotte da virgolette ("...")
  ▸ *Mario: "Voglio mangiare un panino con il prosciutto."*

- **discorso indiretto**: riporta le stesse parole indirettamente, attraverso una frase secondaria introdotta da verbi come *dire, pensare, aggiungere, continuare, chiedere, domandare, rispondere*, ecc. + la congiunzione *che*.
  ▸ *Mario dice che vuole mangiare un panino con il prosciutto.*

● Il discorso indiretto con principale nel presente
Il discorso indiretto generalmente è introdotto da un verbo al presente (*dice, sta dicendo* o altri verbi simili) o al passato (*ha detto, diceva* o altri verbi simili).

Se è introdotto da un verbo al presente (o anche al passato prossimo recente) il tempo della secondaria rimane invariato rispetto al discorso diretto:

Discorso diretto:	▸ *Luca: "Non **parlo** molto bene l'inglese."*
Discorso indiretto:	▸ *Luca dice / ha detto che non **parla** molto bene l'inglese.*
Discorso diretto:	▸ *Luca: "Un anno fa non **parlavo** molto bene l'inglese."*
Discorso indiretto:	▸ *Luca dice / ha detto che un anno fa non **parlava** molto bene l'inglese.*

● Il discorso indiretto con principale nel passato (contemporaneità e anteriorità)
Se il discorso indiretto è introdotto da un verbo al passato ("ha detto", "diceva" o altri verbi simili) bisogna vedere se la relazione temporale tra la frase principale e la secondaria è di **contemporaneità**, **anteriorità** o **posteriorità**.
Ecco lo schema della contemporaneità e dell'anteriorità.

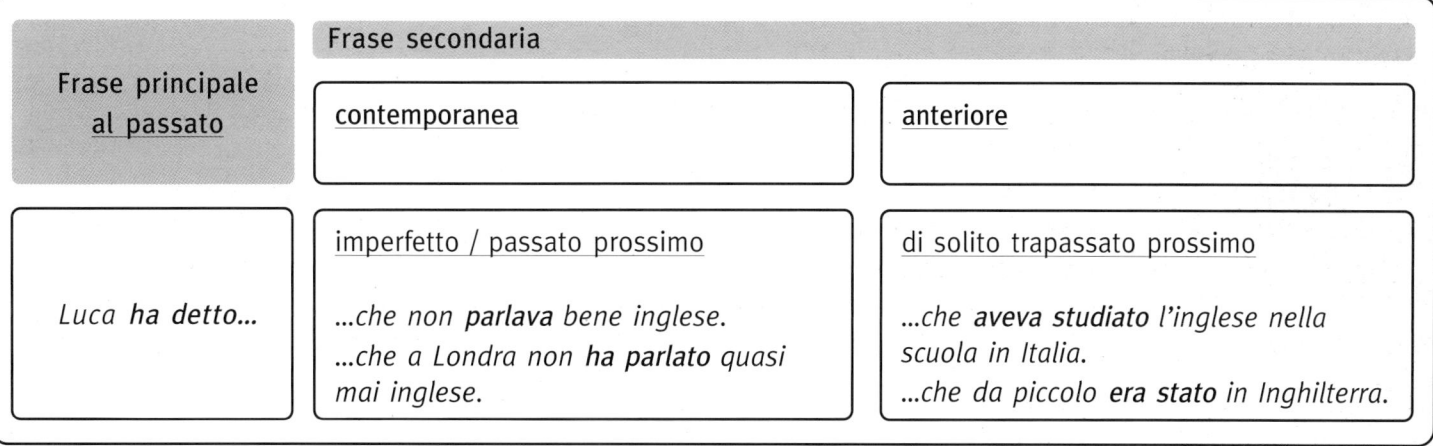

Da notare inoltre che, nel discorso indiretto, la secondaria ha spesso valore "descrittivo", quindi la scelta del tempo passato privilegia spesso l'**imperfetto**. L'imperfetto può inoltre sostituire il trapassato prossimo in caso di anteriorità quando il verbo ha un significato "imperfettivo". In questo caso l'anteriorità è espressa da un determinatore temporale.
▸ *Ieri Luca mi ha detto che un anno fa non **parlava** ancora bene l'inglese.*

grammatica | modulo cinque

● Cosa cambia nel discorso indiretto

Le cose che cambiano maggiormente nel discorso indiretto sono:

il soggetto: *io → lui/lei*; *noi → loro*	Discorso diretto:	▸ *Anna: "Io non parlo inglese."*
	Discorso indiretto:	▸ *Anna dice che **lei** non parla inglese.*
i pronomi: *mi → gli/le*; *ci → si*	Discorso diretto:	▸ *Ugo: "Il rock non mi piace."*
	Discorso indiretto:	▸ *Ugo dice che il rock non **gli** piace.*
i possessivi: *mio → suo/sua*	Discorso diretto:	▸ *Anna: "La **mia** casa è piccola."*
	Discorso indiretto:	▸ *Anna dice che la **sua** casa è piccola.*
gli avverbi di luogo: *qui → lì*	Discorso diretto:	▸ *Anna: "**Qui** fa freddo."*
	Discorso indiretto:	▸ *Anna dice che **lì** fa freddo.*
i dimostrativi: *questo → quello*	Discorso diretto:	▸ *Anna: "**Questo** libro è bellissimo."*
	Discorso indiretto:	▸ *Anna dice che **quel** libro è bellissimo.*

Anche i verbi *andare* e *venire* possono cambiare. Il verbo *venire* si usa se c'è un movimento in direzione di chi sta riferendo il discorso.

Discorso diretto:	▸ *Mario: "Sono andato a Roma."*
Discorso indiretto:	▸ *Mario ha detto che **è venuto** a Roma.* (se chi sta riferendo il discorso è nello stesso luogo, in questo caso Roma)

Il verbo *andare* si usa se c'è un movimento di allontanamento da chi sta riferendo il discorso.

Discorso diretto:	▸ *Mario: "Sono andato a Roma."*
Discorso indiretto:	▸ *Mario ha detto che **è andato** a Roma.* (se chi sta riferendo il discorso è in un luogo diverso, per es. Milano)

● Le congiunzioni comparative e consecutive

Le congiunzioni comparative si usano per fare una comparazione tra due elementi.

così come	▸ *Mi piace la carne **così come** il pesce.*
tanto quanto	▸ *Sono stanco **tanto quanto** te.*
tanto più... quanto più	▸ ***Tanto più** hai possibilità di passare l'esame, **quanto più** studi.*
più/meno... di come/quanto	▸ *È **più** buono **di quanto** immaginavo.*

Le congiunzioni consecutive si usano per introdurre una frase secondaria che esprime la conseguenza della frase principale.

talmente... che	▸ *Era **talmente** arrabbiato **che** se ne è andato senza salutare nessuno.*
tanto che	▸ *Era arrabbiatissimo, **tanto che** se ne è andato senza salutare nessuno.*
tanto... che	▸ *Era **tanto** arrabbiato **che** se ne è andato senza salutare nessuno.*
così... che	▸ *Era **così** arrabbiato **che** se ne è andato senza salutare nessuno.*

● Espressioni per iniziare, sviluppare e concludere un discorso

Per presentare la prima voce di un elenco:	prima di tutto / innanzitutto / in primo luogo, ecc.
Per aggiungere un secondo punto:	in secondo luogo / in seconda battuta, ecc.
Per aggiungere in generale:	inoltre / peraltro / del resto, ecc.
Per contrastare:	altri, tuttavia, sostengono che/ a detta di alcuni, invece, ecc.
Per presentare una conclusione personale (prima persona singolare o plurale):	a mio modo di vedere, ritengo che / per quel che mi riguarda, sono dell'avviso che / pur riconoscendo (che)...., sono comunque persuaso che, ecc.

grammatica | modulo sei

● I modi impliciti o indefiniti

	infinito presente	participio presente	gerundio semplice
am-are	amare	amante	amando
pot-ere	potere	potente	potendo
part-ire	partire	partente	partendo
	infinito passato	participio passato	gerundio composto
am-are	avere amato	amato	avendo amato
pot-ere	avere potuto	potuto	avendo potuto
part-ire	essere partito	partito	essendo partito

Infinito, participio e gerundio si chiamano modi "impliciti" o "indefiniti" perché non è possibile coniugarli e quindi non indicano esplicitamente quale sia il soggetto. Per questo si usano generalmente in frasi secondarie e quando il "soggetto" del verbo indefinito è lo stesso del verbo della frase principale.
▸ *Siamo usciti (noi) dal cinema correndo (noi).*

Quando si usa un modo indefinito si dice che la frase è costruita alla forma implicita, mentre quando si usa un modo finito (indicativo, condizionale, congiuntivo) si dice che la frase ha una forma esplicita.

Forma implicita: ▸ *Penso di non andare in ufficio domani.*
Forma esplicita: ▸ *Penso che non andrò in ufficio domani.*

● L'infinito passato

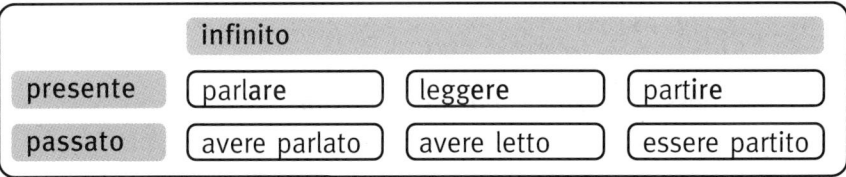

Di solito l'infinito passato nella frase secondaria esprime un'azione **anteriore** rispetto a quella della frase principale.
▸ *Dopo **essere arrivato** a Roma, ho cercato un albergo.*
(= *Prima sono arrivato a Roma, poi ho cercato un albergo.*)

Normalmente la principale e la secondaria devono avere lo stesso soggetto.
▸ *(io) Dopo **essere arrivato** a Roma, (io) ho cercato un albergo.*

Con l'infinito passato, i pronomi vanno sempre dopo l'ausiliare *avere* o *essere*.
▸ *Dopo **averle** sedotte, Casanova abbandonava le sue vittime.*
▸ *Questo libro è bellissimo, ti ringrazio di aver**melo** regalato.*

Nell'infinito passato si può eliminare l'ultima lettera dell'ausiliare *avere* o *essere*.
▸ *È accusato di **aver ucciso** due persone.*

Il participio presente e passato

	participio		
	cant-are	vinc-ere	part-ire
presente	cantante	vincente	partente
passato	cantato	vinto	partito

Il participio presente si usa quasi esclusivamente come aggettivo o sostantivo.
Aggettivo: ▸ Il Milan è una squadra **vincente**.
Sostantivo: ▸ Mio fratello fa il **cantante**.

Il participio passato può avere funzione causale, temporale, concessiva, relativa.
- causale (perché): ▸ **Circondato** dall'affetto di tutti, il piccolo Luca cresceva magnificamente.
- temporale (quando): ▸ **Tornato** a casa, ho acceso la tv.
- concessiva (anche se): ▸ Benché **amato** da tutti, si sentiva profondamente infelice.
- relativa (che): ▸ Questa è la carne **cucinata** da Paola.

In genere il participio passato nella frase secondaria esprime un'azione **anteriore** rispetto a quella della frase principale.
▸ **Spenta** la luce, si è addormentato.
(= Prima ha spento la luce, poi si è addormentato.)

Normalmente la principale e la secondaria devono avere lo stesso soggetto.
▸ **Uscito** con l'idea di fare una passeggiata, Andrea è entrato in un bar e ha ordinato un caffè.

Con i **verbi transitivi** (con un oggetto diretto) la vocale finale del participio passato concorda con l'oggetto.
Con i **verbi intransitivi** (senza un oggetto diretto) la vocale finale del participio passato concorda con il soggetto.
▸ **Mangiata** la torta, Ugo ha aperto i regali.
▸ **Arrivate** a casa, le due ragazze hanno preparato la cena.

Con il participio passato, i pronomi vanno sempre dopo.
▸ **Svegliatasi** presto, Marta ha fatto colazione ed è uscita.

Il cui

Il pronome relativo *cui* può avere valore di possessivo. In questo caso è preceduto dall'articolo determinativo e seguito dall'oggetto "posseduto".

Alessandro Baricco stasera sarà in tv. +
Il libro di Alessandro Baricco sta avendo un grande successo. =
Alessandro Baricco, **il cui** libro sta avendo un grande successo, stasera sarà in tv.

Conosco un artista. +
I quadri di questo artista mi piacciono moltissimo. =
Conosco un artista **i cui** quadri mi piacciono moltissimo.

grammatica | modulo sei

● *Senza* + infinito

La preposizione *senza* indica sempre esclusione. Può essere seguita da:

- un **sostantivo** ▸ *Vorrei un'insalata senza pomodori.*
- un **pronome** ▸ *Come farei senza di te!?* (in questo caso è seguito dalla preposizione *di*)
- un **verbo all'infinito** ▸ *Puoi ascoltarmi un minuto senza parlare?*

● Domanda reale e retorica

Una domanda può essere **reale** o **retorica**.

Di solito nella domanda reale chi chiede ha bisogno di un'informazione da chi risponde.
▸ *Come ti chiami?*

Nella domanda retorica chi chiede non vuole una vera risposta, perché la risposta è già conosciuta o perché la domanda è provocatoria.
▸ *Puoi ascoltarmi senza parlare al telefono?*
▸ *Immagini cosa succederà quando Mario scoprirà che la moglie lo tradisce?*

● *Anche se*

La congiunzione concessiva *anche se* ha lo stesso significato delle congiunzioni *sebbene*, *nonostante*, *malgrado*.

anche se + indicativo	▸ *Anche se è tardi, restiamo ancora un po'.*
	▸ *Devi mangiarlo, anche se non ti piace.*
sebbene, nonostante, malgrado + congiuntivo.	▸ *Sebbene / Nonostante / Malgrado sia tardi, restiamo ancora un po'.*
	▸ *Devi mangiarlo, sebbene / nonostante / malgrado non ti piaccia.*

● L'espressione di tempo *è un'ora che...*

è (un'ora, una settimana, un mese, ecc.) che	▸ *È un'ora che ti aspetto!*
	▸ *È una settimana che non bevo caffè.*
	▸ *È un secolo che non ci vediamo!*
sono (due ore, due settimane, due mesi, ecc.) che	▸ *Sono due ore che ti cerco!*
	▸ *Sono due giorni che non dormo!*
	▸ *Sono dieci anni che non lo vedo.*

● Parole composte

I tipi più comuni di parole composte sono:

un verbo + un nome	▸ *apribottiglie (pl. apribottiglie), attaccapanni (pl. attaccapanni), portachiavi (pl. portachiavi)*
un aggettivo + un nome	▸ *gentiluomo (pl. gentiluomini), mezzaluna (pl. mezzelune)*
un nome + un aggettivo	▸ *cassaforte (pl. casseforti), pianoforte (pl. pianoforti)*
un nome + un nome	▸ *banconota (pl. banconote), pescespada (pl. pescispada)*

duecentotrentanove

grammatica | modulo sei

◉ I numerali collettivi

I numerali collettivi si usano per indicare un insieme di cose o di persone.

un paio, una coppia, un duo (= 2)
una decina (= circa 10), decine (10 +10 +10, ecc.)
una dozzina (= 12)
una ventina (= circa 20)
un centinaio (= circa 100), centinaia (100 + 100 + 100, ecc.)
un migliaio (= circa 1000), migliaia (1000 + 1000 + 1000, ecc.)
decine di migliaia (10000 + 10000 + 10000, ecc.)

◉ I contrari

Per fare il **contrario** di un aggettivo, di un nome o di un verbo si usano vari prefissi. Molto usato è il prefisso *in-*, che diventa *im-* con le parole che iniziano con "p" o "m", *il-* con le parole che iniziano con "l", *ir-* con le parole che iniziano con "r".

capace	→	**in**capace
popolare	→	**im**popolare
morale	→	**im**morale
logico	→	**il**logico
responsabile	→	**ir**responsabile

Molto usati sono anche i prefissi *s-*, *dis-* e *anti-*.

fortunato	→	**s**fortunato
attivare	→	**dis**attivare
democratico	→	**anti**democratico

In molti casi non si usano prefissi, ma parole di significato opposto.

grande	→	piccolo
pesante	→	leggero
intelligenza	→	stupidità

modulo sei | storia

Domanda reale e retorica

Una domanda può essere **reale** o **retorica**.

Di solito nella domanda reale chi chiede ha bisogno di un'informazione da chi risponde.
▸ *Come ti chiami?*

Nella domanda retorica chi chiede non vuole una vera risposta, perché la risposta è già conosciuta o perché la domanda è provocatoria.
▸ *Puoi ascoltarmi senza parlare al telefono?*
▸ *Immagini cosa succederà quando Mario scoprirà che la moglie lo tradisce?*

Cerca nel testo del punto 3 le domande reali e le domande retoriche.

3b *Collega i personaggi alle idee che esprimono. Attenzione: un'idea non va collegata a nessun personaggio.*

personaggi	idee
a. autore del testo	1. gli italiani sono come Schettino
b. giornale italiano	2. il comportamento di Schettino forse non è giustificabile ma è umanamente comprensibile
c. Roberto Saviano	3. i tedeschi non dovrebbero criticare Schettino, perché nella loro storia ci sono personaggi molto peggiori
d. settimanale tedesco	4. Schettino si è dimostrato coraggioso
	5. le critiche a Schettino sono comprensibili, perché tanti italiani si comportano come lui
e. tassista tedesco	6. non tutti gli italiani sono come Schettino, quelli come lui esistono ma sono una minoranza

4 Gioco | I contrari

4a *Prova a completare la tabella poi confrontati con un compagno e cerca di risolvere tutti i dubbi.*

	aggettivo 1	contrario 2	nome 3	contrario 4
A	spaccone	umile	spacconeria	umiltà
B	bugiardo	sincero	bugia	_____
C	irresponsabile	_____	_____	responsabilità
D	_____	coraggioso	vigliaccheria	_____
E	incapace	_____	_____	_____
F	pesante	_____	_____	_____
G	sensibile	_____	_____	_____
H	_____	impopolare	_____	_____
I	_____	intelligente	stupidità	_____
L	arrogante	gentile	_____	_____

✎ Esempio
- studente coppia A
  Che parola è C3?
- studente coppia B
  XXXX. Giusto?
- studente coppia A
  Sì, giusto. / No, sbagliato.

4b *Insieme allo stesso compagno, gioca contro un'altra coppia. A turno, uno studente per coppia chiede ad un avversario di dire una parola mancante nello schema, come nell'esempio. Se la risposta è giusta la coppia avversaria prende un punto. Vince la coppia che ottiene più punti.*

unità 15 | una tragedia italiana

5 Analisi grammaticale | Anche se...

5a *Sostituisci le espressioni evidenziate tra parentesi con le espressioni originali. Attenzione, in un caso devi cambiare anche il modo del verbo.*

(a causa di) (al che) (anche se) (forse) (insomma)
(per fortuna) (solo così)

1. Ha detto lo scrittore Roberto Saviano: "Il capitano della Costa Concordia, Francesco Schettino, non rappresenta gli italiani, (sebbene) _____ l'Italia (sia) _____ piena di personaggi come lui.

2. (Fortunatamente) _____ non tutti gli stranieri (anche tedeschi) sembrano essere d'accordo con l'idea stereotipata dell'Italia e degli italiani proposta dai giornali.

3. Quando il tassista mi ha chiesto *da dove vieni?* io ho risposto che il mio Paese oggi non ha una buona immagine nel mondo, e che (per colpa di) _____ un capitano vigliacco viene severamente giudicato.
(A questo punto) _____, il tassista mi ha replicato che lui stesso non poteva dire cosa avrebbe fatto al posto di Schettino. Anche a casa sua l'aspettano moglie e figli.
(In sostanza) _____ una risposta "all'italiana", o semplicemente una risposta intelligentemente umana. (Probabilmente) _____ è questa la migliore ricetta per l'avvenire europeo, dimentichiamo nazionalismi, stereotipi e chi ne è ancora schiavo. (Unicamente in questo modo) _____ l'Europa può sperare di sopravvivere.

5b *Completa la regola.*

| sebbene, nonostante, malgrado | + | congiuntivo |
| anche se | + | _____ |

6 Parlare | Le altre culture
Parla con un compagno.

- Se tu non appartenessi alla cultura dalla quale provieni, a quale altra cultura ti sentiresti di appartenere? Perché?
- Ci sono degli aspetti della cultura da cui provieni di cui ti senti orgoglioso?
- Ci sono degli aspetti della cultura da cui provieni che non ti piacciono?
- Ci sono delle culture in cui immagini che sia per te difficile integrarti?
- Ti sei mai trovato al centro di una incomprensione culturale?

modulo sei | **storia**

7 Esercizio | Buonasera 23

7a *Ascolta l'audio due volte senza scrivere.*

7b *Comincia a ricostruire le parti mancanti aiutandoti con le parole della lista a sinistra, poi confrontati con un compagno.*

> abbiamo – capito – che – che – che – ci – ci – condizione – di – e – è – esistenziale – fa – giorni – gli – gli – la – lo – molta – Non – occhi – paura – quindi – riempiamo – sicuro – Sono – sono – tre – tutti – uomini

Buonasera. _____
del dolore di un naufragio, della pena per vite umane scomparse, per vite umane annientate e della paura, della paura ancestrale per il naufragio
_____
e le donne che abitano questo pianeta, è la nostra destinazione finale
_____.
Ma che cosa è veramente successo?
_____.

7c *Ascolta ancora tutte le volte necessarie per ricostruire il testo. Dopo ogni ascolto confrontati con un compagno. Attenzione: mentre ascolti non puoi scrivere.*

8 Gioco | Sono tre giorni che...

8a *Forma una frase per ogni "personaggio" usando una delle parole della lista e la struttura "è (una settimana, un mese) che / sono (due settimane, due mesi) che", come nell'esempio.*

> minuto – ora
> giorno – settimana
> mese – anno
> secolo – millennio

Sei un innamorato *Sono due settimane che aspetto una telefonata da Francesca!*
Sei un genitore _____
Sei un monumento _____
Sei un cane _____
Sei una bottiglia di vino _____
Sei un albero _____

8b *Gioca contro un compagno. A turno, uno legge una frase e l'altro indovina chi è il "personaggio". Vince chi alla fine ha indovinato più "personaggi".*

unità 15 | una tragedia italiana

Completa i contenuti di **grammatica** con le parole mancanti. Poi confronta l'indice a pag. 124.

grammatica
I numerali collettivi *decine*, _____, *migliaia*, ecc.
Domanda reale o _____
I contrari
Congiuntivo o indicativo con i connettivi
L'espressione di tempo *è un'ora che...*

centoventinove

unità 16 | Giuseppe Garibaldi

comunicazione
Ricostruire le fasi di un evento storico
Fare una ricerca
Prendere appunti
Esporre e valutare un elaborato

grammatica
L'infinito passato
Il participio presente
I modi impliciti
Coordinazione e subordinazione

1   Introduzione

1a   *Cosa sai di Giuseppe Garibaldi? Guarda le immagini e parlane brevemente con un compagno.*

1b   *Ascolta l'audio due volte e continua a parlare con lo stesso compagno. Cosa ti sembra più interessante di quello che hai ascoltato?* 24

1c   *Ascolta di nuovo e parla di Garibaldi con il resto della classe. Qualcuno lo conosceva già? Perché?* 24

2   Leggere | Anita e Giuseppe

2a   *Questo testo parla della storia d'amore tra Giuseppe Garibaldi e Anita. Il testo è stato diviso in due parti: una presenta tutti i paragrafi che riguardano Giuseppe, l'altro tutti quelli che parlano di Anita. La classe si divide in due gruppi (**Studente A** e **Studente B**). Gli **Studenti A** leggono le parti di testo su Giuseppe (pag. 145), mentre gli **Studenti B** leggono quelle che riguardano Anita (pag. 145).*

2b   *Lavora con uno studente dell'altro gruppo. Raccontagli quello che hai letto e ascolta quello che ha letto lui, senza leggere.*

2c *Leggi il testo completo.*

Anita e Giuseppe Garibaldi: amore e guerra

Uno degli amori più famosi e mitizzati della storia è quello tra Giuseppe e Anita Garibaldi. Come spesso accade, non tutto ciò che ci è stato raccontato corrisponde alla verità dei fatti, ma è sicuramente vera la natura intensa e passionale della loro relazione.

Giuseppe Garibaldi, detto l'eroe dei due mondi per via della sua vita avventurosa divisa tra Europa e Sudamerica, è stato uno degli uomini più famosi del suo tempo ed è unanimemente considerato il protagonista dell'unità d'Italia.

Anita, sposa fedele e madre amorevole, ma anche donna coraggiosa, è invece considerata il simbolo femminile del Risorgimento italiano.

L'incontro che cambia le loro vite avviene il 21 luglio 1839. Mentre era in Sudamerica a combattere a fianco degli indipendentisti del Rio Grande, Garibaldi, durante un'ispezione nella piccola città di Laguna, nota una ragazza dai lunghi capelli neri piangere davanti alla porta di un'abitazione. Avvicinatosi, le chiede il motivo di quel pianto. Lei, disperata, risponde che il marito sta morendo. Giuseppe le offre generosamente il suo aiuto e ordina ai suoi uomini di trasportare il giovane, soldato dell'esercito imperiale gravemente ferito in combattimento, in ospedale. Durante i due mesi in cui l'eroe italiano va a trovare la ragazza, lei si innamora perdutamente di lui e gli chiede di poterlo seguire abbandonando il marito morente.

Ana Maria de Jesus Ribeiro aveva 18 anni, era analfabeta ma incredibilmente coraggiosa: cavalcava come un'amazzone e usava benissimo la pistola.

Da subito si stabilisce tra lei e Giuseppe un rapporto non solo passionale ma anche politico: imbevuti delle stesse idee patriottiche e libertarie, combattono insieme, l'uno a fianco dell'altra, soffrendo fame e dolori.

Il primo figlio della coppia, Menotti, nasce nel 1840; poi, dopo il trasferimento della coppia in Uruguay, nascono altri tre figli. A questo punto Anita, gelosissima, obbliga il marito a tagliarsi barba e capelli nel tentativo di renderlo meno affascinante agli occhi delle altre donne, che vedeva tutte come potenziali rivali.

Tornato in Italia, Garibaldi riprende subito a combattere: a Roma, dopo avere cacciato il Papa, i giovani patrioti italiani hanno proclamato la Repubblica Romana (febbraio 1849). Insieme ai suoi uomini, Garibaldi corre in loro aiuto. Al suo fianco, come sempre, c'è Anita. Tormentata dalla gelosia e dal timore che qualcuna le porti via il suo Giuseppe, Anita segue il marito ovunque, anche se è incinta e malata.

Dopo due mesi di combattimenti i francesi, chiamati dal Papa, entrano a Roma e liberano la città. Il 2 luglio l'esercito di Garibaldi deve fuggire verso nord. Una donna malata e incinta era indubbiamente di ostacolo alla fuga e questo ha fatto nascere ipotesi inquietanti sulla morte della giovane donna, avvenuta il 4 agosto 1949. Il mito vuole che Anita sia morta fra le braccia dell'amato marito, ma alcuni pensano che sia stata abbandonata morente in un casolare o addirittura uccisa da Garibaldi o da qualcuno dei suoi soldati.

da www.notizie.it

unità 16 | Giuseppe Garibaldi

3 Analisi grammaticale | L'infinito passato

3a *Guarda la frase e metti le due azioni sulla linea del tempo.*

Dopo **avere cacciato** il Papa, i giovani patrioti italiani **hanno proclamato** la Repubblica Romana.

[x] i patrioti cacciano il Papa   [y] i patrioti proclamano la Repubblica Romana

> ### Il participio presente
> Osserva:
> ▸ *Si innamora perdutamente di lui al punto da chiedergli di seguirlo abbandonando il marito morente.*
>
> Il participio presente si usa quasi sempre come aggettivo. A volte si può usare anche come sostantivo.
> ▸ *Mio fratello fa il cantante.*

3b *Scegli la giusta espressione per completare la regola sull'infinito passato.*

> *Avere cacciato* è un **infinito passato**.
> Questa forma si usa sempre per indicare un'azione che si svolge
> ☐ **prima di** / ☐ **dopo** un'altra azione, in qualsiasi tempo questa sia.

4 Analisi grammaticale | I modi impliciti
*Completa lo schema delle forme regolari dei modi impliciti con esempi tratti dal testo del punto **2d**.*

modo	presente			passato o composto		
	-are	-ere	-ire	*Infinito presente* di **avere** o **essere** + *participio passato* del verbo		
Infinito						
	-ando	-endo	-endo	*Gerundio semplice* di **avere** o **essere** + *participio passato* del verbo		
Gerundio		leggendo		essendo partito		
	-ante	-ente	-ente	-ato	-uto	-ito
Participio	cantante	vivente			contenuto	partito

5 Gioco | Lo schema
*Si formano due squadre. L'insegnante copia alla lavagna il primo schema. A turno, uno studente per squadra va alla lavagna e cerca di inserire al posto giusto un elemento della lista. Se è giusto la sua squadra prende un punto. Si continua così fino a completare tutti gli schemi. Vince la squadra che ottiene più punti. Attenzione: è vietato guardare il testo del punto **2**.*

modulo sei | **storia**

1

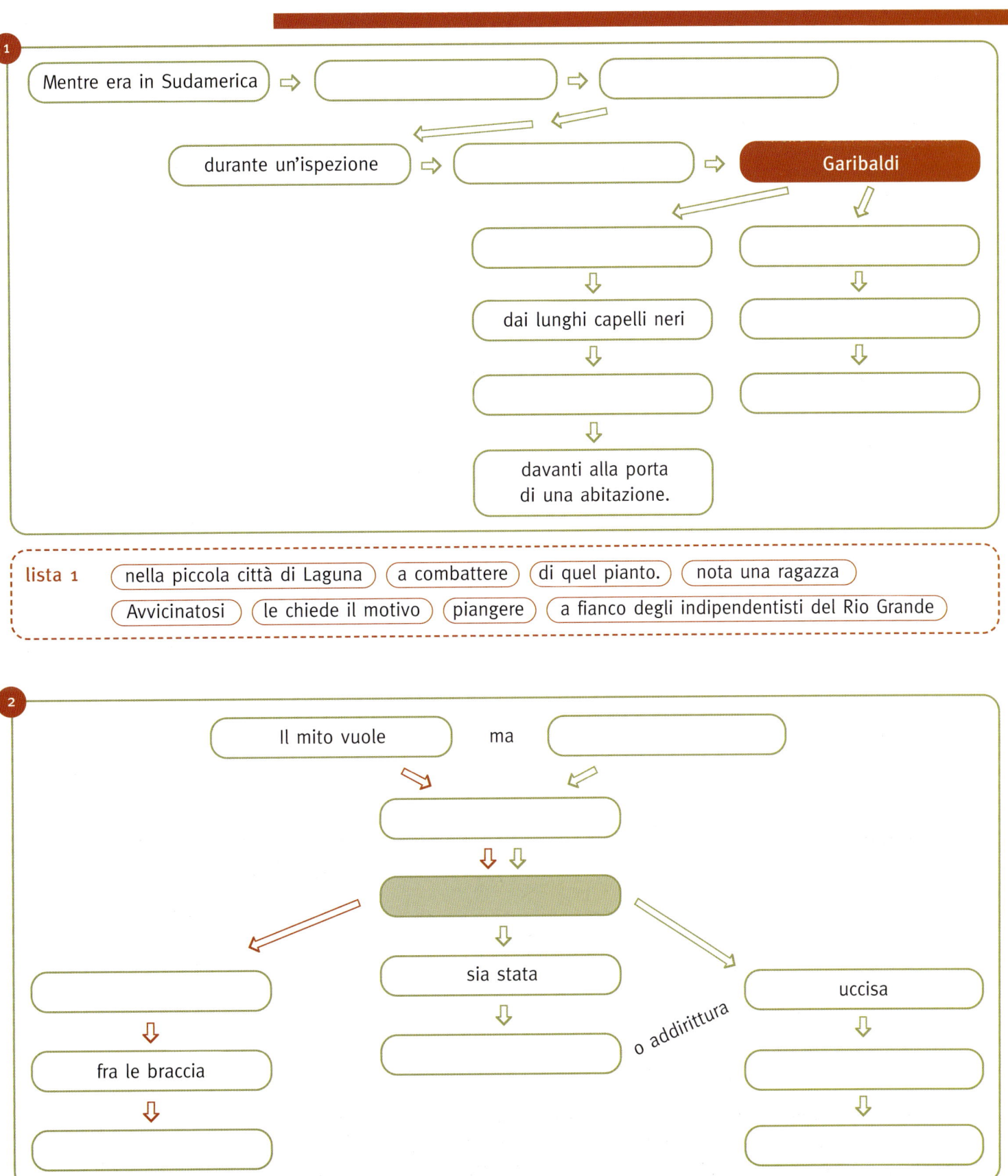

lista 1 nella piccola città di Laguna · a combattere · di quel pianto. · nota una ragazza · Avvicinatosi · le chiede il motivo · piangere · a fianco degli indipendentisti del Rio Grande

2

lista 2 abbandonata morente in un casolare · alcuni pensano · Anita · che · dell'amato marito. · o da qualcuno dei suoi. · sia morta · da Garibaldi

centotrentatré   133

unità 16 | Giuseppe Garibaldi

6 Ascoltare | La spedizione dei Mille

6a Ascolta e scrivi i nomi degli Stati della lista sui territori corrispondenti delle due mappe. Attenzione: solo alcuni Stati sono presenti su tutte e due le mappe.

(Regno di Sardegna) (Stato Pontificio) (Regno delle due Sicilie) (Impero austriaco) (Regno d'Italia)

marzo 1860

marzo 1861

6b Ascolta ancora e scrivi le date e gli eventi in corrispondenza degli spazi sulla mappa, come nell'esempio.

date
a. prima del 1860
b. aprile 1860
c. 5 maggio 1860
d. 11 maggio 1860
e. agosto / settembre 1860
f. settembre 1860
g. 26 ottobre 1860

eventi
1. I garibaldini occupano Calabria, Basilicata, Puglia e Campania
2. Garibaldi e i Mille partono da Quarto
3. *Vittorio Emanuele II conquista Umbria e Marche*
4. Garibaldi e Vittorio Emanuele II si incontrano
5. Garibaldi e i Mille sbarcano in Sicilia
6. Insurrezione popolare in Sicilia
7. Il Regno di Sardegna conquista la Lombardia

6c Ascolta ancora e prendi appunti su altri fatti e persone presentati nell'audio, poi confronta i tuoi appunti con quelli di un compagno. Se necessario, riascoltate.

modulo sei | **storia**

http://it.wikipedia.org/wiki/Giuseppe_Garibaldi

1. La giovinezza
2. La navigazione
3. La vita da ricercato
4. L'esilio in Sud America
5. Prima Guerra d'Indipendenza e Repubblica Romana
6. La fuga da Roma e la morte di Anita
7. Il rientro in Italia e la Seconda Guerra d'Indipendenza
8. La mancata liberazione di Roma e la Terza Guerra d'Indipendenza
9. Le campagne in Francia
10. Gli ultimi anni

7 Leggere e scrivere | Ricerca a casa

Lavora con tutta la classe. Ognuno sceglie un capitolo della vita di Giuseppe Garibaldi dal riquadro a sinistra. Poi, a casa, leggi il tuo capitolo su Wikipedia e preparati ad esporne il contenuto in cinque minuti al resto della classe. Prepara una pagina di appunti.

8 Parlare | Esporre e valutare un elaborato

A turno ogni studente espone i contenuti della propria ricerca svolta al punto 7. Ogni studente ha cinque minuti. Gli altri studenti, mentre ascoltano, danno un punteggio da 1 a 3 per ogni aspetto della presentazione dei compagni.

nomi studenti

capacità comunicative

rispetto dei tempi

correttezza

9 Parlare | Via Garibaldi

Pensa ad una serie di personaggi che conosci che meriterebbero di entrare nella storia o di avere una via a loro a dedicata. Poi confrontati con un gruppo di quattro compagni e raccontagli tutto quello che sai sui tuoi personaggi. Quindi scegliete insieme quattro personaggi a cui dedicare una via.

unità 16 | Giuseppe Garibaldi

Scrivi un esempio per ogni modo implicito.

grammatica

infinito presente _____   infinito passato _____
gerundio semplice _____   gerundio composto _____
participio presente _____   participio passato _____

HABEMUS PAPAM ▸ episodio sei

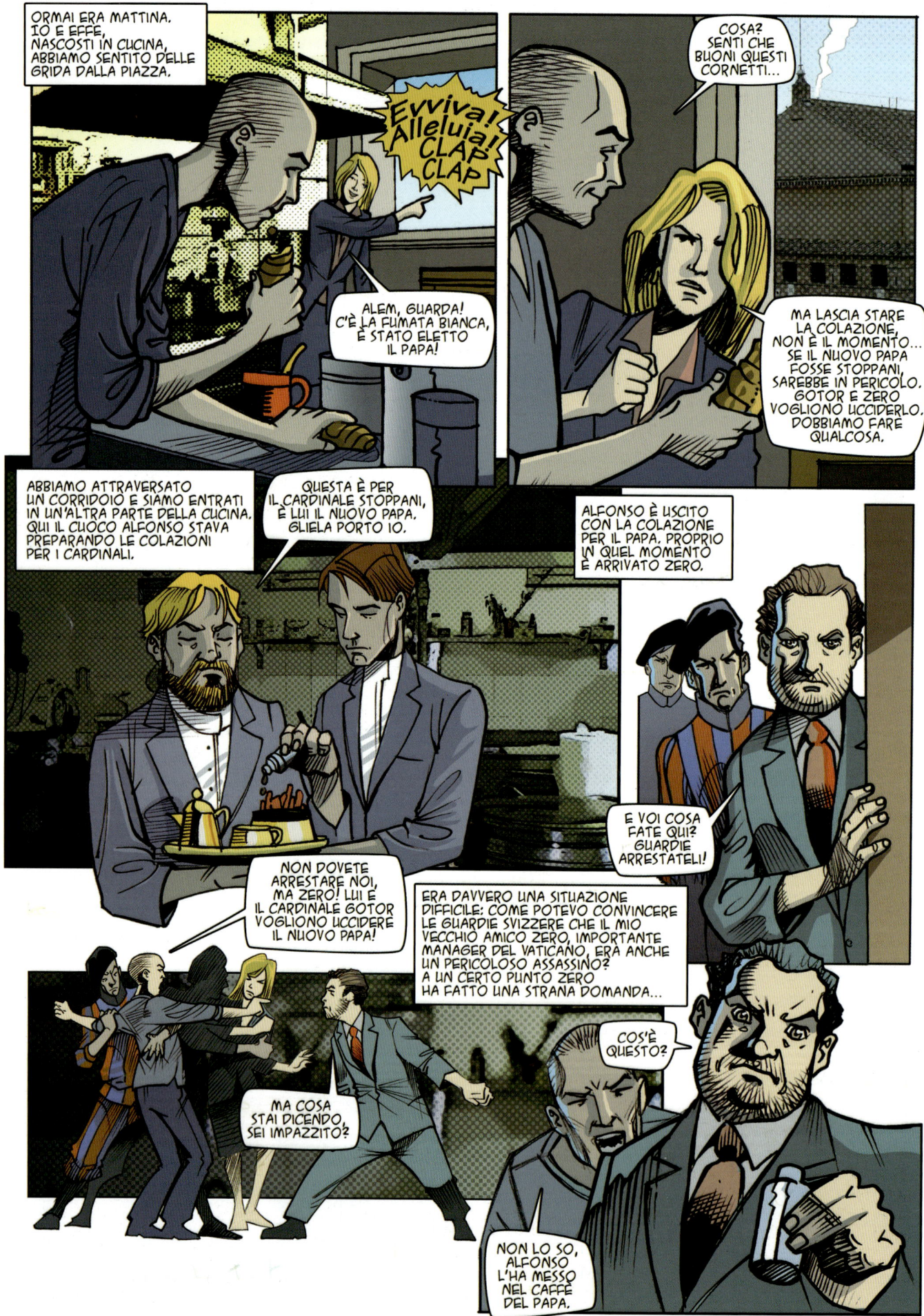

modulo sei | attività video

vai all'indirizzo
www.almaedizioni.it/minisiti/domani/domani-3/
e apri la sezione video

1 Ascolta l'audio senza guardare il video e scrivi le date negli spazi ____.
Per ora non scrivere niente negli spazi ⬭.

	giorno	mese	anno	
1.			____	Garibaldi nasce a Nizza
2.	■	■	____	Garibaldi entra nella Giovane Italia
3.	■	■	____	Garibaldi va in Sud America
4.	⬭	⬭	____	Garibaldi conosce Anita
5.	■	■	⬭	Nasce Menotti, il primo figlio di Anita e Giuseppe
6.	■	■	____	Moti rivoluzionari di Palermo, Milano, Venezia
7.			____	Inizio della Repubblica Romana
8.			____	Fine della Repubblica Romana
9.	⬭	⬭	____	Garibaldi fugge verso nord
10.	⬭	⬭	⬭	Anita muore tra le braccia di Garibaldi
11.	■		____	Spedizione dei Mille
12.			____	Liberazione di Roma

2 Trova le date mancanti nel testo del punto **2** dell'unità 16 e scrivile negli spazi ⬭. Poi confronta con un compagno.

3 Indica chi sono, secondo te, i personaggi rappresentati nei fotogrammi.
Poi consultati con un compagno e metti i fotogrammi in ordine cronologico, secondo il racconto della storia, come nell'esempio. Se necessario ascoltate ancora, ma senza guardare il video.

1
Giuseppe Garibaldi

Anita Garibaldi
Camillo Benso Conte di Cavour
Giuseppe ~~Garibaldi~~
Giuseppe Mazzini
i bersaglieri
Papa Pio IX

4 Guarda il video con l'audio e verifica.

unità 1 | appendice

PARTENZA

Dove cade l'accento delle seguenti parole?
- cadevamo
- cadevano
- camminavo
- camminavamo
- camminavano
- andavamo
- andavano

VAI AVANTI DI UNA CASELLA

Quando siamo arrivati all'*Hotel SoleLuna*, non ci hanno dato la camera che (prenotare).

L'appartamento aveva un soggiorno con angolo cucina e una camera da letto. Le misure di questa stanza (essere) di poco superiori alla grandezza di un materasso.

STAI FERMO UN GIRO

LANCIA ANCORA LA MONETA

Scrivi la coniugazione del trapassato prossimo di un verbo deciso dall'avversario. Hai 1 minuto di tempo.

STAI FERMO UN GIRO

Dopo aver letto alcuni racconti di chi (visitare) prima di me questa splendida isola, ho deciso di raccontare anch'io il mio viaggio alla Maddalena.

Quando non ero con i miei genitori, (andare) in giro per conto mio con una motocicletta che (noleggiare).

Ieri (sentire) mia moglie parlare al telefono con una sua amica e dirle di volere il divorzio.

Siamo arrivati tardi in stazione e il nostro treno purtroppo (partire), così siamo rimasti in città.

VAI AVANTI DI UNA CASELLA

Mentre sua moglie si preparava per l'apertura del negozio, Salvatore (fare) colazione al bar di fronte.

Mio fratello guidava nervoso e alla fine, quando siamo arrivati, (dire) solo: "Speriamo di trovare un parcheggio".

VAI AVANTI DI UNA CASELLA

STAI FERMO UN GIRO

Poiché (viaggiare) tutto il giorno e buona parte della notte, il giorno dopo mi sono svegliato molto tardi.

Il mio primo viaggio (durare) tre mesi: avevo dodici anni e sono andata in Australia.

VAI INDIETRO DI UNA CASELLA

Costruisci una frase per descrivere qualcosa che è capitato in classe. La frase deve contenere un verbo al trapassato. Hai 2 minuti di tempo.

ARRIVO

Verso l'una e mezza, sabato sera, in via Piave un giovane di 28 anni ha causato un incidente mortale perché (bere) troppo.

I carabinieri, avvisati da un'anziana signora, (raggiungere) via Bergamo. Qui hanno trovato una Smart che qualcuno (tentare) di incendiare.

STAI FERMO UN GIRO

Appena arrivati all'aeroporto siamo andati a ritirare la macchina che avevamo prenotato. Qui abbiamo avuto una sorpresa: su internet (pagare) 289 euro per 8 giorni... ma non era compresa l'assicurazione per cui alla fine (spendere) 466 euro!

Ieri sera sono passato con il rosso e subito dopo una pattuglia, che non (vedere), mi ha fermato e mi (fare) la multa.

unità 8 | appendice

6 Gioco | Attivo e passivo
* Studente B

Gioca con uno Studente A. Dovete completare la forma mancante di ogni frase (passiva o attiva). A turno, uno di voi due sceglie un numero da 3 a 16, e dice la forma mancante nella sua tabella, l'altro studente verifica nelle frasi evidenziate della sua tabella. Se la frase è giusta, il primo studente prende un punto. Vince chi completa per primo tutta la tabella o realizza più punti allo STOP dell'insegnante. Segui l'esempio.

Esempio

Studente A
1. frase passiva
Da piccolo venivo chiamato Bubu da mio fratello.

Studente B
Giusto.

Studente B
2. frase attiva
Un importante critico letterario consiglia questo libro.

Studente A
Giusto.

frase attiva	frase passiva
1. Da piccolo mio fratello mi chiamava Bubu.	1. Da piccolo venivo chiamato Bubu da mio fratello.
2. _____	2. Questo libro viene consigliato da un importante critico letterario.
3. Il direttore mi ha convocato per giovedì alle 17.	3. Sono stato convocato dal direttore per giovedì alle 17.
4. _____	4. Lei viene trattata come una principessa dal marito.
5. L'assicurazione non paga questo tipo di incidenti.	5. Questo tipo di incidenti non viene pagato dall'assicurazione.
6. L'insegnante non corregge gli esercizi.	6. _____
7. Tutti gli studenti hanno superato l'esame.	7. L'esame è stato superato da tutti gli studenti.
8. Le tv di tutto il mondo trasmetteranno la partita Milan – Real Madrid.	8. _____
9. I romani non usano molto i mezzi pubblici.	9. I mezzi pubblici non vengono molto usati dai romani.
10. _____	10. Una volta i bambini venivano allevati dai nonni molto più di adesso.
11. Qualche anno fa al Festival di Sanremo i cantanti eseguivano in playback le canzoni.	11. Qualche anno fa al Festival di Sanremo le canzoni venivano eseguite in playback dai cantanti.
12. La famiglia ha aiutato Anna a comprare una nuova casa.	12. _____
13. Qui tutti lo amano.	13. Qui lui è amato da tutti.
14. Alla festa di Giulio tutti hanno visto Paolo con una nuova ragazza.	14. _____
15. Un'assemblea di 200 persone eleggerà il presidente.	15. Il presidente verrà eletto da un'assemblea di 200 persone.
16. _____	16. La Sicilia veniva chiamata Trinacria dagli antichi greci.

centoquarantuno 141

3a Gioco | Cruciverba incrociato

* Studente B

Lavora con uno **Studente A**. A turno, uno di voi sceglie una definizione colorata, orizzontale o verticale, e dice quale parola va inserita. L'altro controlla. Se è giusta, il primo studente guadagna 3 punti. Poi il turno passa all'avversario. È possibile, in caso di difficoltà, chiedere all'avversario di "regalare" una lettera (non più di una lettera per turno). Ogni lettera "costa" 1 punto. Vince chi completa prima il cruciverba o totalizza più punti. Alla fine è possibile riascoltare l'audio per verificare. Segui l'esempio.

Esempi

Studente A
1 orizzontale: Mi è **capitato** che mi è caduto.

Studente B
Giusto!

Studente B
7 orizzontale: Questo strumento io l'ho individuato tra **chissà** quanti che avevo sentito.

Studente A
Giusto!

Orizzontali ➡

1. Mi è **capitato** che mi è caduto.
3. L'osso del _____ si è rotto.
4. Di solito questi lavori si fanno tirando via tutta questa parte qui in **modo** che rimane tutto vuoto.
7. Questo strumento io l'ho individuato tra _____ quanti che avevo sentito.
11. Mi chiedevo: ma chi **mai** vorrà sentire questa musica?
12. Da _____, da adolescente usavo questo strumento e la musica per avere un buon argomento con i miei genitori per non studiare tanto al liceo.
13. Lo difendo a **spada** tratta in mezzo a mille occasioni.
14. Si diceva che per fare musica bisognava studiare tante ore al giorno, e in _____ è vero.

Verticali ⬇

1. È tutto rotto questo strumento, ne ha passate di tutti i **colori**.
2. Mi sono trovato veramente a tu _____ tu con me stesso.
5. In **qualsiasi** momento potevo dire no.
6. Io non avevo mai sentito un suono _____ questo.
7. Ho cominciato ad andare in **cima** alle montagne a suonare.
8. Bisogna riuscire a fare l'operazione _____ aprire il corpo dello strumento.
9. Ho sentito un silenzio che non avevo mai colto prima di **allora**.
10. Non avevo nessuna _____ di studiare tante ore al giorno.

unità 10 | appendice

8 Gioco | Penso che...
*Studente B

Gioca contro uno **Studente A**. A turno dovete abbinare i marchi senza il nome del prodotto ai relativi prodotti della lista, utilizzando la struttura dell'esempio, con il verbo della frase principale al presente. In caso di errore si può provare ancora al turno successivo, ma si deve usare la struttura con il verbo della frase principale all'imperfetto, come nell'esempio. Vince il primo che riesce a completare il proprio schema.

✎ **Esempio**

Studente A
Penso che Diesel sia un marchio di auto.

Studente B
No, sbagliato.

Studente A
Pensavo che Diesel fosse un marchio di auto, ora sono convinto che sia un marchio di abbigliamento *casual*.

Studente B
Giusto.

unità 5 | appendice

Punteggio

1. a = 1 punto, b = 2 punti, c = 3 punti
2. a = 3 punti, b = 2 punti, c = 1 punto
3. a = 3 punti, b = 2 punti, c = 1 punto
4. a = 2 punti, b = 3 punti, c = 1 punto
5. a = 3 punti, b = 2 punti, c = 1 punto
6. a = 3 punti, b = 2 punti, c = 1 punto
7. a = 1 punto, b = 2 punti, c = 3 punti
8. a = 1 punto, b = 3 punti, c = 2 punti
9. a = 1 punto, b = 2 punti, c = 3 punti
10. a = 2 punti, b = 3 punti, c = 1 punto

1 Leggere | Test

Profili

da 25 a 30 punti ▶ Sei un perfetto salutista e un consumatore consapevole. Va bene essere sempre attento a quello che mangi e va bene cercare di seguire principi naturali nello stile di vita. È infatti grazie a gente come te che la specie umana può avere una possibilità di salvarsi. Ma ogni tanto concediti qualche piccola trasgressione!

da 16 a 24 punti ▶ Non ti piacciono gli estremismi. Il tuo motto infatti è "mai dire mai". Perciò: mangiar sano è giusto, ma se una cosa ti piace, non sai e non vuoi resistere. E se una regola diventa troppo dura da rispettare, allora meglio cambiare regola!

da 10 a 15 punti ▶ La salute non ti interessa, per te è importante mangiare quello che ti piace e consumare tutto quello che desideri. I divieti e le regole di comportamento non ti piacciono. D'accordo, ma ogni tanto un po' più di attenzione a cosa mangi e a come vivi non ti farebbe male.

unità 6 | appendice

3 Parlare | La finale

Lavora con un compagno e dividetevi i ruoli Studente A *e* Studente B.

> **Studente B**
> Ore 20.30. Sei a Roma come turista.
> A Roma vive un tuo amico, che avevi conosciuto ad un corso di italiano.
> Gli avevi mandato una mail dicendo che saresti andato a trovarlo.
> Sei felice di incontrarlo. Gli hai portato un regalo.
> Suoni il campanello, lo saluti e gli dai subito il regalo.

unità 12 | appendice

1 Introduzione
* Studente B

Verifica le scelte dello Studente A in una delle caselle blu del cerchio. Poi il turno passa a te. Scegli una definizione gialla nel cerchio, leggila ad alta voce e di' il termine corrispondente, tra quelli della lista in basso. Lo Studente A controlla nelle caselle gialle del suo cerchio. Se è giusto puoi occupare la casella e scrivere il termine nello spazio. Poi il turno passa di nuovo allo Studente A. Vince chi completa per primo il proprio schema.

LISTA Studente B

- aborto
- razzismo
- prete
- Chiesa
- sinistra
- agnostico
- tasse
- fecondazione artificiale
- pillola del giorno dopo

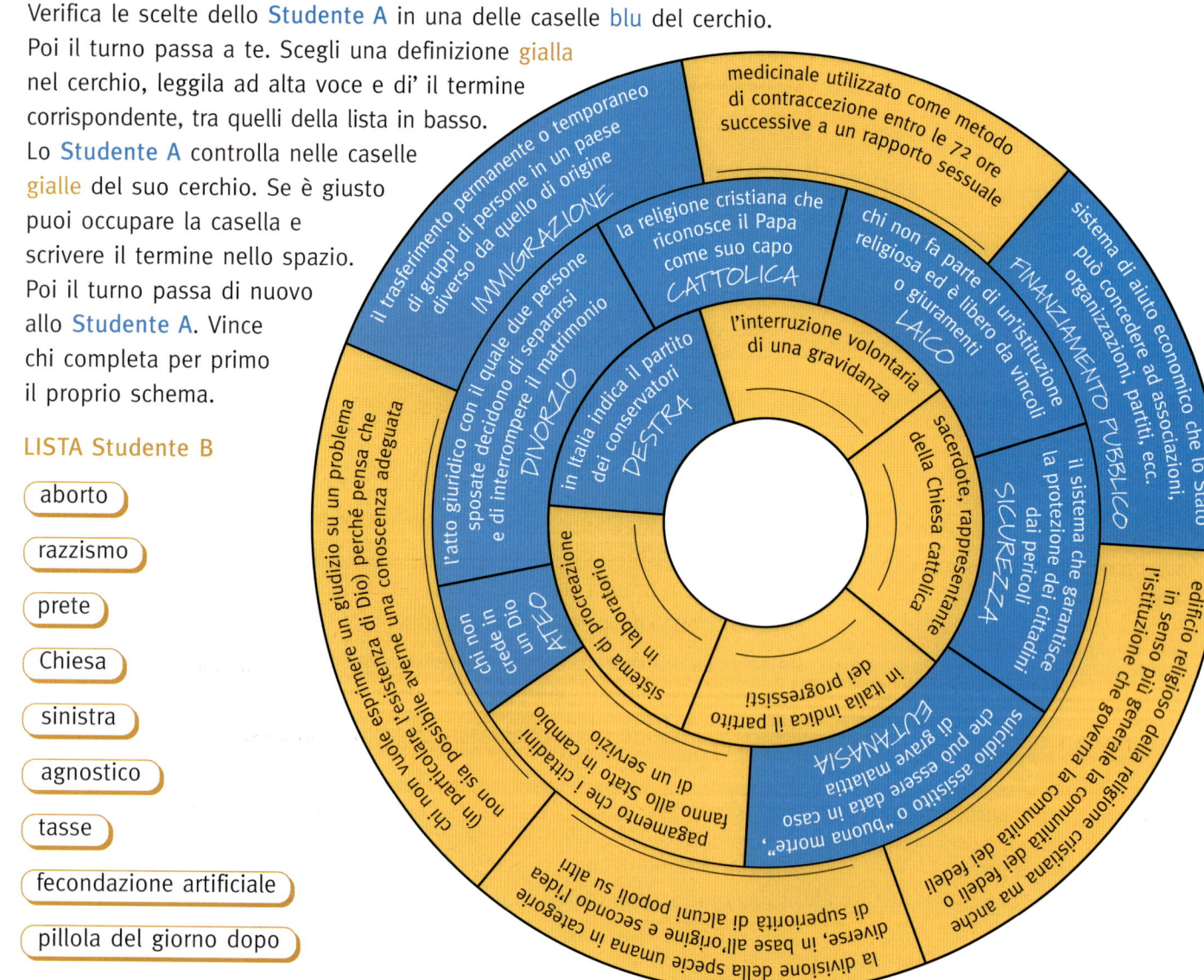

144 centoquarantaquattro

Giuseppe

Uno degli amori più famosi e mitizzati della storia è quello tra Giuseppe e Anita Garibaldi. Come spesso accade, non tutto ciò che ci è stato raccontato corrisponde alla verità dei fatti, ma è sicuramente vera la natura intensa e passionale della loro relazione.

Giuseppe Garibaldi, detto l'eroe dei due mondi per via della sua vita avventurosa divisa tra Europa e Sudamerica, è stato uno degli uomini più famosi del suo tempo ed è unanimemente considerato il protagonista dell'unità d'Italia. […]

L'incontro che cambia le loro vite avviene il 21 luglio 1839. Mentre era in Sudamerica a combattere a fianco degli indipendentisti del Rio Grande, Garibaldi, durante un'ispezione nella piccola città di Laguna, nota una ragazza dai lunghi capelli neri piangere davanti alla porta di un'abitazione. Avvicinatosi, le chiede il motivo di quel pianto. […]

Giuseppe le offre generosamente il suo aiuto e ordina ai suoi uomini di trasportare il giovane, soldato dell'esercito imperiale gravemente ferito in combattimento, in ospedale. […]

Da subito si stabilisce tra lei e Giuseppe un rapporto non solo passionale ma anche politico: imbevuti delle stesse idee patriottiche e libertarie, combattono insieme, l'uno a fianco dell'altra, soffrendo fame e dolori.

Il primo figlio della coppia, Menotti, nasce nel 1840; poi, dopo il trasferimento della coppia in Uruguay, nascono altri tre figli. […]

Tornato in Italia, Garibaldi riprende subito a combattere: a Roma, dopo avere cacciato il Papa, i giovani patrioti italiani hanno proclamato la Repubblica Romana (febbraio 1849). Insieme ai suoi uomini, Garibaldi corre in loro aiuto. […]

Dopo due mesi di combattimenti i francesi, chiamati dal Papa, entrano a Roma e liberano la città. Il 2 luglio l'esercito di Garibaldi deve fuggire verso nord. […]

Anita

Uno degli amori più famosi e mitizzati della storia è quello tra Giuseppe e Anita Garibaldi. Come spesso accade, non tutto ciò che ci è stato raccontato corrisponde alla verità dei fatti, ma è sicuramente vera la natura intensa e passionale della loro relazione. […]

Anita, sposa fedele e madre amorevole, ma anche donna coraggiosa, è invece considerata il simbolo femminile del Risorgimento italiano.

L'incontro che cambia le loro vite avviene il 21 luglio 1839. […]

Lei, disperata, risponde che il marito sta morendo. […]

Durante i due mesi in cui l'eroe italiano va a trovare la ragazza, lei si innamora perdutamente di lui e gli chiede di poterlo seguire abbandonando il marito morente.

Ana Maria de Jesus Ribeiro aveva 18 anni, era analfabeta ma incredibilmente coraggiosa: cavalcava come un'amazzone e usava benissimo la pistola.

Da subito si stabilisce tra lei e Giuseppe un rapporto non solo passionale ma anche politico: imbevuti delle stesse idee patriottiche e libertarie, combattono insieme, l'uno a fianco dell'altra, soffrendo fame e dolori.

Il primo figlio della coppia, Menotti, nasce nel 1840; poi, dopo il trasferimento della coppia in Uruguay, nascono altri tre figli. A questo punto Anita, gelosissima, obbliga il marito a tagliarsi barba e capelli nel tentativo di renderlo meno affascinante agli occhi delle altre donne, che vedeva tutte come potenziali rivali. […]

Al suo fianco, come sempre, c'è Anita. Tormentata dalla gelosia e dal timore che qualcuna le porti via il suo Giuseppe, Anita segue il marito ovunque, anche se è incinta e malata. […]

Una donna malata e incinta era indubbiamente di ostacolo alla fuga e questo ha fatto nascere ipotesi inquietanti sulla morte della giovane donna, avvenuta il 4 agosto 1949. Il mito vuole che Anita sia morta fra le braccia dell'amato marito, ma alcuni pensano che sia stata abbandonata morente in un casolare o addirittura uccisa da Garibaldi o da qualcuno dei suoi soldati.

attività video modulo quattro | **appendice**

Scena 1
- Ma c'hai la ricetta del Barusah?! Me la devi assolutamente tradurre.
- Certo che traduce. Dove problema?

Scena 2
- Pronto Kamal? Mi serve un favore! Kamal, mi senti? È caduta la linea dai. Kamal, mi spieghi perché mi attacchi il telefono in faccia, eh?
- Tu maleducato! Non chiedi favore subito, ok? Prima dici: "Come stai Kamal?", "Come sta tua famiglia?", o "Bambino mangia?"
- Ma chi se ne frega! Ho fretta Kamal, dai!
- Tuo problemo!
- Ciao Kamal, come stai?
- Bene, grazie.
- La tua famiglia come sta?
- Oh, bene, bene.
- Il bambino mangia?
- Ah sì! Vedi? È più bello parlare così!
- Mi serve la ricetta del Barusah!
- No! Accordo dice: tu impara cioccolato italiano a me, no io ti impara dolci Egitto!
- Dai Kamal per favore, è importante! È per la capoclasse!
- Capoclasse?! Eh, perché no dice eh?

Scena 3
- Poi stendi il pentolo con burro e zucchero.
- Che tipo di burro?
- Burro di cammella?
- Cammella?
- Sì, se tu ha. Ma tu non ha. Burro di supermercato va benissimo. Ehm, poi, 140 gradi per 15 minuti e hamallah, fatto.
- Grazie. Mi traduci anche il Malahbieh?
- No! No perché accordo è: tu impara a me cioccolato, no io ti impara dolci Egitto! Eh!
- Giusto.

esercizi ▶ test ▶ bilanci

esercizi | unità zero

1 Completa il cruciverba.

Orizzontali ➡

1 Sono le 24. / È _mezzanotte_
6 Per guardare abbiamo gli occhi, per ascoltare abbiamo le _orecchie_
8 La parte della casa dove si dorme: camera _da letto_
9 Ogni mano ne ha cinque. _DITA_
10 È l'una e quarantacinque. / Sono le _due meno quarto_
11 Si dice a qualcuno prima di un esame.

Verticali ⬇

1 T-shirt. _maglietta_
2 Il mobile dove mettiamo i vestiti. _armadio_
3 Due scarpe / Un _paio_ di scarpe.
4 L'incontro di due strade.
5 La parte della casa dove c'è il divano.
7 Può essere verde, giallo o rosso.

2 Forma delle frasi con le **espressioni** della lista, come nell'esempio.

+++ Sono bravo a / Sono bravo in
++ So / Sono capace di
+ Riesco a
− Sono negato per

✏ Esempio
Mia madre (+++) **è brava** a cucinare.

1. Mario (−) _è negato per_ le lingue straniere.
2. Anna (+++) _sono brava a_ suonare il pianoforte.
3. Tu (++) _es capace di_ mantenere un segreto?
4. Mio figlio (+++) _sono bravo in_ matematica.
5. Gina non (+) _riesce a_ stare zitta un momento.
6. Noi (−) _siamo negati per_ il calcio.
7. Non credere all'astrologia, nessun astrologo (++) _è capace di_ prevedere il futuro.
8. Alessandro Baricco (+++) _è bravo a_ raccontare storie.
9. Da quando prendo questa tisana, la notte (+) _riesco a_ dormire meglio.
10. Mi piacerebbe fare una vacanza in barca, ma purtroppo non (++) _so_ nuotare.

esercizi | unità zero

3 Completa le frasi con le espressioni della lista, come nell'esempio.

attentamente • ce l'hai • di cui • mangiarla • mani • me la • ~~messe~~ • ne • pioveva • il più • più • potrei • qualcuno • sarà • si • siamo stati • sto per

1. L'accordo del participio passato con i pronomi diretti
   • Non trovo le chiavi, dove le hai __messe__?
2. Il superlativo relativo e assoluto
   • Il Carnevale di Venezia è __il più__ famoso carnevale italiano.
3. I comparativi
   • La banana è __più__ dolce del limone.
4. Il passato prossimo e l'imperfetto
   • Ieri __pioveva__ così sono rimasto a casa.
5. L'espressione *ce l'ho*
   • Piove. __Ce l'hai__ l'ombrello?
6. La particella *ne*
   • Ho fatto la torta. __Ne__ vuoi una fetta?
7. La costruzione *stare per*
   • Chiamami dopo, ora non posso parlare, __sto per__ uscire.
8. Il passato prossimo con il verbo *essere*
   • Domenica scorsa __siamo stati__ al mare.
9. I pronomi combinati
   • Bella questa borsa! __Me la__ presti?
10. Il condizionale presente
    • Che buona questa zuppa! __Potrei__ averne un po'?
11. I nomi irregolari
    • Non mangiare con le __mani__!
12. Il *si* impersonale
    • Dalla mia finestra __si__ vede un bel panorama.
13. L'imperativo con i pronomi
    • Questa mela è cattiva, non __mangiarla__.
14. Il futuro
    • Domani il tempo __sarà__ bello.
15. Gli avverbi in *-mente*
    • Leggi __attentamente__ le istruzioni.
16. Gli indefiniti
    • C'è __qualcuno__ qui?
17. Il pronome relativo *cui*
    • Questo è il libro __di cui__ ti ho parlato.

esercizi | unità 1

modulo uno | geografia

1 Completa la telefonata inserendo nel testo le parole della lista (sono in ordine).

l' • sono • già • in • cosa

- ■ Pronto.
- • Buongiorno, è l'idraulico Di Salvo?
- ■ Sì. Dica.
- • Salve, Urbani, Lei è venuto qui una volta. Eh... mi si è rotto un tubo bagno e si è allagata casa. Ora ho chiuso l'acqua ma non so fare...

centoquarantanove 149

esercizi | unità 1

modulo uno | geografia

2 Ricostruisci la telefonata ai Carabinieri (7 battute), come nell'esempio.

- Carabinieri!
- ⑤ _____
- ⑥ _____
- ② _____
- ④ _____
- Stavo all'Isuledda.
- ① _____

1. Venga qui che facciamo la denuncia.
2. Sull'asciugamano, in spiaggia.
3. Carabinieri!
4. Dove?
5. Buongiorno, senta, ho subito un furto. Qualcuno mi ha rubato il portafogli mentre facevo il bagno.
6. Ma dov'era il portafogli?
7. Stavo all'Isuledda.

3 Completa con le espressioni di tempo della lista.

(da un'ora) (entro un'ora) (in questo momento) (mezz'ora fa) (tra un'ora)

1. Sei in una riunione di lavoro, quando ricevi una telefonata dici: Mi dispiace, _in questo momento_ non posso parlare, richiamami _tra un'ora_.

2. Devi andare per lavoro da Bologna a Milano, ma il treno è fermo in stazione e non parte. Allora telefoni in ufficio e dici: Sono fermo _da un'ora_ alla stazione di Bologna. Arriverò in ritardo.

3. Devi finire una relazione di lavoro, ma sei in ritardo. Ti chiama un collega, tu gli dici: Devo finire questa relazione per il Direttore _entro un'ora_ o sarò licenziato.

4. Sei in ufficio, rispondi al telefono. Qualcuno sta cercando il tuo collega Paolo, ma lui è già andato via. Allora dici: Mi dispiace, Paolo non c'è, è uscito _mezz'ora fa_.

4 Completa la telefonata con i pronomi.

Operatore ACI Allora, ma _Lei_ in quale San Teodoro si trova?

Andrea Ortu San Teodoro, qui, sono... in provincia di Messina comunque.

Operatore ACI Dove?

Andrea Ortu Non so bene di preciso dove sarà, in provincia di Messina.

Operatore ACI Messina? In Sicilia?

Andrea Ortu Messina, Messina in Sicilia, certo.

Operatore ACI Ma scusi, ma perché non _me l'_ ha detto subito?

Andrea Ortu Lei non è che _me l'_ ha chiesto... Messina in Sicilia... dove sono andati a cercar_mi_?

Operatore ACI Eh, guardi, adesso abbiamo mandato il carro attrezzi a San Teodoro... Sardegna!

Andrea Ortu Sardegna? Oddio! Ma come faccio io?

Operatore ACI Allora, guardi, senta, allora facciamo così. Allora, _Lei_ resti lì, entro un'ora _le_ mando un altro carro attrezzi. Ok?

esercizi | unità 1 — modulo uno | geografia

5 Riscrivi il dialogo usando i **pronomi diretti** e **indiretti** e facendo tutti i cambiamenti necessari, come nell'esempio.

> ✎ Esempio
> Ho telefonato a Mario e (ho invitato Mario) **l'ho invitato** al cinema.

- ■ Servizio clienti, buongiorno. Sono Cristina, come posso esserLe utile?
- • Buongiorno, ho un problema. Ho perso la borsa.
- ■ Dove (ha perso la borsa) _L'ha persa_ ?
- • Non lo so. Ero sul volo Parigi-Roma, forse (ho lasciato la borsa) _L'ho lasciata_ lì.
- ■ Il volo delle 15.40?
- • Sì, quello. Vuole che (descriva a Lei la borsa) _Gliela_ ?
  È rossa...
- ■ No, deve chiamare l'Ufficio Oggetti Smarriti.
  (Do a Lei) _Le do_ il numero: 800757412.
- • (Ripete a me il numero dell'Ufficio Oggetti Smarriti) _Me lo ripete_ per favore?
  Sono in macchina e non sento bene.
- ■ (Mando a Lei il numero dell'Ufficio Oggetti Smarriti) _Glielo mando_ con un sms sul suo cellulare, è meglio.

6 Scegli il tempo giusto.

Agrigento, multa record per divieto di sosta interessi calcolati dal 208 avanti Cristo

Immaginate di parcheggiare la macchina ad Agrigento in divieto di sosta davanti al porto, proprio mentre in mare le flotte romane e cartaginesi, con a capo i generali Scipione e Annibale, si danno battaglia. Sembra una follia ma è quello che sostanzialmente (**c'è stato** / c'era) scritto sulla multa arrivata ad una signora siciliana di 45 anni. La polizia di Agrigento infatti, quando ha deciso di inviarle per la seconda volta una multa, che un agente le (**ha fatto** / aveva fatto) nel 2008 e che la signora non (pagava / **aveva pagato**), ha calcolato anche gli interessi. Ma invece di partire dal 2008, per un incredibile sbaglio, li (**ha calcolati** / aveva calcolati) dal 208 avanti Cristo. Un piccolo errore di scrittura del software che (**è tornato** / tornava) indietro nel tempo di 2200 anni!

Il risultato è stato un conto finale di 32.530 euro. Quando la donna ha ricevuto la busta con la somma da pagare, (**si è sentita** / si era sentita) male ed è stata trasportata al pronto soccorso, dove i medici le hanno rilevato un "forte stato di choc". Dopo l'uscita dall'ospedale, la donna (**si è presentata** / si presentava) alla polizia e sono bastati pochi minuti per scoprire l'errore: l'impiegato infatti (ha calcolato / **aveva calcolato**) gli interessi partendo dall'anno 208 avanti Cristo e non dal 2008, e dunque (considerava / **aveva considerato**) 2200 anni di interessi. Ora la donna dovrà pagare la multa corretta, con "solo" quattro anni di interesse.

da www.corrispondenti.it

7 Completa il testo con i verbi al **passato prossimo**, **imperfetto** e **trapassato prossimo** (4 verbi).

Prenotano Sydney, arrivano in Canada

Sognavano l'esotismo australiano, (trovare) _hanno trovato_ un'altra forma di esotismo, quello canadese. Merito, o colpa, di un'omonimia, quella tra la Sydney australiana e la meno conosciuta Sydney della Cape Breton Island, isola minore della Nova Scotia, in Canada.

La storia (avere) _aveva_ come protagonisti due giovani italiani, Valerio Torresi, 26 anni, e Serena Tavoloni, 25. Secondo la televisione pubblica canadese Cbc, i due (prenotare) _avevano prenotato_ un viaggio a Sydney in Australia, ma per un errore dell'agenzia di viaggi (ritrovarsi) _si sono ritrovati_ in Canada.

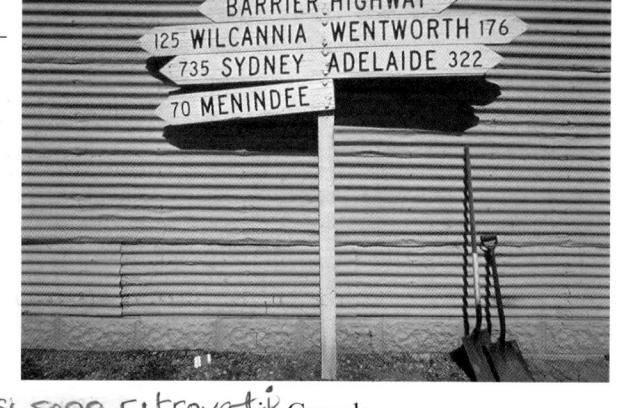

"Quando siamo arrivati (pensare) _abbiamo pensato_ a uno scalo intermedio, anche se il Canada e l'Australia non sono esattamente sulla stessa rotta" – (dichiarare) _hanno dichiarato_ i due ragazzi alla Cbc – "Ma poi, quando (accorgersi) _ci siamo accorti_ che non era prevista un'altra destinazione, (pensare) _abbiamo pensato_ ad uno scherzo."

E invece (essere) _era_ tutto vero. Per i due ragazzi questo era il primo viaggio in un Paese extraeuropeo. Per questo (preparare) _avevano preparato_ tutto nei minimi dettagli: (scegliere) _avevano scelto_ un'agenzia di viaggi molto conosciuta e (pagare) _avevano pagato_ i biglietti con molti mesi di anticipo. Secondo quanto (riferire) _ha riferito_ la tv canadese, l'agenzia di viaggi sta ora facendo le nuove prenotazioni per inviare la coppia, come previsto, in Australia.

Nell'attesa, i due giovani turisti alloggiano gratuitamente in un hotel dell'isola.

E, a ben pensarci, per loro le cose non (andare) _sono andate_ malissimo: gli abitanti della Nova Scotia sono infatti famosi per la loro grande ospitalità. Inoltre a Sydney Australia ora è pieno inverno, mentre il capoluogo della splendida isola atlantica è in piena estate.

La Sydney canadese è abituata a simili errori.

La Cbc (riferire) _ha riferito_ la storia di una donna argentina che (avere) _aveva avuto_ la stessa avventura due anni prima, così come una coppia di inglesi nel 2002.

da www.repubblica.it